南齊書

【四部備要】

史部

上海中華書局據武英殿本校刊

桐鄉　陸費逵總勘
杭縣　高時顯 吳汝霖輯校
杭縣　丁輔之監造

南齊書序

南齊書八紀十一志四十列傳合五十九篇梁蕭子顯撰始江淹已爲十志沈約又爲齊紀而子顯自表武帝別爲此書臣等因校正其訛謬而敘其篇目曰

將以是非得失興壞理亂之故而爲法戒則必得其所託而後能傳於久此史之所以作也然而所託不得其人則或失其意或亂其實或析理之不通或設辭之不善故雖有殊功韙德非常之迹將闇而不章鬱而不發而檮杌嵬瑣姦回凶慝之形可幸而掩也嘗試論之古之所謂良史者其明必足以周萬事之理其道必足以適天下之用其智必足以通難知之意其文必足以發難顯之情然後其任可得而稱也何以知其然邪昔者唐虞有神明之性有微妙之德使由之者不能知知之者不能名以爲治天下之本號令之所布法度之所設其言至約其體至備以爲治天下之具而爲二典者推而明之所記者豈獨其迹邪幷與其深微之意而傳之小大精粗無不盡也本末先後無不白也使誦其說者如出乎其時求其指者如即乎其人是可不謂明足以周萬事之理道

足以適天下之用智足以通難知之意文足以發難顯之情者乎則方是之時
豈特任政者皆天下之士哉蓋執簡操筆而隨者亦皆聖人之徒也兩漢以來
爲史者去之遠矣司馬遷從五帝三王既歿數千載之後秦火之餘因散絶殘
脫之經以及傳記百家之說區區掇拾以集著其善惡之迹興廢之端又創己
意以爲本紀世家八書列傳之文斯亦可謂奇矣然而蔽害天下之聖法是非
顛倒而采摭謬亂者亦豈少哉是豈可不謂明不足以周萬事之理道不足以
適天下之用智不足以通難知之意文不足以發難顯之情者乎夫自三代以
後爲史者如遷之文亦不可不謂雋偉拔出之材非常之士也然顧以謂明不
足以周萬事之理道不足以適天下之用智不足以通難知之意文不足以發
難顯之情者何哉蓋聖賢之高致遷固有不能純達其情而見之於後者矣故
不得而與之也遷之得失如此況其他邪至於宋齊梁陳後魏後周之書蓋無
以議爲也子顯之於斯文喜自馳騁其更改破析刻彫藻繢之變尤多而其文
益下豈夫材固不可以強而有邪數世之史既然故其事迹曖昧雖有隨世以

就功名之君相與合謀之臣未有赫然得傾動天下之耳目播天下之口者也而一時偷奪傾危悖理反義之人亦幸而不暴著於世豈非所託不得其人故邪可不惜哉蓋史者所以明夫治天下之道也故爲之者亦必天下之材然後其任可得而稱也豈可忽哉豈可忽哉臣恂臣寶臣臣穆臣藻臣洙臣覺臣彥若臣鞏謹敘目錄昧死上

南齊書目錄

梁　蕭子顯撰

凡五十九卷

皇后

宣孝陳皇后　高昭劉皇后　武穆裴皇后　文安王皇后

鬱林王何妃　海陵王王妃　明敬劉皇后　東昏褚皇后

和帝王皇后

南齊書卷二十一

列傳第二

文惠太子

南齊書卷二十二

列傳第三

豫章文獻王嶷

南齊書卷二十三

列傳第四

褚淵 淵弟澄 徐嗣　王儉

文學

南齊書卷五十三
列傳第三十四

良政

吳欣之　韓孫伯
孫淡　華寶
韓靈敏　封延伯
吳達之　王文殊
朱謙之　蕭叡明
樂頤　江泌
杜栖　陸絳

南齊書卷五十六
列傳第三十七
倖臣
紀僧真　劉係宗
茹法亮　呂文顯
呂文度

南齊書目錄

南齊書卷一

梁　蕭　子　顯　撰

本紀第一

高帝上

太祖高皇帝諱道成字紹伯姓蕭氏小諱鬭將漢相國蕭何二十四世孫也何子酇定侯延生侍中彪彪生公府掾章章生皓皓生仰仰生御史大夫望之望之生光祿大夫育育生御史中丞紹紹生光祿勳閎閎生濟陰太守闡闡生吳郡太守永永生中山相苞苞生博士周周生蛇丘長矯矯生州從事逵逵生孝廉休休生廣陵府丞豹豹生太中大夫裔裔生淮陰令整整生即丘令儁儁生輔國參軍樂子宋昇明二年九月贈太常生皇考蕭何居沛侍中彪免官居東海蘭陵縣中都鄉中都里晉元康元年分東海爲蘭陵郡中朝亂淮陰令整字公齊過江居晉陵武進縣之東城里寓居江左者皆僑置本土加以南名於是爲南蘭陵蘭陵人也皇考諱承之字嗣伯少有大志才力過人宗人丹陽尹摹

之北兗州刺史源之竝見知重初爲建威府參軍義熙中蜀賊譙縱初平皇考遷揚武將軍安固汶山二郡太守善於綏撫元嘉初徙爲武烈將軍濟南太守七年右將軍到彥之北伐大敗虜乘勝破青部諸郡國別帥安平公乙旃眷寇濟南皇考率數百人拒戰退之虜衆大集皇考使偃兵開城門衆諫曰賊衆我寡何輕敵之甚皇考曰今日懸守窮城事已危急若復示弱必爲所屠惟當見彊待之耳虜疑有伏兵遂引去青州刺史蕭思話欲委鎭保險皇考固諫不從思話失據潰走明年征南大將軍檀道濟於壽張轉戰班師滑臺陷沒兗州刺史竺靈秀抵罪宋文帝以皇考有全城之功手書與都督長沙王義欣曰承之理民直亦不在武幹後今擬爲兗州刺史檀征南詳之皇考與道濟無素故事遂寢遷輔國鎭北中兵參軍員外郎十年蕭思話爲梁州刺史皇考爲其橫野府司馬漢中太守氐帥楊難當寇漢川梁州刺史甄法護棄城走思話至襄陽不進皇考輕軍前行攻氐僞魏與太守薛健於黃金山尅之黃金山張魯舊戍南接漢川北枕驛道險固之極健旣潰散皇考卽據之氐僞梁秦二州刺史趙

溫先據州城聞皇考至退據小城薛健退屯下桃城立柴營皇考引軍與對壘
相去二里健與僞馮翊太守蒲早子悉力出戰皇考大破之健等閉營自守不
敢出思話繼至賊乃稍退皇考進至峨公山爲左衞將軍沙州刺史呂平大衆
所圍積日建武將軍蕭汪之平西督護段虯等至表裏奮擊大破之難當又遣
息和領步騎萬餘人夾漢水兩岸援趙溫攻逼皇考相拒四十餘日賊皆衣犀
甲刀箭不能傷皇考命軍中斷槊長數尺以大斧搥其後賊不能當乃焚營退
皇考追至南城衆軍自後而進連戰皆捷梁州平詔曰承之稟命先驅蒙險深
入全軍屢剋奮其忠果可龍驤將軍隨府轉寧朔司馬太守如故入爲太子屯
騎校尉文帝以平氏之勞青州缺將欲授用彭城王義康秉政皇考不附乃轉
爲江夏王司徒中兵參軍龍驤將軍南泰山太守封晉興縣五等男邑三百四
十戶遷右軍將軍元嘉二十四年殂年六十四梁士民思之於峨公山立廟祭
祀昇明二年贈散騎常侍金紫光祿大夫太祖以元嘉四年丁卯歲生姿表英
異龍顙鍾聲鱗文遍體儒士雷次宗立學於雞籠山太祖年十三受業治禮及

左氏春秋十七年宋大將軍彭城王義康被黜鎮豫章皇考領兵防守太祖舍
業南行十九年竟陵蠻動文帝遣太祖領偏軍討沔北蠻二十一年伐索虜至
丘檻山並破走二十三年雍州刺史蕭思話鎮襄陽啓太祖自隨戍沔北討樊
鄧諸山蠻破其聚落初爲左軍中兵參軍二十七年索虜圍汝南戍主陳憲臺
遣寧朔將軍臧質安蠻司馬劉康祖救之文帝使太祖宣旨授節度聞虜主拓
跋燾向彭城質等回軍救援至盱眙太祖與質別軍主胡宗之等五軍步騎數
千人前驅燾已潛過淮卒相遇於莞山下合戰敗績緣淮奔退宗之等皆陷沒
太祖還就質固守爲虜所攻圍甚危急事寧還京師二十九年領偏軍征仇池
梁州西界舊有武興戍晉隆安中沒屬氏武興西北有蘭臯戍去仇池二百里
太祖擊二壘皆破之遂從谷口入關未至長安八十里梁州刺史劉秀之遣司
馬馬注助太祖攻談提城拔之虜僞河間公奔走虜救兵至太祖軍力疲少又
聞文帝崩乃燒城還南鄭襲爵晉興縣五等男孝建初除江夏王大司馬參軍
隨府轉太宰遷員外郎直閤中書舍人西陵王撫軍參軍建康令新安王子鸞

有威寵簡選僚佐為北軍中郎中兵參軍陳太后憂起為武烈將軍復為建康令中兵如故景和世除後軍將軍值明帝立為右軍將軍時四方反叛會稽太守尋陽王子房及東諸郡皆起兵明帝加太祖輔國將軍率衆東討至晉陵與賊前鋒將程桿孫壘躍等戰一日破賊十二壘分軍定諸縣晉陵太守袁摽棄城走東境諸賊相繼奔散徐州刺史薛安都反彭城從子索兒寇淮陰山陽太守程天祚舉城叛徐州刺史申令孫又降徵太祖討之時太祖平東賊還又將南討出次新亭前軍已發而索兒自睢陵渡淮馬步萬餘人擊殺臺軍主孫耿縱兵逼前軍張永營告急明帝聞賊渡遽追太祖往救之屯破釜索兒向鍾離永遣寧朔將軍王寬據盱眙遏其歸路索兒擊破臺軍主高道慶走之於石鼈將西歸王寬與軍主任農夫先據白鵠澗張永遣太祖馳督寬索兒東要擊太祖使不得前太祖鼓行結陣直入寬壘索兒望見不敢發經數日索兒引軍頓石梁太祖追之至葛冢候騎還云賊至太祖乃頓軍引管分兩馬軍夾營外以待之俄頃賊馬步奄至又推火車數道攻戰相持移日乃出輕兵攻賊西使馬

軍合擊其後賊衆大敗追奔獲其器仗進屯石梁澗北索兒夜遣千人來斫營
營中驚太祖臥不起宣令左右案部不得動須臾賊散太祖議欲於石梁西南
高地築壘通南道斷賊走路索兒果來爭之太祖率軍擊破之賊馬自相踐藉
死索兒走向鍾離太祖追至黯黮而還除驍騎將軍封西陽縣侯邑六百戸還
巴陵王衞軍司馬隨鎭會稽江州刺史晉安王子勛遣臨川內史張淹自鄱陽
嶠道入三吳臺軍主沈思仁與僞龍驤將軍任皇鎭西參軍劉越緖各據險相
守明帝遣太祖領三千人討之時朝廷器甲皆充南討太祖軍容寡闕乃編櫻
皮爲馬具裝析竹爲寄生夜舉火進軍賊望見恐懼未戰而走還除桂陽王征
北司馬南東海太守行南徐州事初明帝遣張永沈攸之以衆喻降薛安都謂
太祖曰吾今因此北討卿意以爲何如太祖對曰安都才識不足狡猾有餘若
長轡緩御則必遣子入朝今以兵逼之彼將懼而爲計恐非國之利也帝曰衆
軍猛銳何往不剋卿每杖策幸勿多言安都見兵至果引索虜永等敗於彭城
淮南孤弱以太祖爲假冠軍將軍持節都督北討前鋒諸軍事鎭淮陰泰始三

年沈攸之吳喜北敗於睢口諸城戍大小悉奔歸虜遂退至淮北圍角城戍主賈法度力弱不敵諸將勸太祖渡岸救之太祖不許遣軍主高道慶將數百張弩浮艦淮中遙射城外虜弩一發數百箭俱去虜騎相引避之乃命進戰城圍即解還督南兗徐二州諸軍事南兗州刺史持節假冠軍督北討如故五年進督兗青冀三州六年除黃門侍郎領越騎校尉不拜復授冠軍將軍留本任明帝常嫌太祖非人臣相而民閒流言云蕭道成當爲天子明帝愈以爲疑遣冠軍將軍吳喜以三千人北使令喜留軍破釜自持銀壺酒封賜太祖太祖戎衣出門迎即酌飲之喜還帝意乃悅七年徵還京師部下勸勿就徵太祖曰諸卿闇於見事主上自誅諸弟爲太子稚弱作萬歲後計何關佗族惟應速發事緩必見疑今骨肉相害自非靈長之運禍難將興方與卿等戮力耳拜散騎常侍太子左衞率時世祖以功當別封贛縣太祖以一門二封固辭不受詔許之食邑二百戶明帝崩遺詔爲右衞將軍領衞尉加兵五百人與尚書令袁粲護軍褚淵領軍劉勔共掌機事又別領東北選事尋解衞尉加侍中領石頭戍軍事

明帝誅戮蕃戚江州刺史桂陽王休範以人凡獲全及蒼梧王立更有窺伺覬
望密與左右閹人於後堂習馳馬招聚士衆元徽二年五月舉兵於尋陽收略
官民數日得士衆二萬人騎五百匹發盆口悉乘商旅船艦大雷戍主杜道欣
鵲頭戍主劉僧期告變朝廷惶駭太祖與護軍褚淵征北張永領軍劉勔僕射
劉秉遊擊將軍戴明寶驍騎將軍阮佃夫右軍將軍王道隆中書舍人孫千齡
員外郎楊運長集中書省計議莫有言者太祖曰昔上流謀逆皆因淹緩至於
覆敗休範必遠懲前失輕兵急下乘我無備今應變之術不宜念遠若偏師失
律則大沮衆心宜頓新亭白下堅守宮掖東府石頭以待賊千里孤軍後無委
積求戰不得自然瓦解我請頓新亭以當其鋒征北可以見甲守白下中堂舊
是置兵地領軍宜屯宣陽門爲諸軍節度諸貴安坐殿中右軍諸人不須競出
我自前驅破賊必矣因索筆下議並注同中書舍人孫千齡與休範有密契獨
曰宜依舊遣軍據梁山魯顯閑右衛若不出白下則應進頓南州太祖正色曰
賊今已近梁山豈可得至新亭既是兵衝所以欲死報國耳常日乃可屈曲相

從今不得也座起太祖顧謂劉劻曰領軍已同鄙議不可改易乃單車白服出新亭加太祖使持節都督征討諸軍平南將軍加鼓吹一部治新亭城壘未畢賊前軍已至太祖方解衣高臥以安衆心乃索白虎幡登西垣使寧朔將軍高道慶羽林監陳顯達員外郎王敬則浮舸與賊水戰自新林至赤岸大破之燒其船艦死傷甚衆賊步上新林太祖馳使報劉劻急開大小桁撥淮中船舫悉渡北岸休範乘肩輿率衆至壘南上遣寧朔將軍黃回馬軍主周盤龍將步騎出壘對陣休範分兵攻壘東短兵接戰自巳至午衆皆失色太祖曰賊雖多而亂尋破也楊運長領三齊射手七百人引彊命中故賊不得逼城未時張敬兒斬休範首太祖遣隊主陳靈寶送首還臺靈寶路中遇賊軍埋首道側臺軍不見休範首愈疑懼賊衆亦不知休範已死別率杜黑蠡急攻壘東司空主簿蕭惠朗數百人突入東門叫噪至堂下城上守門兵披退太祖挺身上馬率數百人出戰賊皆推楯而前相去數丈分兵橫射太祖引滿將發左右將戴仲緒舉楯扞之箭應手飲羽傷百餘人賊死戰不能當乃却衆軍復得保城與黑蠡拒

戰自晡達明旦矢石不息其夜大雨鼓叫不復相聞將士積日不得寢食軍中馬夜驚城內亂走太祖秉燭正坐厲聲呵止之如此者數四賊帥丁文豪設伏破臺軍於皁莢橋直至朱雀桁劉勔欲開桁王道隆不從勔及道隆並戰沒初勔高尚其意託造園宅名爲東山頗忽世務太祖謂之曰將軍以顧命之重任兼內外主上春秋未幾諸王並幼沖上流聲議遐邇所聞此是將軍艱難之日而將軍深尚從容廢省羽翼一朝事至雖悔何追勔竟不納賊進至杜姥宅車騎典籤茅恬開東府納賊冠軍將軍沈懷明於石頭奔散張永潰於白下宮內傳新亭亦陷太后執蒼梧王手泣曰天下敗矣太祖遣軍主陳顯達任農夫張敬兒周盤龍等從石頭濟淮閒道從承明門入衛宮闕休範既死典籤許公與詐稱休範在新亭士庶惶惑詣壘投名者千數太祖隨得輒燒之乃列兵登城北謂曰劉休範父子先昨皆已即戮屍在南崗下身是蕭平南諸君善見觀君等名皆已焚除勿有懼也臺分遣衆軍擊杜姥宅宣陽門諸賊皆破平之太祖振旅凱入百姓緣道聚觀曰全國家者此公也太祖與袁粲褚淵劉秉引咎解

職不許還散騎常侍中領軍都督南兗徐兗青冀五州軍事鎭軍將軍南兗州
刺史持節如故進爵爲公增邑二千戶太祖欲分其功請益粲等戶更日入直
決事號爲四貴秦時有太后穰侯涇陽高陵君稱爲四貴至是乃復有焉四年
加太祖尙書左僕射本官如故休範平後蒼梧王漸行凶暴南徐州刺史建平
王景素少有令譽朝野歸心景素亦潛爲自全之計布款誠於太祖太祖拒而
不納七月羽林監垣祗奔景素便舉兵太祖出屯玄武湖遣衆軍北討事平乃
還太祖威名既重蒼梧王深相猜忌幾加大禍陳太妃罵之曰蕭道成有功於
國今若害之後誰復爲汝著力者乃止太祖密謀廢立五年七月戊子帝微行
出北湖常單馬先走羽儀禁衞隨後追之於堤塘相蹈藉左右張互兒馬墜湖
帝怒取馬置光明亭前自馳騎刺殺之因共屠割與左右作羌胡伎爲樂又於
蠻岡賭跳際夕乃還仁壽殿東阿氈屋中寢語左右楊玉夫伺織女度報我時
殺害無常人懷危懼玉夫與其黨陳奉伯等二十五人同謀於氈屋中取千牛
刀殺蒼梧王稱敕使廂下奏伎因將首出與王敬則敬則送太祖太祖夜從承

明門乘常所騎赤馬入殿內驚怖旣知蒼梧王死咸稱萬歲及太祖踐阼號此馬爲龍驤將軍世謂爲龍驤赤明日太祖戎服出殿庭槐樹下召四貴集議太祖謂劉秉曰丹陽國家重戚今日之事屬有所歸秉讓不當太祖次讓袁粲粲又不受太祖乃下議備法駕詣東城迎立順帝於是長刀遮粲秉等各失色而去甲午太祖移鎮東府與袁粲褚淵劉秉各甲仗五十人入殿丙申進位侍中司空錄尚書事驃騎大將軍持節都督刺史如故封竟陵郡公邑五千戶給油幢絡車班劍三十人太祖固辭上命卽驃騎大將軍開府儀同三司庚戌進督南徐州刺史封楊玉夫等二十五人爵邑各有差十月戊辰又進督豫司二州初荊州刺史沈攸之與太祖於景和世同直殿省申以歡好以長女義與公主妻攸之第三子元和攸之爲郢州值明帝晚運陰有異圖自郢州遷爲荊州聚斂兵力將吏逃亡輒討質隣伍養馬至二千餘匹皆分賦戍邏將士使耕田而食廩財悉充倉儲荊州作部歲送數千人仗攸之割留簿上供討四山蠻裝治戰艦數百千艘沈之靈溪裏錢帛器械巨積朝廷畏之高道慶家在華容假還

過江陵道慶素便馬攸之與宴飲於聽事前合馬槊道慶槊中破攸之馬鞍攸之怒索刃槊道慶馳馬而出還都說攸之反狀請三千人襲之朝議慮其事難濟太祖又保持不許太祖既廢立遣攸之子司徒左長史元琰齎蒼梧王諸虐害器物示之攸之未得卽起兵乃上表稱慶幷與太祖書推功攸之有素書十數行常韜在裲襠角云是明帝與己約誓十二月遂舉兵其妾崔氏許氏諫攸之曰官年已老那不爲百口計攸之指裲襠角示之稱太后令召已下都京師恐懼乙卯太祖入居朝堂命諸將西討平西將軍黃回爲都督前驅前湘州刺史王蘊太后兄子少有膽力以父楷名宦不達欲以將途自奮每撫刀曰龍淵太阿汝知我者叔父景文誡之曰阿答汝滅我門戶蘊曰答與童烏貴賤覺異童烏景文子絢小字答蘊小字也蘊遭母喪罷任還至巴陵停舟一月日與攸之密相交構時攸之未便舉兵蘊乃下達郢州世祖爲郢州長史蘊期世祖出弔因作亂據郢城世祖知之不出蘊還至東府前又期太祖出太祖又不出弔再計不行外謀愈固司徒袁粲尚書令劉秉見太祖威權稍盛慮不自安與蘊

及黃回等相結舉事殿內宿衛主帥無不協同攸之反問初至太祖往石頭與
粲謀議粲稱疾不相見剋壬申夜起兵據石頭劉秉恇怯晡時從丹陽郡載婦
女入石頭朝廷不知也其夜丹陽丞王遜告變秉從弟領軍韞及直閤將軍卜
伯興等嚴兵爲內應太祖命王敬則於宮內誅之遣諸將攻石頭王蘊將數百
精手帶甲赴粲城門已閉官軍又至乃散衆軍攻石頭斬粲劉秉走雒檐湖蘊
逃鬬場並擒斬之粲位任雖重無經世之略疎放好酒步屧白楊郊野閒道遇
一士大夫便呼與酣飲明日此人謂被知顧到門求通粲曰昨飲酒無偶聊相
要耳竟不與相見嘗作五言詩云訪迹雖中宇循寄乃滄州蓋其志也劉秉少
以宗室清謹見知孝武世秉弟遐坐通嫡母殷氏養女殷舌中血出衆疑行毒
害孝武使秉從弟祗諷秉啓證其事秉曰行路之人尚不應爾今日迺可一門
同盡無容奉敕衆以此稱之故爲明帝所任蒼梧廢秉出集議於路逢弟韞韞
開車迎問秉曰今日之事固當歸兄邪秉曰吾等已讓領軍矣韞槌胸曰君肉
中詎有血粲典籤莫嗣祖知粲謀太祖召問嗣祖袁謀反何不啓聞嗣祖曰事

主義無二心雖死不敢泄也蘊嬖人張承伯藏匿蘊太祖並赦而用之黃回頓
新亭聞石頭鼓噪率兵來赴之朱雀航有戍軍受節度不聽夜過會石頭已平
因稱救援太祖知而不言撫之愈厚遣回西上流涕告别太祖屯閱武堂馳結
軍旅閏月辛丑詔假黃鉞率大衆出屯新亭中興堂治嚴築壘教曰河南稱慈
諒由掩骼廣漢流仁實存殯朽近袁製茲營崇溝浚塹古墟曩隧時有湮移深
松茂草或致刊薙憑軒動懷巡隍增愴宜並爲收改葬幷設薄祀
二年正月沈攸之攻郢城不剋衆潰自經死傳首京邑丙子太祖旋鎮東府二
月癸未進太祖太尉增封三千戶都督南徐南兗徐兗青冀司豫荊雍湘郢梁
益廣越十六州諸軍事太祖解驃騎辭都督不許乃表送黃鉞三月己酉增班
劍爲四十人甲仗百人入殿丙子加羽葆鼓吹餘並如故辛卯太祖誅鎮北將
軍黃回大明泰始以來相承奢侈百姓成俗太祖輔政罷御府省二尚方諸飾
玩至是又上表禁民閒華僞雜物不得以金銀爲箔馬乘具不得金銀度不得
織成繡裙道路不得著錦履不得用紅色爲幡蓋衣服不得翦綵帛爲雜花不

得以綾作雜服飾不得作鹿行錦及局脚檉栢床牙箱籠雜物綵帛作屏鄣錦緣薦席不得私作器仗不得以七寶飾樂器又諸雜漆物不得以金銀爲花獸不得輒鑄金銅爲像皆須墨敕凡十七條其中宮及諸王服用雖依舊例亦請詳衷九月丙午進位假黃鉞都督中外諸軍事太傅領揚州牧劍履上殿入朝不趨贊拜不名置左右長史司馬從事中郎掾屬各四人使持節太尉驃騎大將軍錄尚書南徐州刺史如故固辭詔遣敦勸乃受黃鉞辭殊禮甲寅給三望車

三年正月乙巳太祖表蠲百姓逋負丙辰加前部羽葆鼓吹丁巳命太傅府依舊辟召丁卯給太祖甲仗五百人出入殿省甲午重申前命劍履上殿入朝不趨贊拜不名三月甲辰詔進位相國總百揆封十郡爲齊公備九錫之禮加璽紱遠遊冠位在諸侯王上加相國綠綟綬其驃騎大將軍揚州牧南徐州刺史如故太祖三讓公卿敦勸固請乃受甲寅策相國齊公曰天地變通莫大乎炎涼懸象著明莫崇乎日月嚴冬播氣貞松之操自高光景時昏若華之暎彌顯

是故英睿當亂而不移忠賢臨危而盡節自景和昏虐王綱弛紊太宗受命紹
開中興運屬屯難四郊多壘蕭將軍震威華戎實資義烈康國濟民於是乎在
朕以不造夙罹閔凶嗣君失德書契未紀威侮五行虔劉九縣神厭靈繹海水
羣飛彝器已墜宗禋誰主綴旒之殆未足爲譬豈直小宛興刺黍離作歌而已
哉天贊皇宋實啓明宰爰登寡昧纂承大業鴻緒再維閎基重造高勳至德振
古絕倫昔保衡翼殷博陸匡漢方斯蔑如也今將授公典禮其敬聽朕命乃者
袁劉構禍實繁有徒子房不臣稱兵協亂跨蹈五湖憑陵吳越浮祲虧辰沈氛
晦景桴鼓振於王畿鋒鏑交乎天邑顧瞻宮掖將成茂草言念邦國翦爲仇讐
當此之時人無固志公投袂殉難超然奮發執金板而先馳登寅車而戒路軍
政端嚴卒乘輯睦麾鉞一臨凶黨冰泮此則霸業之基勤王之始也安都背叛
竊據徐方敢率犬羊陵虐淮濟索兒愚悖同惡相濟天祚無象背順歸逆北鄙
黔黎奄墜塗炭均人廢職邊師告警公受命宗祊精貫朝日擁節和門氣踰霄
漢破釜之捷斬馘蔽野石梁之戰禽其渠帥保境全民江陽即序此又公之功

也張淹迷昧弗顧本朝爰自南區志圖東夏潛軍閑入竊覬不虞于時江服未
夷皇塗荐阻公忠誠慷慨在險彌亮深識九變妙察五色以寡制衆所向風偃
朝廷無東顧之憂閩越有來蘇之慶此又公之功也匈奴野心侵掠疆埸前師
失律王旅崩撓灑血成川伏尸千里醜羯倂張勢振彭泗乘勝長驅窺覦京甸
冠帶之軌將湮被髮之容行及公奉辭伐罪戒旦晨征兵車始交氛祲時蕩弔
死撫傷弘宣皇澤俾我淮肥復沾盛化此又公之功也自茲厥後獫狁孔熾封
豕長蛇重窺上國而世故相仍師出日老戰士無臨陣之心戎卒有懷歸之思
是以下邳精甲望風振恐角城高壘指日淪陷公眷言王事發憤忘食躬擐甲
冑視險若夷短兵纔接巨猾鳥散分疆畫界開創青兗此又公之功也泰始之
末入參禁旅任兼軍國事同顧命桂陽負衆輕問九鼎裂冠毀冕拔本塞源入
兵萬乘之國頓戟象魏之下烈火焚於王城飛矢集乎君屋機變倏忽終古莫
二羣后憂惶元戎無主公按劍凝神則奇謀貫世秉旄指麾則懦夫成勇曾不
崇朝新亭獻捷信宿之間宣陽底定雲霧廓清區宇康乂此又公之功也皇室

多難釁起戚藩邗晉應韓翻爲讐敵建平失圖與兵內侮公又指授六師義形乎色役未踰旬朱方寧晏此又公之功也蒼梧肆虐諸夏鑒沸淫刑以逞誰則無罪火炎崑岡玉石俱焚黔首相悲朝不謀夕高祖之業已淪大明之軌誰嗣公遠稽殷漢之義近遵魏晉之典猥以眇身入奉宗祏七廟清謐九區反政此又公之功也袁粲無質劉秉攜貳韜述相扇成此亂階醜圖潛構危機竊發據有石頭志犯應路公神謀內運霜鋒外舉妖沴載澄國塗悅穆此又公之功也沈攸之苞禍歲月滋彰蜂目豺聲阻兵安忍哀彼荊漢獨爲匪民乃眷西顧緬同異域而經綸維始九伐未申長惡不悛遂逞凶逆驅合姦回勢過虓虎朝野憂疑三軍沮氣公秉鉞出關凝威江甸忠情與皦日同亮明略與秋雲競爽至義所感人百其心鼖鼓一麾夏首寧謐雲梯未舉魯山剋定積年逋誅一朝顯戮沮浦安流章臺順軌此又公之功也公有濟天下之勳重之以明哲道庇生民志匡宇宙戮力肆心劬勞王室自東徂西靡有寧晏險阻艱難備嘗之矣若乃締構宗稷之勤造物資始之澤雲布霧散光被六幽弼予一人永清四海是

以秬草騰芳於郊園景星垂暉於清漢遐方款關而慕義荒服重譯而來庭往
哉邈乎無得而名焉朕聞疇庸表德前王盛典崇樹侯伯有國攸同所以文命
成功玄珪顯錫姬旦秉哲曲阜啓蕃或改玉以弘風或胙土以宣化禮絕常班
寵冠羣辟爰逮桓文車服異數惟公勳業超於先烈而褒賞闕於舊章古今之
道何其爽歟靜言欽歎良有缺然今進授相國以青州之齊郡徐州之梁郡南
徐州之蘭陵魯郡瑯琊東海晉陵義興揚州之吳郡會稽凡十郡封公爲齊公
錫茲玄土苴以白茅定爾邦家用建冢社斯實尚父故藩世作盟主紀綱侯甸
率由舊則往者周召建國師保兼任毛畢執珪入作卿士內外之寵同規在昔
今命使持節兼太尉侍中中書監司空衞將軍雩都縣開國侯淵授公相國印
綬齊公璽紱持節兼司空守尚書令僧虔授齊公茅土金虎符第一至第五左
竹使符第一至第十左相國位總百辟秩踰三事職以禮移號隨事革其以相
國總百揆去錄尚書之稱送所假節侍中貂蟬中外都督太傅太尉印綬竟陵
公印策其驃騎大將軍揚州牧南徐州刺史如故又加公九錫其敬聽後命以

公執禮弘律儀刑區宇遐邇一體人無異業是用錫公大輅戎輅各一玄牡二
駟公崇儉南畝所寶惟穀王府充實百姓繁衍是用錫公衮冕之服赤舃副焉
公居身以謙導物以義鎔鈞庶品罔不和悅是用錫公軒縣之樂六佾之儛公
翼贊王猷聲教遠洽蠻夷竭歡回首內附是用錫公朱戶以居公明鑒人倫澄
辨涇渭官方與能英乂克舉是用錫公納陛以登公保佑皇朝厲身化下杜漸
防萌舍生貪式是用錫公虎賁之士三百人公禦宄以刑禦姦以德君親無將
將而必誅是用錫公鈇鉞各一公鳳舉四維龍驤八表威靈所振異域同文是
用錫公彤弓一彤矢百旅弓十旅矢千公明發載懷肅恭禋祀孝敬之重義感
靈祇是用錫公秬鬯一卣珪瓚副焉齊國置丞相以下一遵舊式往欽哉其祇
服朕命經緯乾坤宏亮洪業茂昭爾大德闡揚我高祖之休命太祖三讓公卿
敦勸固請乃受之丁巳下令赦國內殊死以下今月十五日昧爽以前一皆原
赦鰥寡孤獨不能自存者賜穀五斛府州所領亦同蕩然宋帝詔齊公十郡之
外隨宜除用以齊國初建給錢五百萬布五千匹絹五千匹四月癸酉詔進齊

公爵爲王以豫州之南梁陳郡穎川陳留南兗州之盱眙山陽秦郡廣陵海陵
南沛十郡增封使持節司空衞將軍諸淵奉策綬璽紱金虎符第一至第五左
竹使符第一至第十左錫茲玄土苴白茅改立王社相國揚州牧驃騎大將軍
南徐州刺史如故丙戌命齊王冕十有二旒建天子旌旗出警入蹕乘金根車
駕六馬備五時副車置旄頭雲罕樂儛八佾設鍾虡宮縣王世子爲太子王女
王孫爵命一如舊儀辛卯宋帝禪位下詔曰惟德動天玉衡所以載序窮神知
化億兆所以歸心用能經緯乾坤彌綸宇宙闡揚鴻烈大庇生民晦往明來積
代同軌前王踵武世必由之宋德湮微昏毀相襲景和騁悖於前元徽肆虐於
後三光再霾七廟將墜璇極委馭含識知泯我文武之祚眇焉如綴靜惟此紊
夕惕疚心相國齊王天誕叡聖河嶽炳靈拯傾提危澄氛靜亂匡濟艱難功均
造物宏謀霜照祕算雲回旌旆所臨一麾必捷英風所拂無思不偃表裏清夷
遐邇寧謐既而光啓憲章弘宣禮教姦宄之類覩隆威而隔情慕善之儔仰徽
猷而增厲道邁於重華勳超乎文命蕩蕩乎無得而稱焉是以辮髮左衽之酋

款關請吏木衣卉服之長航海來庭豈惟肅慎獻楛越裳薦翬而已哉故四奧
載宅六府克和川陸効珍禎祥鱗集卿煙玉露旦夕揚藻嘉穟芝英晷刻呈茂
革運斯炳代終彌亮負扆握樞允歸明哲固以獄訟去宋謳歌適齊昔金政既
淪水德締構天之歷數皎焉攸徵朕雖寡昧闇于大道稽覽隆替爲日已久敢
忘列代遺則人神至願乎便遜位別宮敬禪于齊一依唐虞魏晉故事是日宋
帝遜于東邸備羽儀乘畫輪車出東掖門問今日何不奏鼓吹左右莫有答者
壬辰策命齊王曰伊太古初陳萬物紛綸開耀靈以鑒品物立元后以馭蒸人
若夫容成大庭之世宓羲五龍之辰靡得而詳焉自軒黃以降墳索所紀略可
言者莫崇乎堯舜披金繩而握天鏡開玉匣而總地維德之休明宸居靈極期
運有終歸禪與能所以大唐遜位謗然與歌有虞揖讓卿雲發采亮符命之攸
臻坦至公以成務懷生載懌靈祇効祉遺風餘烈光被無垠漢魏因循弗敢失
墜爰逮晉氏亦遵前儀惟我祖宗英叡勳格幽顯從天人而齊七政凝至德而
撫四維末葉不造仍世多故日蝕星隕山淪川竭惟王聖哲淵明榮鏡寓宙體

望日之威資就雲之澤臨下以簡御衆以寬仁育羣生義征不譓國塗荐阻弘
五慮而乂寧皇緒將湮秉六術以匡濟及至權臣內侮蕃屏陵上兵革雲翔萬
邦震駭裁之以武風綏之以文化遐邇清夷表裏肅穆戢琱戈而事黼黻委旌
門而恭儒館聲化遠洎荒服無塵殊類同規華戎一揆是以五光來儀於軒庭
九穗含芳於郊牧象緯昭澈布新之符已顯圖讖彪炳受終之義既彰靈祇乃
眷北民引領朕聞至道深微惟人是弘天命無常惟德是與所以仰鑒玄情俯
察羣望敬禪神器授帝位于爾躬四海困窮天祿永終於戲王其允執厥中儀
刑前式以副率土之欣望命司衮而謁蒼昊奏雲門而升圜丘時膺大禮永保
洪業豈不盛歟再命璽書曰皇帝敬問相國齊王大道之行與三代之英朕雖
闇昧而有志焉夫昏明相襲晷景之恆度春秋遞運時歲之常序求諸天數猶
且隆贊矧伊在人能無終謝是故勛華弘風於上葉漢魏垂式於後昆昔我高
祖欽明文思振民育德皇靈眷命奄有四海晚世多難姦宄實繁鼛鼓宵聞元
戎旦警億兆夷人啓處靡厝加以嗣君荒怠數虐萬方神鼎將遷寶策無主實

類英聖匡濟艱危惟王體天則地含弘光大明並日月惠均雲雨國步斯梗則
稜威外發王猷不造則淵謨內昭重構閩吳再寧淮濟靜九江之洪波卷海沂
之氛沴放斥凶昧存我宗祀舊物惟新三光改照逮至龍臣裂冠則裁以廟略
荆漢反噬則震以雷霆麾旆所臨風行草靡神算所指龍舉雲屬諸夏廓清戎
翟思韙與文偃武闡揚洪烈明保沖昧翶翔禮樂之場撫柔黔首咸濟仁壽之
域自霜露所墜星辰所經正朔不通人跡罕至者莫不踰山越海北面稱蕃款
關重譯脩其職貢是以禎祥發采左史載其奇玄象垂文保章審其度鳳書表
肆類之運龍圖顯班瑞之期重以珠衡日角神姿特挺君人之義在事必彰書
不云乎皇天無親惟德是輔民心無常惟惠之懷神祇之眷如彼蒼生之願如
此笙管變聲鍾石改調朕所以擁璇持衡傾佇明哲昔金德既淪而傳祚于我
有宋歷數告終實在茲日亦以水德而傳于齊式遵前典廣詢羣議王公卿士
咸曰惟宜今遣使持節兼太保侍中中書監司空衞將軍雩都縣侯淵兼太尉
守尚書令僧虔奉皇帝璽綬受終之禮一依唐虞故事王其允副幽明時登元

后寵綏八表以酬昊天之休命太祖三辭宋帝王公以下固請兼太史令將作匠陳文建奏符命曰六亢位也後漢自建武至建安二十五年一百九十六年而禪魏魏自黃初至咸熙二年四十六年而禪晉晉自太始至元熙二年一百五十六年而禪宋宋自永初元年至昇明三年凡六十年咸以六終六受六亢位也驗往揆今若斯昭著敢以職任備陳管穴伏願順天時應符瑞二朝百辟又固請尚書右僕射王儉奏被宋詔遜位臣等參議宜剋日輿駕受禪撰立儀注太祖乃許焉

史臣曰案太乙九宮占推漢高五年太乙在四宮主人與客俱得吉計先舉事者勝是歲高祖破楚晉元興二年太一在七宮太一爲帝天目爲輔佐迫脅太一是年安帝爲桓玄所逼出宮大將在一宮參相在三宮格太一經言格者已立政事上下格之不利有爲安居之世不利舉動元興三年太乙在七宮宋武破桓玄元嘉元年太乙在六宮不利有爲徐傅廢營陽王七年太一在八宮關因惡歲大小將皆不得立其年到彥之北伐初勝後敗客主俱不利十八年太

乙在二宮客主俱不利是歲氐楊難當寇梁益來年仇池破十九年大小將皆見關不立凶其年裴方明伐仇池剋百頃明年失之泰始元年太一在二宮爲大小將奄擊之其年景和廢二年太一在三宮不利先起主人勝其年晉安王子勛反元徽二年太一在六宮先起敗是歲桂陽王休範反並伏誅四年太一在七宮先起者客西北走其年建平王景素敗昇明元年太一在七宮不利爲客安居之世舉事爲主人應發爲客袁粲沈攸之等反伏誅是歲太一在杜門臨八宮宋帝禪位不利爲客安居之世舉事爲主人禪代之應也

南齊書卷一

南齊書卷一考證

高帝本紀上漢相國蕭何二十四世孫也○臣宗萬按通鑑考異曰自相國何至皇考一十餘世皆有名及官位蓋史官附會又按漢蕭望之傳不敘世譜此以爲何後恐未確當然傳云望之東海蘭陵人即此可知帝之苗裔亦未必皆妄矣

蘭生吳郡太守永○臣承寵按齊梁同祖梁本紀作吳郡太守冰未知孰是

令喜留軍破釜自持銀壺酒封賜太祖太祖戎衣出門迎即酌飲之喜還帝意乃悅○臣祖庚按宋略云道成懼弗肯飲喜語以情先爲之酌於是喜得罪而道成被徵通鑑從之考異曰南齊書欲成太祖之美故云爾斯言信然

靈寶路中遇賊軍埋首道側○臣祖庚按宋略云棄諸溝中宋書云棄首於水三書互異通鑑從宋書

丁文豪設伏破臺軍於皁莢橋直至朱雀桁○臣祖庚按通鑑注云皁莢橋當在新亭之北朱雀桁即大航也以其在朱雀門外故名又云跨秦淮南北岸

以渡行人大路所由也桁與航同

車騎典籤　臣祖庚○按南史故事府州縣內論事皆籤前直敘所論之事後云

謹籤日月下又云某官某籤故府州置典籤以領之本五品吏宋初改爲士

職宋末多以幼少皇子爲藩鎮以左右親近領典籤權任遂重

又於鑾岡賭跳○　臣祖庚按鑾岡南史同宋書作臺岡通鑑注云臺岡意即臺

城之來岡賭跳者賭跳躑以高爲勝也

十二月遂舉兵乙卯太祖入居朝堂○　臣宗萬按宋順帝紀十二月攸之反丁

卯齊王入守朝堂閏月癸巳攸之圍郢城宋略十二月沈攸之作亂丁卯蕭

道成入屯朝堂閏月癸巳攸之師及郢州據此攸之舉兵在十二月是矣而

太祖居朝堂則在丁卯與此互異至攻郢在閏月癸巳按宋曆閏十二月庚

辰朔則癸巳乃閏月十四日也紀在二年正月誤矣

秉從弟領軍韞○韞諸本皆作韜但秉弟無名韜爲領軍者今從宋書南史改

韞

往哉邈乎無得而名焉○往南史作汪

南齊書卷一考證

南齊書卷二

梁　蕭　子　顯　撰

本紀第二

高帝下

建元元年夏四月甲午上卽皇帝位於南郊設壇柴燎告天曰皇帝臣道成敢用玄牡昭告皇皇后帝宋帝陟鑒乾序欽若明命以命于道成夫肇自生民樹以司牧所以闡極則天開元創物肆茲大道天下惟公命不于常昔在虞夏受終上代粤自漢魏揖讓中葉咸炳諸典謨載在方冊水德既微仍世多故寔賴道成匡拯之功以弘濟于厥艱大造顛墜再構區宇宣禮明刑締仁緝義晷緯凝象川岳表靈誕惟天人罔弗和會乃仰協歸運景屬與能用集大命于茲辭德匪嗣至于累仍而羣公卿士庶尹御事爰及黎獻至于百戎僉曰皇天眷命不可以固違人神無託不可以曠主畏天之威敢不祗順鴻歷敬簡元辰虔奉皇符升壇受禪告類上帝以永答民衷式敷萬國惟明靈是饗禮畢大駕還宮

臨太極前殿詔曰五德更紹帝迹所以代昌三正迭隆王度所以改耀世有質
文時或因革其資元膺歷經道振民固以異術同揆殊流共貫者矣朕以寡昧
屬值艱季推肆勤之誠藉樂治之數賢能悉心士民致力用獲拯溺龕暴一匡
天下業未參古功殆侔昔宋氏以陵夷有徵歷數攸及思弘樂推永鑒崇替爰
集天祿于朕躬惟志菲薄辭弗獲昭遂欽從天人式綏景命祇月正于文祖升
禋𤇯于上帝猥以寡德光宅四海纂革代之蹤託王公之上若涉淵水罔知所
濟寶祚初啓洪慶惟新思俾利澤宣被億兆可大赦天下改昇明三年爲建元
元年賜人爵二級文武進位二等鰥寡孤獨不能自存者穀人五斛逋租宿債
勿復收有犯鄉論清議贓汙淫盜一皆蕩滌洗除先注與之更始長徒敕繫之
囚特皆原遣亡官失爵禁錮奪勞一依舊典封宋帝爲汝陰王築宮丹陽縣故
治行宋正朔車旗服色一如故事上書不爲表答表不稱詔降宋晉熙王燮爲
陰安公江夏王躋爲沙陽公隨王翽爲舞陰公新興王嵩爲定襄公建安王禧
爲荔浦公郡公主爲縣君縣公主爲鄉君詔曰繼世象賢列代盛典疇庸嗣美

前載令圖宋氏通侯乃宜隨運省替但欽德懷義尚表墳閭況功濟區夏道光
民俗者哉降差之典宜遵往制南康縣公華容縣公可爲侯萍鄉縣侯可爲伯
減戶有差以繼劉穆之王弘何無忌後以司空褚淵爲司徒吳郡太守柳世隆
爲南豫州刺史詔曰宸運肇創寶命維新宜弘慶宥廣敷蠲汰劫賊餘口沒在
臺府者悉原赦諸負釁流徙普聽還本土以齊國左衞將軍陳顯達爲中護軍
中領軍王敬則爲南兗州刺史左衞將軍李安民爲中領軍戊戌以荊州刺史
嶷爲尚書令驃騎大將軍開府儀同三司揚州刺史冠軍將軍映爲荊州刺史
西中郎將晃爲南徐州刺史冠軍將軍垣崇祖爲豫州刺史驃騎司馬崔文仲
爲徐州刺史斷四方上慶禮己亥詔曰自廬井毀制農桑易業鹽鐵妨民貨鬻
傷治歷代成俗流蠹歲滋援拯遺弊革末反本使公不專利氓無失業二宮諸
王悉不得營立屯邸封略山湖太官池籞宮停稅入優量省置庚子詔宋帝后
藩王諸陵宜有守衞有司奏帝陵各置長一人兵有差王陵五人妃嬪三人五
月丙午進河南王吐谷渾拾寅號驃騎大將軍詔曰宸運革命引爵改封宋氏

第秩雖宜省替其有預効屯夷宣力齊業者一仍本封無所減降有司奏留襄陽郡公張敬兒等六十二人除廣興郡公沈曇亮等百二十二人改元嘉歷爲建元歷木德盛卯終未以正月卯祖十二月未臘丁未詔曰設募取將懸賞購士蓋出權宜非曰恒制頃世艱險浸以成俗且長逋逸開罪山湖是爲黥刑不辱亡竄無咎自今以後可斷衆募壬子詔封佐命文武功臣新除司徒褚淵等三十一人進爵增戶各有差乙卯河南王吐谷渾拾寅奉表貢獻丙辰詔遣大使分行四方遣兼散騎常侍十二人巡行以交寧道遠不遣使己未汝陰王薨追謚爲宋順帝終禮依魏元晉恭帝故事辛酉陰安公劉燮等伏誅追封謚上兄道度爲衡陽元王道生爲始安貞王丙寅追尊皇考曰宣皇帝皇妣爲孝皇后妃爲昭皇后六月辛未詔相國驃騎中軍三府職可依資勞度二官若職限已盈所餘可賜滿壬申以游擊將軍周山圖爲兗州刺史乙亥詔曰宋末頻年戎寇兼災疾凋損或枯骸不收毀櫬莫掩宜速宣下埋藏營卹若標題猶存姓字可識可卽運載致還本鄉有司奏遣外監典事四人周行離門外三十五里

爲限其餘班下州郡無棺器標題者屬所以臺錢供市庚辰七廟主備法駕卽
于大廟詔諸將及客戮力艱難盡勤直衞其從還宮者普賜位一階辛巳罷荆
州刺史甲申立皇太子賾斷諸州郡禮慶見刑入重者降一等幷申前赦恩百
日立皇子嶷爲豫章王映爲臨川王晃爲長沙王曄爲武陵王暠爲安成王鏘
爲鄱陽王鑠爲桂陽王鑑爲廣陵王皇孫長懋爲南郡王乙酉葬宋順帝于遂
寧陵秋七月丁未詔曰交阯北景獨隔書朔斯乃前運方季負海不朝因迷遂
往歸款莫由曲赦交州部內李叔獻一人卽撫南土文武詳才選用幷遣大使
宣揚朝恩以試守武平太守行交州府事李叔獻爲交州刺史丙辰以虜僞茄
盧鎭主陰平公楊廣香爲沙州刺史丁巳詔南蘭陵桑梓本鄉長蠲租布武進
王業所基復十年九月辛丑詔二吳義與三郡遭水減今年田租乙巳以新除
尚書令驃騎將軍豫章王嶷爲荆湘二州刺史平西將軍臨川王映爲揚州刺
史丙午司空褚淵領尚書令戊申車駕幸宣武堂宴會詔諸王公以下賦詩冬
十月丙子立彭城劉胤爲汝陰王奉宋帝後己卯車駕殷祀太廟辛巳詔曰朕

嬰綴世務三十餘歲險阻艱難備嘗之矣末路屯夷戎車歲駕誠藉時來之運實資士民之力宋元徽二年以來諸從軍得官者未悉蒙祿可催速下訪隨正即給才堪餘任者訪洗量序若四州士庶本鄉淪陷簿籍不存尋校無所可聽州郡保押從實除奏荒遠闕中正者特許據軍簿奏除或戍扞邊役末由旋反聽於同軍各立五保所隸有司時爲言列汝陰太妃王氏薨追贈爲宋恭皇后十一月庚子以太子左衞率蕭景先爲司州刺史辛亥立皇太子妃裴氏甲申封功臣驃騎長史江謐等十人爵戶各有差

二年春正月戊戌朔大赦天下以司空尚書令褚淵爲司徒中軍將軍張敬兒爲車騎將軍中領軍李安民爲領軍將軍中護軍陳顯達爲護軍將軍辛丑車駕親祀南郊癸卯詔索虜寇淮泗遣衆軍北伐內外纂嚴二月丁卯虜寇壽陽豫州刺史垣崇祖破走之置巴州壬申以三巴校尉明慧昭爲巴州刺史戊子以寧蠻校尉蕭赤斧爲雍州刺史南蠻長史崔惠景爲梁南秦二州刺史辛卯詔西境獻捷解嚴癸巳遣大使巡慰淮肥徐豫邊民尤貧遘難者刺史二千石

量加賑卹甲午詔江西北民避難流徙者制遣還本土蠲今年租稅單貧及孤
老不能自存者卽聽番籍郡縣押領三月丁酉以侍中西昌侯鸞爲郢州刺史
戊戌以護軍將軍陳顯達爲南兗州刺史吳郡太守張岱爲中護軍己亥車駕
幸樂遊苑宴王公以下賦詩辛丑以征虜將軍崔恩祖爲青冀二州刺史夏四
月丙寅進高麗王樂浪公高璉號驃騎大將軍五月立六門都牆六月癸未詔
昔歲水旱曲赦丹陽二吳義興四郡遭水尤劇之縣元年以前三調未充虛列
已畢官長局吏應共償備外詳所除宥秋七月甲寅以輔國將軍盧紹之爲青
冀二州刺史戊午皇太子妃裴氏薨閏月辛巳遣領軍將軍李安民行淮泗庚
寅索虜攻朐山青冀二州刺史盧紹之等破走之冬十一月戊子以氐楊後起
爲秦州刺史十二月戊戌以司空褚淵爲司徒乙巳車駕幸中堂聽訟壬子以
驃騎大將軍豫章王嶷爲司空揚州刺史前將軍臨川王映爲荊州刺史
三年春正月壬戌朔詔王公卿士薦讜言丙子以平北將軍陳顯達爲益州刺
史貞陽公柳世隆爲南兗州刺史皇子鋒爲江夏王領軍將軍李安民等破虜

於淮陽夏四月以寧朔將軍沈景德爲廣州刺史六月壬子大赦逋租宿債除
減有差秋七月以冠軍將軍垣榮祖爲徐州刺史冬十月戊子以河南王世子
吐谷渾易度侯爲西秦河二州刺史河南王
四年春正月壬戌詔曰夫膠庠之典彝倫攸先所以招振才端啓發性緒弘字
黎氓納之軌義是故五禮之迹可傳六樂之容不泯朕自膺歷受圖志闡經訓
且有司羣僚奏議咸集蓋以戎車時警文教未宣思樂泮宮永言多慨今關燧
無虞時和歲稔遠邇同風華夷慕義便可式遵前准脩建斆學精選儒官廣延
國胄以江州刺史王延之爲右光祿大夫癸亥詔曰比歲申威西北義勇爭先
殞氣寇場命盡王事戰亡覊復雖有恆典主者遵用每傷簡簿建元以來戰亡
賞蠲租布二十年雜役十年其不得收屍主軍保押亦同此例以後將軍長沙
王晃爲護軍將軍中軍將軍南郡王長懋爲南徐州刺史冠軍將軍安成王暠
爲江州刺史二月乙未以冠軍將軍桓康爲青冀二州刺史上不豫庚辰詔原
京師囚繫有差元年以前逋責皆原除三月庚申召司徒褚淵左僕射王儉詔

曰吾本布衣素族念不到此因藉時來遂隆大業風道沾被升平可期遘疾彌留至于大漸公等奉太子如事吾柔遠能邇緝和内外當令太子敦穆親戚委任賢才崇尚節儉弘宣簡惠則天下之理盡矣死生有命夫復何言壬戌上崩于臨光殿年五十六四月庚寅上謚曰太祖高皇帝奉梓宮於東府前渚升龍舟丙午窆武進泰安陵上少沈深有大量寬嚴清儉喜怒無色博涉經史善屬文工草隸書弈棋第二品雖經綸夷險不廢素業從諫察謀以威重得衆即位後身不御精細之物敕中書舍人桓景真曰主衣中似有玉介導此制始自大明末後泰始尤增其麗留此置主衣政是興長疾源可即時打碎凡復有可異物皆宜隨例也後宮器物欄檻以銅為飾者皆改用鐵内殿施黃紗帳宮人著紫皮履華蓋除金花瓜用鐵迴釘每曰使我治天下十年當使黃金與土同價欲以身率天下移變風俗上姓名骨體及期運歷數並遠應圖讖數十百條歷代所未有臣下撰錄上抑而不宣感矣

史臣曰孫卿有言聖人之有天下受之也非取之也漢高神武駿聖觀秦氏東

遊蓋是雅多大言非始自知天命光武聞少公之論讖亦特一時之笑語魏武初起義兵所期征西之墓晉宣不內迫曹爽豈有定霸浮橋宋氏崛起匹夫兵由義立咸皆一世推雄卒開鼎祚宋氏正位八君卜年五紀四絕長嫡三稱中興內難邊虞兵革世動太祖基命之初武功潛用泰始開運大拯時艱龍德在田見猜雲雨之迹及蒼梧暴虐釁結朝野百姓懍懍命懸朝夕權道既行兼濟天下元功振主利器難以假人羣才戮力實懷尺寸之望豈其天厭水行固已人希大德歸功與能事極乎此雖至公於四海而運實時來無心於黃屋而道隨物變應而不爲此皇齊所以集大命也

贊曰於皇太祖有命自天同度宇宙合量山淵宋德不紹神器虛傳寧亂以武黜暴資賢庸發西疆功與北翰偏師獨克孤旅霆斷援旆東夏職司靜亂指斧徐方時惟伐叛抗威京輦坐清江漢文藝在躬芳塵淵塞用下以才鎮民以德端己雄晬君臨尊默苞括四海大造家國

南齊書卷二考證

高帝本紀下建元元年夏四月丙寅追尊皇考曰宣皇帝皇妣爲孝皇后○臣祖庚按通鑑同南史在甲午

二月正月以司空尙書令褚淵爲司徒○臣祖庚按十二月以司空褚淵爲司徒其事複見其月互異又淵傳三年爲司徒又固讓四年寢疾遜位改授司空據此則淵以三年爲司徒四年爲司空而紀又云四年八月癸卯司徒褚淵薨紀傳前後各不相顧

二月丁卯虜寇壽陽○臣祖庚按通鑑作己酉考異曰是月辛卯朔無丁卯

五月立六門都牆○臣宗萬按通鑑云自晉以來建康宮之外城唯設竹籬而有六門會有發白虎樽者命改立都牆又白虎樽卽白獸樽晉書避唐諱故曰獸也

河南王世子吐谷渾易度侯○易度侯諸本皆作度易侯今從氐羌傳改正

南齊書卷二考證

南齊書卷三

梁　蕭　子　顯　撰

本紀第三

武帝

世祖武皇帝諱賾字宣遠太祖長子也小諱龍兒生於建康青溪宅其夜陳孝后劉昭后同夢龍據屋上故字上焉初爲尋陽國侍郎辟州西曹書佐出爲贛令江州刺史晉安王子勛反上不從命南康相沈肅之縶上於郡獄族人蕭欣祖門客桓康等破郡迎出上肅之率將吏數百人追擊上與左右拒戰生獲肅之斬首百餘級遂率部曲百餘人舉義兵始與相殷孚將萬兵赴子勛於尋陽或勸上擊之上以衆寡不敵避屯揭陽山中聚衆至三千人子勛遣其將戴凱之爲南康相及軍主張宗之千餘人助之上引兵向郡擊凱之別軍主程超數百人於南康口又進擊宗之破斬之遂圍郡城凱之以數千人固守上親率將士盡日攻之城陷凱之奔走殺僞贛令陶冲之上卽據郡城遣軍主張應期鄧

惠真三千人襲豫章子勛遣軍主談秀之等七千人與應期相拒於西昌築營
壘交戰不能決聞上將自下秀之等退散事平徵爲尚書庫部郎征北中兵參
軍西陽縣子帶南東莞太守越騎校尉正員郎劉韞撫軍長史襄陽太守別封
贛縣子邑三百戶固辭不受轉寧朔將軍廣與相桂陽王休範反上遣軍襲尋
陽至北嶠事平除晉熙王安西諮議不拜復還郡轉司徒右長史黃門郎沈攸
之在荊楚宋朝密爲之備元徽四年以上爲晉熙王鎮西長史江夏內史行郢
州事順帝立徵晉熙王燮爲撫軍揚州刺史以上爲左衞將軍輔燮俱下沈攸
之事起未得朝廷處分上以中流可以待敵卽據盆口城爲戰守之備太祖聞
之喜曰此真我子也上表求西討不許乃遣偏軍援郢平西將軍黃回等皆受
上節度加上冠軍將軍持節昇明二年事平轉散騎常侍都督江州豫州之新
蔡晉熙二郡軍事征虜將軍江州刺史持節如故封聞喜縣侯邑二千戶其年
徵侍中領軍將軍給鼓吹一部府置佐史領石頭戍軍事尋又加持節督京畿
諸軍事三年轉散騎常侍尚書僕射中軍大將軍開府儀同三司進爵爲公持

節都督領軍如故給班劍二十人齊國建爲齊公世子改加侍中南豫州刺史給油絡車羽葆鼓吹增班劍爲四十人以石頭爲世子宮官置二率以下坊省服章一如東宮進爵王太子太祖卽位爲皇太子建元四年三月壬戌太祖崩上卽位大赦征鎮州郡令長軍屯營部各行喪三日不得擅離任都邑城守防備幢隊一不得還乙丑稱先帝遺詔以司徒褚淵錄尚書事尚書左僕射王儉爲尚書令車騎將軍張敬兒爲開府儀同三司詔曰喪禮雖有定制先旨每存簡約內官可三日一還臨外官間一日還臨後有大喪皆如之丁卯以右衞將軍呂安國爲司州刺史庚午以司空豫章王嶷爲太尉癸酉詔曰城直之制歷代宜同頃歲逋弛遂以萬計雖在憲宜懲而原心可亮積年逋城可悉原蕩自茲以後申明舊科有違糾裁庚辰詔曰比歲未稔貧窮不少京師二岸多有其弊遣中書舍人優量賑卹夏四月丙午以輔國將軍張倪爲兗州刺史辛卯追尊穆妃爲皇后五月乙丑以丹陽尹聞喜公子良爲南徐州刺史甲戌以新除左衞將軍垣崇祖爲豫州刺史癸未詔曰頃水雨頻降潮流薦滿二岸居民多

所淹漬遣中書舍人與兩縣官長優量賑卹六月甲申立皇太子長懋詔申壬
戌赦恩百日乙酉以鄱陽王鏘爲雍州刺史臨汝公子卿爲郢州刺史甲午以
寧朔將軍臧靈智爲越州刺史丙申立皇太子妃王氏進封聞喜公子良爲竟
陵王臨汝公子卿爲廬陵王應城公子敬爲安陸王江陵公子懋爲晉安王枝
江公子隆爲隨郡王皇子子真爲建安王皇孫昭業爲南郡王戊戌詔曰水潦
爲患星緯乖序京都囚繫可尅日訊決諸遠獄委刺史以時察判建康秣陵二
縣貧民加賑賜必令周悉吳與義興遭水縣蠲除租調癸卯以司徒褚淵爲司
空驃騎將軍秋七月庚申以衛尉蕭順之爲豫州刺史壬戌以冠軍將軍垣榮
祖爲青冀二州刺史八月癸卯司徒褚淵薨九月丁巳以國哀故罷國子學己
巳以前軍將軍姜伯起爲秦州刺史辛未以征南將軍王僧虔爲左光祿大夫
開府儀同三司尚書右僕射王奐爲湘州刺史冬十二月己丑詔曰緣淮戍將
久處邊勞三元行始宜沾恩慶可遣中書舍人宣旨臨會後每歲皆如之庚子
以太子左衛率戴僧靜爲徐州刺史

永明元年春正月辛亥車駕祀南郊大赦改元壬子詔內外羣僚各舉朕違肆
心規諫又詔王公卿士各舉所知隨方登敍詔曰經邦之寄寔資莅民守宰祿
俸蓋有恆準往以邊虞告警故沿時損益今區寓寧晏庶績咸熙念勤簡能宜
加優奬郡縣丞尉可還田秩太尉豫章王嶷領太子太傅護軍將軍長沙王晃
爲南徐州刺史鎭北將軍竟陵王子良爲南兗州刺史庚申以侍中蕭景先爲
中領軍壬戌立皇弟銳爲南平王鏗爲宜都王皇子子明爲武昌王子罕爲南
海王甲子爲築青溪舊宮詔槊仗瞻履二月辛巳以征虜將軍楊炅爲沙州刺
史辛丑以隴西公宕昌王梁彌機爲河涼二州刺史東羌王像舒彭爲西涼州
刺史三月癸丑詔曰宋德將季風軌陵遲列宰庶邦彌失其序遷謝遄速公私
凋弊泰運初基草昧惟始思述先範永隆治根莅民之職一以小滿爲限其有
聲績剋舉厚加甄異理務無庸隨時代黜丙辰詔曰朕自丁荼毒奄便周忌瞻
言負荷若墜淵壑而遠圖尚蔽政刑未理星緯失序陰陽愆度思播先澤兼酬
天眚可申辛亥赦恩五十日以期訖爲始京師囚繫悉皆原宥三署軍徒優量

降遣都邑鰥寡尤貧詳加賑卹戊寅詔四方見囚罪無輕重及劫賊餘口長徒
勑繫悉原赦逋負督贓建元四年三月以前皆特除夏四月壬午詔曰魏矜袁
紹恩洽丘墓晉亮兩王榮覃餘裔二代弘義前載美談袁粲劉秉與先朝同獎
宋室沈攸之於景和之世特有誠心雖末節不終而始誠可錄歲月彌往宜特
優降粲秉前年改葬塋兆未修材槨可爲經理令粗足周禮攸之及其諸子喪
柩在西者可符荊州送反舊墓在所爲營葬事五月丁酉車騎將軍張敬兒伏
誅六月丙寅詔凡坐事應覆治者在建元四年三月以前皆原宥秋七月戊戌
新除左光祿大夫王僧虔加特進九月己卯以荊州刺史臨川王暎爲驃騎將
軍冠軍將軍廬陵王子卿爲荊州刺史吳郡太守安陸侯緬爲郢州刺史
二年春正月乙亥以司州刺史呂安國爲南兗州刺史征北將軍竟陵王子良
爲護軍將軍兼司徒征北長史劉悛爲司州刺史丙子以右光祿大夫王延之
爲特進三月乙亥以吳興太守張岱爲南兗州刺史前將軍王奐爲江州刺史
平北將軍呂安國爲湘州刺史戊寅以少府趙景翼爲廣州刺史夏四月甲辰

詔揚南徐南兗徐兗五州統內諸獄幷豫江三州府州見囚江州尋陽新蔡兩
郡繫獄並部送還臺須候克日斷枉直緣江遠郡及諸州委刺史詳察訊己巳
以寧朔將軍程法勤爲寧州刺史六月癸卯車駕幸中堂聽訟乙巳以安陸王
子敬爲南兗州刺史戊申以黃門侍郎崔平仲爲青冀二州刺史秋七月癸未
詔曰夫樂所自生先哲垂誥禮不忘本積代同風是以漢光遲回於南陽魏文
殷勤於譙國青溪宮體天含暉則地栖寶光定靈源允集符命在昔期運初開
經綸方遠繕築之勞我則未暇時流事往永惟哽咽朕以寡薄嗣奉鴻基思存
締構式表王迹考星創制揆日興功子來告畢規摹昭備宜申豐落之禮以暢
感慰之懷可克日小會甲申立皇子子倫爲巴陵王八月丙午車駕幸舊宮小
會設金石樂在位者賦詩詔申京師獄及三署見徒量所降宥領宮職司詳賜
幣帛戊申車駕幸玄武湖講武甲子詔曰窆枯掩骼義重前誥卹老哀癃寔惟
令典朕求思民瘼弗忘鑒寐聲懷未敷物多乖所京師二縣或有久壙毀發可
隨宜掩埋遺骸未櫬並加斂瘞疾病窮困不能自存者詳爲條格並加沾賚冬

十月丁巳以桂陽王鑠爲南徐州刺史十一月丁亥以始興王鏗爲益州刺史
三年春正月丙辰以大司農劉楷爲交州刺史安西諮議參軍崔慶緒爲南梁
秦二州刺史甲申以晉安王子懋爲南豫州刺史辛卯車駕祀南郊大赦都邑
三百里內罪應入重者降一等餘依赦制劾繫之身降遣有差賑卹二縣貧民
又詔曰春秋國語云生民之有學斅猶樹木之有枝葉果行育德咸必由玆在
昔開運光宅華夏方弘典謨克隆教思命彼有司崇建庠塾甫就經始仍離屯
故仰瞻徽猷歲月彌遠今遐邇一體車軌同文宜高選學官廣延冑子又詔守
宰親民之要刺史案部所先宜嚴課農桑相土揆時必窮地利若耕蠶殊衆足
厲浮惰者所在卽便列奏其違方驕矜佚事妨農亦以名聞將明賞罰以勸勤
怠校覈殿最歲竟考課以申黜陟二月辛丑車駕祀北郊夏四月戊戌以新除
右衛將軍豫章王世子子響爲豫州刺史輔國將軍桓敬爲兗州刺史五月乙
未詔曰氓俗凋弊于玆永久雖年穀時登而歉乏比室凡單丁之身及煢獨而
秩養養孤者並蠲今年田租是月省總明觀六月庚戌進河南王易度侯爲車

騎將軍秋七月辛丑詔丹陽所領及餘二百里內見囚同集京師自此以外委
州郡決斷甲戌左光祿大夫開府儀同三司王僧虔薨丁亥以驃騎中兵參軍
蕫仲舒爲寧州刺史八月乙未車駕幸中堂聽訟丁巳以行宕昌王梁彌頡爲
河涼二州刺史戊午以尚書令王儉領太子少傅太子詹事蕭順之爲領軍將
軍冬十月壬戌詔曰皇太子長懋講畢當釋奠王公以下可悉往觀禮十一月
乙丑以冠軍將軍王文仲爲青冀二州刺史十二月丁酉詔曰九穀之重八材
爲末是故潔粢豐盛祝史無愧於辭不籍千畝周宣所以貽諫昔期運初啓庶
政草昧三推之典我則未暇朕嗣奉鴻基思隆先軌載耒躬親率由舊式可以
開春發歲敬簡元辰鳴青鸞於東郊冕朱紘而蒞事仰薦宗禋俯勗黔首將使
困庾內充遺秉外牣既富而教茲焉攸在是夏琅邪郡旱百姓芟除枯苗至秋
擢穎大熟
四年春正月甲子以南琅邪彭城二郡太守隨郡王子隆爲江州刺史征虜長
史張瓌爲雍州刺史征虜將軍薛淵爲徐州刺史護軍將軍兼司徒竟陵王子

艮進號車騎將軍富陽人唐寓之反聚衆桐廬破富陽錢塘等縣害東陽太守
蕭崇之遣宿衞兵出討伏誅丁酉冠軍將軍馬軍主陳天福坐討唐寓之燒掠
百姓棄市辛卯車駕幸中堂策秀才閏月癸巳立皇子子貞爲邵陵王皇孫昭
文爲臨汝公丁未以武都王楊集始爲北秦州刺史辛亥車駕籍田詔曰夫耕
籍所以表敬親載所以率民朕景行前規躬執艮耜千畛咸事六伆可期教義
克宣誠感兼暢重以天符靈貺歲月鱗萃寶鼎開玉匣之祥嘉禾發同穗之穎
甘露凝暉於坰牧神爵騫翥於蘭囿斯乃宗稷之慶豈寡薄所臻思俾休和覃
茲黔皁見刑罪殊死以下悉原宥諸逋負在三年以前尤窮弊者一皆蠲除孝
悌力田詳授爵位孤老貧窮賜穀十石凡欲附農而糧種闕乏者並加給貸務
在優厚癸丑以始興內史劉勑爲廣州刺史甲寅以籍田禮畢車駕幸閱武堂
勞酒小會詔賜王公以下在位者帛有差戊午車駕幸宣武堂講武詔曰今親
閱六師少長有禮領馭羣帥可量班賜二月己未立皇弟銶爲晉熙王鉉爲河
東王庚寅以光祿大夫王玄載爲兗州刺史三月辛亥國子講孝經車駕幸學

賜國子祭酒博士助教絹各有差夏四月丁亥以尚書左僕射柳世隆爲湘州
刺史臨沂縣麥不登刈爲馬芻至夏更苗秀五月癸巳詔楊南徐二州今年戶
租三分二取見布一分取錢來歲以後遠近諸州輸錢處並減布直匹准四百
依舊折半以爲永制丙午以吳興太守西昌侯鸞爲中領軍秋八月辛酉以鎮
南長史蕭惠休爲廣州刺史九月甲寅以征虜將軍王廣之爲徐州刺史冬十
二月乙亥以東中郎司馬崔惠景爲司州刺史
五年春正月戊子以太尉豫章王嶷爲大司馬車騎將軍竟陵王子良爲司徒
驃騎將軍臨川王映衞將軍王儉中軍將軍王敬則並本號開府儀同三司都
官尚書沈文季爲郢州刺史左將軍安陸王子敬爲荊州刺史征虜將軍晉安
王子懋爲南兗州刺史輔國將軍建安王子真爲南豫州刺史辛卯詔曰朕昧
爽丕顯思康民瘼雖年穀亟登而饑饉代有今履端肇運陽和告始宜協時休
覃茲黎庶諸孤老貧病並賜穀餼遣使親賦每存均普雍司二州蠻虜屢動丁
酉遣丹陽尹蕭景先出平陽護軍將軍陳顯達出宛葉二月戊子車駕幸芳林

園禊宴丁未以護軍將軍陳顯達爲雍州刺史夏四月車駕殷祀大廟詔繫囚見徒四歲刑以下悉原遣五年減爲三歲京邑罪身應入重降一等六月辛酉詔曰比霖雨過度水潦洊溢京師居民多離其弊遣中書舍人二縣官長隨宜賑賜秋七月戊申詔丹陽屬縣建元四年以來至永明三年所逋田租殊爲不少京甸之內宜加優貸其非中貲者可悉原停八月乙亥詔今夏雨水吳興義與二郡田農多傷詳蠲租調九月己丑詔曰九日出商飈館登高宴羣臣辛卯車駕幸商飈館館上所立在孫陵崗世呼爲九日臺者也丙午詔曰善爲國者使民無傷而農益勸是以十一而稅周道克隆開建常平漢載惟穆岱畎絲枲浮汶來貢杞梓皮革必緣楚往自水德將謝喪亂彌多師旅歲興饑饉代有貧室盡於課調泉貝傾於絕域軍國器用動資四表不因厥產咸用九賦雖有交貿之名而無潤私之實民咨塗炭是此之由昔在開運星紀未周餘弊尚重農桑不殷於曩日粟帛輕賤於當年工商罕兼金之儲匹夫多饑寒之患良由圜法久廢上弊稍寡所謂民失其資能無匱乎凡下貧之家可蠲三調二年京師

及四方出錢億萬糴米穀絲緜之屬其和價以優黔首遠邦嘗市雜物非土俗所產者皆悉停之必是歲賦攸宜都邑所乏可見直和市勿使逋刻冬十月甲申以中領軍西昌侯鸞爲豫州刺史侍中安陸侯緬爲中領軍初起新林苑

六年春正月壬午以祠部尚書安成王暠爲南徐州刺史詔二百里內獄同集京師克日聽覽自此以外委州郡訊察三署徒隸詳所原釋三月己亥以豫章王世子子響爲巴東王癸卯以光祿大夫周盤龍爲行兗州刺史五月甲午以宕昌王梁彌承爲河涼二州刺史六月甲寅以散騎常侍沈景德爲徐州刺史丙子以始興太守房法乘爲交州刺史秋七月乙巳都官尚書呂安國爲領軍將軍八月乙卯詔吳興義興水潦被水之鄉賜痼疾篤癃口二斛老疾一斛小口五斗九月壬寅車駕幸琅邪城講武習水步軍冬十月庚申立冬初臨太極殿讀時令辛酉以祠部尚書武陵王曅爲江州刺史閏月乙卯詔曰北兗北徐豫司青冀八州邊接疆埸民多懸罄原永明以前所逋租調辛卯以尚書僕射王奐爲領軍將軍十一月乙卯以羽林監費延宗爲越州刺史庚申以後將軍

晉安王子懋爲湘州刺史西陽王子明爲南兗州刺史

七年春正月丙午以中軍將軍王敬則爲豫州刺史中軍將軍陰智伯爲梁南秦二州刺史戊申詔曰雍州頻歲戎役兼水旱爲弊原四年以前逋租辛亥車駕祀南郊大赦京邑貧民普加賑賜又詔曰春頒秋斂萬邦所以惟懷柔遠能邇兆民所以允殖鄭渾宰邑因姓立名王濬剖符戶口殷盛今產子不育雖炳常禁比聞所在猶或有之誠復禮以貧殺抑亦情由俗淡宜節以嚴威敦以惠澤主者尋舊制詳量附定觸卹之宜務存優厚壬戌驃騎將軍開府儀同三司臨川王映薨戊辰詔曰諸大夫年秩隆重祿力殊薄豈所謂下車惟舊趨橋敬老可增俸詳給見役二月丙子以左衞將軍巴東王子響爲中護軍己丑詔曰宣尼誕敷文德峻極自天發輝七代陶鈞萬品英風獨舉素王誰匹功隱於當年道深於日月感麟厭世緬邈千祀川竭谷虛丘夷淵塞非但洙泗湮淪至乃饗嘗乏主前王敬仰崇脩寢廟歲月亟流鞠爲茂草今學斆與立實稟洪規撫事懷人彌增欽屬可改築宗祊務在爽塏量給祭秩禮同諸侯奉聖之爵以時

紹繼王寅以丹陽尹王晏爲江州刺史癸卯以巴陵王子倫爲豫州刺史三月丁未以太子右衞率王玄邈爲兗州刺史庚戌以中護軍巴東王子響爲江州刺史中書令隨郡王子隆爲中護軍甲寅立皇子子岳爲臨賀王子峻爲廣漢王子琳爲宣城王子珉爲義安王夏四月戊寅詔曰婚禮下達人倫攸始周官設媒氏之職國風興及時之詠四爵內陳義不期侈三鼎外列事豈存奢晚俗浮麗歷茲永久每思懲革而民未知禁乃聞同牢之費華泰尤甚膳羞方丈有過王侯富者扇其驕風貧者恥躬不逮或以供帳未具動致推遷年不再來盛時忽往宜爲節文頒之士庶並可擬則公朝方樏供設合巹之禮無虧寧儉之義斯在如故有違繩之以法五月乙巳尚書令衞將軍開府儀同三司王儉薨甲子以新除尚書左僕射柳世隆爲尚書令六月丁亥車駕幸琅邪秋八月庚子以左衞將軍建安王子真爲中護軍冬十月己丑詔曰三季澆浮舊章陵替吉凶奢靡動違矩則或裂錦繡以競車服之飾塗金鏤石以窮塋域之麗至班白不婚露棺累葉苟相姱衒罔顧大典可明爲條制嚴勒所在悉使畫一如復

違犯依事糾奏十二月己亥以中護軍建安王子真爲郢州刺史江州刺史巴東王子響爲荊州刺史前安西司馬垣榮祖爲兗州刺史

八年春正月庚子征西大將軍王敬則進號驃騎大將軍左將軍沈文季爲領軍將軍丹陽尹鄱陽王鏘爲江州刺史詔放遣隔城虜俘聽還本土壬辰零陵王司馬藥師薨夏四月戊辰詔公卿已下各舉所知隨才授職進得其人受登賢之賞薦非其才獲濫舉之罰秋七月辛丑以會稽太守安陸侯緬爲雍州刺史癸卯詔曰陰陽舛和緯象愆度儲胤嬰患淹歷旬晷思仰祇天戒俯紓民瘼可大赦天下癸亥詔司雍二州比歲不稔雍州八年以前司州七年以前逋租悉原汝南一郡復限更申五年八月丙寅詔京邑霖雨既過居民汎濫遣中書舍人二縣官長賑卹乙酉以行河南王世子休留代爲秦河二州刺史壬辰以左衞將軍隨郡王子隆爲荊州刺史巴東王子響有罪遣丹陽尹蕭順之率軍討之子響伏誅冬十月丁丑詔吳興水淹過度開所在倉賑賜癸巳原建元以前逋租十一月乙卯以建武將軍伏登之爲交州刺史十二月乙丑以振威將

軍陳僧授爲越州刺史戊寅詔尙書丞郎職事繁劇卹俸未優可量增賜祿己
卯皇子子建爲湘東王癸巳以監靑冀二州軍行刺史事張沖爲靑冀二州刺
史
九年春正月甲午以侍中江夏王鋒爲南徐州刺史冠軍將軍劉悛爲益州刺
史辛丑車駕祀南郊詔京師見囚繫詳量原遣三月乙卯以南中郎司馬劉楷
爲司州刺史辛丑以太子左衞率劉纘爲廣州刺史夏四月乙亥有司奏舊格
一年兩過行陵三月十五日曹郎以下小行九月十五日司空以下大行今長
停小行唯二州一大行詔曰可六月甲戌以尙書左僕射王奐爲雍州刺史秋
九月戊辰車駕幸琅邪城講武觀者傾都普頒酒肉
十年春正月戊午詔諸責負衆逋七年以前悉原除高貲不在例孤老六疾人
穀五斛內外有務衆官增祿俸以左民尙書南平王銳爲湘州刺史司徒竟陵
王子良領尙書令右衞將軍王玄邈爲北徐州刺史中軍將軍廬陵王子卿進
號車騎將軍北中郎將南海王子罕爲兗州刺史輔國將軍臨汝公昭文爲南

豫州刺史冠軍將軍王文和爲北兗州刺史二月壬寅鎭軍將軍陳顯達領中領軍夏四月辛丑大司馬豫章王嶷薨五月己巳司徒竟陵王子良爲揚州刺史秋八月丙申以新城太守郭安明爲寧州刺史冬十月乙丑車駕幸玄武湖講武甲午車駕殷祀太廟十一月戊午詔曰頃者霖雨樵糧稍貴京邑居民多離其弊遣中書舍人二縣官長賑賜

十一年春正月癸丑詔京師見繫囚詳所原遣以驃騎大將軍王敬則爲司空江州刺史鄱陽王鏘爲領軍將軍鎭軍大將軍陳顯達爲江州刺史右衛將軍崔慧景爲豫州刺史丙子皇太子長懋薨二月壬午以車騎將軍廬陵王子卿爲驃騎將軍南豫州刺史撫軍將軍安陸王子敬進號車騎將軍己丑輔國將軍曹虎爲梁南秦二州刺史癸卯以新除中書監晉安王子懋爲雍州刺史丙午以冠軍將軍王文和爲益州刺史三月乙亥雍州刺史王奐伏誅夏四月壬午詔東宮文武臣僚可悉度爲太孫官屬甲午立皇太孫昭業太孫妃何氏詔賜天下爲父後者爵一級孝子順孫義夫節婦粟帛各有差癸卯以驍騎將軍

劉靈哲爲兗州刺史五月戊辰詔曰水旱成災穀稼傷弊凡三調衆逋可同申至秋登京師二縣朱方姑熟可權斷酒庚午以輔國將軍蕭惠休爲徐州刺史丙子以左民尚書宜都王鏗爲南豫州刺史六月壬午詔霖雨既過遣中書舍人二縣官長賑賜京邑居民秋七月丁巳詔曰頃風水爲災二岸居民多離其患加以貧病六疾孤老稚弱彌足矜念遣中書舍人履行沾卹又詔曰水旱爲災實傷農稼江淮之閒倉廩既虛遂草竊充斥互相侵奪依阻山湖成此逋逃曲赦南兗兗豫司徐五州南豫州之歷陽譙臨江廬江四郡三調衆逋宿債並同原除其緣淮及青冀新附僑民復除已訖更申五年是月上不豫徙御延昌殿乘輿始登階而殿屋鳴吒上惡之虜侵邊戊辰遣江州刺史陳顯達鎮雍州樊城上慮朝野憂惶乃力疾召樂府奏正聲伎戊寅大漸詔曰始終大期賢聖不免吾行年六十亦復何恨但皐業艱難萬幾事重不能無遺慮耳太孫進德日茂社稷有寄子良善相毗輔思弘治道內外衆事無大小悉與鸞參懷共下意尚書中是職務根本悉委王晏徐孝嗣軍旅捍邊之略委王敬則陳顯達王

廣之王玄邈沈文季張瓌薛淵等百辟庶僚各奉爾職謹事太孫勿有懈怠知復何言又詔曰我識滅之後身上著夏衣畫天衣純烏犀導應諸器悉不得用寶物及織成等唯裝複袷衣各一本通常所服身刀長短二口鐵環者隨我入梓宮祭敬之典本在因心東隣殺牛不如西家禴祭我靈上愼勿以牲爲祭唯設餅茶飲干飯酒脯而已天下貴賤咸同此制未山陵前朔望設菜食陵墓萬世所宅意嘗恨休安陵未稱今可用東三處地最東邊以葬我名爲景安陵喪禮每存省約不須煩民百官停六時入臨朔望祖日可依舊諸主六宮並不須從山陵內殿鳳華壽昌耀靈三處是吾所治製夫貴有天下富兼四海宴處寢息不容乃陋謂此爲奢儉之中愼勿壞去顯陽殿玉像諸佛及供養具如別牒可盡心禮拜供養之應有功德事可專在中自今公私皆不得出家爲道及起立塔寺以宅爲精舍並嚴斷之唯年六十必有道心聽朝賢選序已有別詔諸小小賜乞及閤內處分亦有別牒內外禁衞勞舊主帥左右悉付蕭諶優量驅使之勿負吾遺意也是日上崩年五十四上剛毅有斷爲治總大體以富國爲

先頗不喜遊宴雕綺之事言常恨之未能頓遣臨崩又詔凡諸遊費宜從休息自今遠近薦獻務存節儉不得出界營求相高奢麗金粟繒纊弊民已多珠玉玩好傷工尤重嚴加禁絶不得有違准繩九月丙寅葬景安陵

史臣曰世祖南面嗣業功參寶命雖爲繼體事實艱難御衮垂旒深存政典文武授任不革舊章明罰厚恩皆由上出義兼長遠莫不肅然外表無塵內朝多豫機事平理職貢有恆府藏內充民鮮勞役宮室苑囿未足以傷財安樂延年衆庶所同幸若夫割愛懷抱同彼甸人太祖羣昭位後諸穆昔漢武留情晚悟追恨戾園魏文侯克中山不以封弟英賢心迹臣所未詳也

贊曰武帝丕顯徽號止戈韶嶺歇祲彭泒澄波威承景歷肅御金科北懷戎款南獻夷歌市朝晏逸中外寧和

南齊書卷三

南齊書卷三考證

武帝本紀生獲肅之斬首百餘級遂率部曲百餘人舉義兵○臣祖庚按宋書鄧琬傳云世子與南康相沈用之等據郡起義宋略亦云沈肅之以郡招起義據此則帝與肅之同起義矣與紀互異又按通鑑考異曰賾始自獄中劫出琬所署南康相不容便與之同則宋書誤也

三年八月丁巳以行宕昌王梁彌頡爲河涼二州刺史○臣祖庚按魏書三年七月魏遣使拜宕昌王梁彌機兄子彌承爲宕昌王與此互異

六年十月初臨太極殿讀時令○臣宗萬按漢儀太史每歲上其年歷先立春立夏大暑立秋立冬常讀五時令皇帝所服各隨五時之色帝升御座尚書令以下就席位尚書三公郎以令署按上奏以入就席伏讀訖賜酒一巵据此武帝是舉蓋遵古制前此未行故曰初臨也

南齊書卷三考證

南齊書卷四

梁　　蕭　　子　　顯　　撰

本紀第四

鬱林王

鬱林王昭業字元尚文惠太子長子也小名法身世祖卽位封南郡王二千戶永明五年十一月戊子冠於東宮崇政殿其日小會賜王公以下帛各有差給昭業扶二人七年有司奏給班劍二十人鼓吹一部高選友學十一年給皁輪三望車詔高選國官文惠太子薨立昭業爲皇太孫居東宮世祖崩太孫卽位八月壬午詔稱先帝遺詔以護軍將軍武陵王曅爲衞將軍征南大將軍陳顯達卽本號並開府儀同三司尚書左僕射西昌侯鸞爲尚書令太孫詹事沈文季爲護軍將軍癸未以司徒竟陵王子良爲太傅詔曰朕以寡薄嗣膺寶政對越靈命欽若前圖思所以敬守成規拱揖羣后哀荒在日有懵大猷宜育德振民光昭睿範凡逋三調及衆債在今年七月三十日前悉同蠲除其備償封籍

貸鬻未售亦皆還主御府諸署池田邸冶興廢沿事本施一時於今無用者詳
所罷省公宜權禁一以還民關市征賦務從優減丙戌詔曰近北掠餘口悉充
軍實刑故無小罔或攸赦撫辜興仁事深睿範宜從蕩宥許以自新可一同放
遣還復民籍已賞賜者亦皆爲贖辛丑詔曰往歲蠻虜協謀志擾邊服羣帥授
略大殲凶醜草城克捷及舞陰固守二處勞人未有沾爵賞者可分遣選部往
彼序用九月癸丑詔東西二省府國長屯所積財單祿寡更以矜懷選部可甄
才品能推校年月邦守邑丞隨宜量處以貧爲先辛酉追尊文惠皇太子爲世
宗文皇帝冬十月壬寅尊皇太孫太妃爲皇太后立皇后何氏十一月辛亥立
臨汝公昭文爲新安王曲江公昭秀爲臨海王皇弟昭粲爲永嘉王

隆昌元年春正月丁未改元大赦加太傅竟陵王子良殊禮驍騎將軍晉熙王
銶爲郢州刺史丹陽尹安陸王子敬爲南兗州刺史征北大將軍晉安王子懋
爲江州刺史臨海王昭秀爲荊州刺史永嘉王昭粲爲南徐州刺史征南大將
軍陳顯達進號車騎大將軍郢州刺史建安王子真爲護軍將軍詔百僚極陳

得失又詔王公以下各舉所知戊申以護軍將軍沈文季爲領軍將軍己酉以
前將軍曹虎爲雍州刺史右衛將軍薛淵爲司州刺史庚戌以寧朔將軍蕭懿
爲梁南秦二州刺史輔國長史申希祖爲交州刺史辛亥車駕祀南郊詔曰執
耜蹔忘懸磬比室秉機或惰無褐終年非怠非荒雖由王道不稂不莠實賴民
和頃歲多稼無爽遺秉如積而三登之普未臻萬斯之基尚遠且風土異宜百
民舛務刑章治緒未必同源妨本害政事非一揆冕旒屬念無忘夙興可嚴下
州郡務滋耕殖相畝闢疇廣開地利深樹國本克阜民天又詢訪獄市博聽謠
俗傷風損化各以條聞主者詳爲條格戊午車駕拜景安陵己巳以新除黃門
侍郎周奉叔爲青州刺史二月辛卯車駕祀明堂夏四月辛巳衛將軍開府儀
同三司武陵王曄薨戊子太傅竟陵王子良薨戊戌以前沙州刺史楊炅爲沙
州刺史丁酉以驃騎將軍廬陵王子卿爲衛將軍尚書右僕射鄱陽王鏘爲驃
騎將軍並開府儀同三司閏月乙丑以南東海太守蕭穎胄爲青冀二州刺史
丁卯鎮軍大將軍鸞卽本號開府儀同三司戊辰以中軍將軍新安王昭文爲

揚州刺史六月丙寅以黃門侍郎王思遠爲廣州刺史秋七月庚戌以中書郎蕭遙欣爲兗州刺史東莞太守臧靈智爲交州刺史癸巳皇太后令曰鎮軍車騎左僕射前將軍領軍左衞衞尉八座自我皇歷啓基受終于宋睿聖繼軌三葉重光太祖以神武創業草昧區夏武皇以英明提極經緯天人文帝以上哲之資體元良之重雖功未被物而德已在民三靈之眷方永七百之基已固嗣主特鍾沴氣爰表弱齡險戾著于綠車愚固彰於崇正狗馬是好酒色方湎所務唯鄙事所疾唯善人世祖慈愛曲深每加容掩冀年志稍改立守神器自入纂鴻業長惡滋甚居喪無一日之哀縗絰爲歡宴之服昏酣長夜萬機斯壅發號施令莫知所從閹豎徐龍駒專總樞密奉叔珍之互執權柄自以爲任得其人表裏緝穆邁蕭曹而愈信布倚太山而坐平原於是恣情肆意罔顧天顯二帝姬嬪並充寵御二宮遺服皆納玩府內外混漫男女無別丹屏之北爲酤鬻之所青蒲之上開桑中之肆又微服潛行信次忘反端委以朝虛位交戟而守空宮積旬矣宰輔忠賢盡誠奉主誅鋤羣小冀能悛革曾無克己更深怨憾公

卿股肱以異己實戮文武昭穆以德譽見猜放肆醜言將行屠膾社稷危殆有
過綴旒昔太宗克光於漢世𥳑文代興於晉氏前事之不忘後人之師也鎮軍
居正體道家國是賴伊霍之舉實寄淵謨便可詳依舊典以禮廢黜中軍將軍
新安王體自文皇睿哲天秀宜入嗣鴻業永寧四海外卽以禮奉迎未亡人屬
此多難投筆增慨昭業少美容止好隸書世祖勑皇孫手書不得妄出以貴重
之進對音吐甚有令譽王侯五日一問訊世祖常獨呼昭業至幄座別加撫問
呼爲法身鍾愛甚重文惠皇太子薨昭業每臨哭輒號咷不自勝俄尒還內歡
笑極樂在世祖喪哭泣竟入後宮嘗列胡妓二部夾閤迎奏爲南郡王時文惠
太子禁其起居節其用度昭業謂豫章王妃庾氏曰阿婆佛法言有福德生帝
王家今日見作天王便是大罪左右主帥動見拘執不如作市邊屠酤富兒百
倍矣及卽位極意賞賜動百數十萬每見錢輒曰我昔時思汝一文不得今得
用汝未期年之間世祖齋庫儲錢數億垂盡開主衣庫與皇后寵姬觀之給閹
人豎子各數人隨其所欲恣意輦取取諸寶器以相剖擊破碎之以爲笑樂居

嘗躶袒著紅縠褌雜采袒服好鬬雞密買雞至數千價世祖御物甘草杖宮人
寸斷用之毀世祖招婉殿乞閹人徐龍駒爲齋龍駒尤親幸爲後閤舍人日夜
在六宮房內昭業與文帝幸姬霍氏淫通龍駒勸長留宮內聲云度霍氏爲尼
以餘人代之嘗以邪諂自進每謂人曰古時亦有監作三公者皇后亦淫亂齋
閤通夜洞開內外淆雜無復分別中書舍人綦母珍之朱隆之直閤將軍曹道
剛周奉叔並爲帝羽翼高宗屢諫不納先啓誅龍駒次誅奉叔及珍之帝並不
能違既而尼媼外入頗傳異語乃疑高宗有異志中書令何胤以皇后從叔見
親使直殿省嘗隨后呼胤爲三父與胤謀誅高宗令胤受事胤不敢當依違杜
諫帝意復止乃謀出高宗於西州中勅用事不復關諮高宗慮變定謀廢帝二
十二日壬辰使蕭諶坦之等於省誅曹道剛朱隆之等率兵自尚書入雲龍門
戎服加朱衣於上比入門三失履王晏徐孝嗣蕭坦之陳顯達王廣之沈文季
係進帝在壽昌殿聞外有變使閉內殿諸房閤令閹人登興光樓望還報云見
一人戎服從數百人急裝在西鍾樓下須臾蕭諶領兵先入宮截壽昌閣帝走

向愛姬徐氏房拔劍自刺不中以帛纏頸輿接出延德殿諶初入殿宿衞將士皆操弓楯欲拒戰諶謂之曰所取自有人卿等不須動宿衞信之及見帝出各欲自奮帝竟無一言出西弄殺之時年二十一輿尸出徐龍駒宅殯葬以王禮餘黨亦見誅

史臣曰鬱林王風華外美衆所同惑伏情隱詐難以貌求立嫡以長未知瑕釁世祖之心不變周道既而釁鄙內作兆自宮闈雖爲害未遠足傾社稷春秋書梁伯之過言其自取亡也

贊曰十釁有一無國不失鬱林負荷棄禮亡律

南齊書卷四

南齊書卷四考證

鬱林王本紀出西弄○臣祖庚按通鑑注云此延德殿之西弄也集韻曰弄廈也屏也亦作𢍗

南齊書卷四考證

南齊書卷五

梁　蕭　子　顯　撰

本紀第五

海陵王

海陵恭王昭文字季尙文惠太子第二子也永明四年封臨汝公邑千五百戶初爲輔國將軍濟陽太守十年轉持節督南豫州諸軍事南豫州刺史將軍如故十一年進號冠軍將軍文惠太子薨還都鬱林王卽位爲中軍將軍領兵置佐封新安王邑二千戶隆昌元年爲使持節都督揚南徐二州諸軍事揚州刺史將軍如故其年鬱林王廢尙書令西昌侯鸞議立昭文爲帝延興元年秋七月丁酉卽皇帝位以尙書令鎭軍大將軍西昌侯鸞爲驃騎大將軍錄尙書事揚州刺史宣城郡公詔曰太祖高皇帝英謀光大受命作齊世祖武皇帝宏猷冠世繼暉下武世宗文皇帝淸明懿鑠四海宅心並德漏下泉功昭上象聲教所覃無思不洽洪基式固景祚方融而天步多阻運鍾否剝嗣君昏忍暴戾滋

多棄侮天經悖滅人紀朝野重足遐邇側視民怨神恫宗祧如綴賴忠謨肅舉
霄漢廓清俾三后之業絕而更紐七百之慶危而復安猥以沖人入纂乾緒載
懷馭朽若墜諸淵思與黎元共綏戩福大赦改元文武賜位二等八月甲辰以
新除衛尉蕭諶爲中領軍司空王敬則進位太尉新除車騎大將軍陳顯達爲
司空尚書左僕射王晏爲尚書令左衞將軍王廣之爲豫州刺史驃騎大將軍
鄱陽王鏘爲司徒詔遣大使巡行風俗丁未詔曰新安國五品以上悉與滿敘
自此以下皆聽解遣其欲仕者適其所樂以驍騎將軍河東王鉉爲南徐州刺
史西中郎將臨海王昭秀爲車騎將軍南徐州刺史永嘉王昭粲爲荊州刺史
戊申以輔國將軍王詡爲廣州刺史中書郎蕭遙欣爲兗州刺史庚戌以車騎
板行參軍李慶綜爲寧州刺史辛亥以安西將軍王玄邈爲中護軍新除後軍
司馬蕭誕爲徐州刺史壬子以冠軍司馬臧靈智爲交州刺史乙卯申明織成
金薄綵花錦繡履之禁九月癸酉詔曰頃者以淮關徭戍勤瘁於行役故覃以
榮階薄酬厥勞勳狀淹留未集王府非所以急舍爵之典趣報功之旨便可分

遣使部往彼銓用辛巳以前九真太守宋慈明爲交州刺史癸未誅新除司徒鄱陽王鏘中軍大將軍隨郡王子隆遣平西將軍王廣之誅南兗州刺史安陸王子敬於是江州刺史晉安王子懋起兵遣中護軍王玄邈討之乙未驃騎大將軍鸞假黃鉞內外纂嚴又誅湘州刺史南平王銳郢州刺史晉熙王銶南豫州刺史宜都王鏗丁亥以衞將軍廬陵王子卿爲司徒撫軍將軍桂陽王鑠爲中軍將軍開府儀同三司冬十月癸巳詔曰周設媒官趣及時之制漢務輕徭在休息之典所以布德弘教寬俗阜民朕君制八紘志敷九德而習俗之風爲弊未改靜言多愠無忘昏晨督勸婚嫁宜嚴更申明必使禽幣以時標梅息怨正廚諸役舊出州郡徵吏民以應其數公獲二旬私累數朔又廣陵年常遞出千人以助淮戍勞擾爲煩抑亦苞苴是育今並可長停別量所出諸縣使村長路都防城直縣爲劇尤深亦宜禁斷丁酉解嚴進驃騎大將軍揚州刺史宣城公鸞爲太傅領大將軍揚州牧加殊禮進爵爲王戊戌誅新除中軍將軍桂陽王鑠撫軍將軍衡陽王鈞侍中祕書監江夏王鋒鎮軍將軍建安王子真左將

軍巴陵王子倫癸卯以寧朔將軍蕭遙欣爲豫州刺史新除黃門郎蕭遙昌爲郢州刺史輔國將軍蕭誕爲司州刺史宣城王輔政帝起居皆諮而後行思食蒸魚菜太官令答無錄公命竟不與辛亥皇太后令曰司空後將軍丹陽尹右僕射中領軍八座夫明晦迭來屯平代有上靈所以睠命億兆所以歸懷自皇家淳耀列聖繼軌諸侯官方百神受職而殷憂時啓多難薦臻隆昌失德特紊人鬼非徒四海解體乃亦九鼎將移賴天縱英輔大臣社稷崩基重造墜典再興嗣主幼沖庶政多昧且早嬰尫疾弗克負荷所以宗正內侮戚藩外叛覘天視地人各有心雖三祖之德在民而七廟之危行及自非樹以長君鎮以淵器未允天人之望寧息奸宄之謀太傅宣城王胤體宣皇鍾慈太祖識冠生民功高造物符表夙著謳頌有在宜入承寶命式寧宗祏帝可降封海陵王吾當歸老別館昔宣帝中興漢室簡文重延晉祀庶我鴻基於茲永固言念家國感慶載懷建武元年詔海陵王依漢東海王彊故事給虎賁旄頭畫輪車設鍾虡宮縣供奉所須每存隆厚十一月稱王有疾數遣御師占視乃殞之給温明祕器

衣一襲斂以衮冕之服大鴻臚監護喪事葬給轀輬車九旒大輅黄屋左纛前後部羽葆鼓吹挽歌二部依東海王故事謚曰恭王年十五

史臣曰郭璞稱永昌之名有二日之象而隆昌之號亦同焉案漢中平六年獻帝卽位便改元爲光熹張讓段珪誅後改元爲昭寧董卓輔政改元爲永漢一歲四號也晉惠帝太安二年長沙王乂事敗成都王穎改元爲永安穎自鄴奪河閒王顒復改元爲永與一歲三號也隆昌延興建武亦三改年號故知喪亂之軌迹雖千載而必同矣

贊曰穆穆海陵因亡代興不先不後遭命是膺

南齊書卷五

南齊書卷五考證

海陵王本紀延興元年○是年卽隆昌元年以廢立隨改元耳

八月丁未詔曰新安國五品以上悉與滿敘○南史不載海陵以新安入纂故云

南齊書卷五考證

南齊書卷六

梁　蕭　子　顯　撰

本紀第六

明帝

高宗明皇帝諱鸞字景栖始安貞王道生子也小諱玄度少孤太祖撫育恩過諸子宋泰豫元年爲安吉令有嚴能之名補武陵王左常侍不拜元徽二年爲永世令昇明二年爲邵陵王安南記室參軍未拜仍遷寧朔將軍淮南宣城二郡太守尋進號輔國將軍太祖踐阼遷侍中封西昌侯邑千戶建元二年爲持節督郢州司州之義陽諸軍事冠軍將軍郢州刺史進號征虜將軍世祖卽位轉度支尚書領右軍將軍永明元年遷侍中領驍騎將軍王子侯舊乘纏帷車高宗獨乘下帷儀從如素士公事混撓販食人擔火誤燒牛鼻豫章王白世祖世祖笑焉轉爲散騎常侍左衞將軍清道而行上甚悅二年出爲征虜將軍吳興太守四年遷中領軍常侍並如故五年爲持節監豫州郢州之西陽司州之

汝南二郡軍事右將軍豫州刺史七年爲尚書右僕射八年加領衛尉十年轉
左僕射十二年領右衛將軍世祖遺詔爲侍中尚書令尋加鎮軍將軍給班劒
二十人隆昌元年即本號爲大將軍給鼓吹一部親兵五百人尋又加中書監
開府儀同三司鬱林王廢海陵王立爲使持節都督揚南徐二州軍事驃騎大
將軍錄尚書事揚州刺史開府如故增班劒爲三十人封宣城郡公二千戸鎮
東府城給兵五千人錢二百萬布千匹九江作難假黃鉞事寧表送之尋加黃
鉞都督中外諸軍事太傅領大將軍揚州牧增班劒爲四十人給幢絡三望車
前後部羽葆鼓吹劒履上殿入朝不趨贊拜不名置左右長史司馬從事中郎
掾屬各四人封宣城王邑五千戸持節侍中中書監錄尚書並如故未拜太后
令廢海陵王以上入纂太祖爲第三子羣臣三請乃受命
建武元年冬十月癸亥即皇帝位詔曰皇齊受終建極握鏡臨宸神武重輝欽
明懿鑠七百攸長盤石斯固而王度中蹇天階荐阻嗣命多違藩釁孔棘宏圖
景歷將墜諸淵宣德皇后遠鑒崇替憲章舊典疇咨台揆允定靈策用集寶命

于予一人猥以虛薄纘承大業仰繫鴻丕顧臨兆民永懷先構若履春冰寅憂夕惕罔識攸濟思與萬國播此惟新大赦天下改元宿衞身普轉一階其餘文武賜位二等逋租宿責換負官物在建武元年以前悉原除劫賊餘口在臺府者可悉原放負釁流徙並還本鄉太尉王敬則爲大司馬司空陳顯達爲太尉尙書令王晏加驃騎大將軍中領軍蕭諶爲領軍將軍南徐州刺史皇子寶義爲揚州刺史中護軍王玄邈爲南兗州刺史新除右將軍張瓌爲右光祿大夫平北將軍王廣之爲江州刺史乙丑詔斷遠近上禮丁卯詔自今彫文篆刻歲時光新可悉停省蕃牧守宰或有薦獻事非任土嚴加禁斷追贈安陸昭侯緬爲安陸王己巳以安陸侯子寶晊爲湘州刺史詔曰頃守職之吏多違舊典存私害公實興民蠹今商旅稅石頭後渚及夫鹵借倩一皆停息所在凡厥公宜可卽符斷主曹詳爲其制憲司明加聽察十一月癸酉以西中郎長史始安王遙光爲揚州刺史晉壽太守王洪範爲青冀二州刺史尙書令王晏領太子少傅甲戌大司馬尋陽公王敬則等十三人進爵邑各有差詔省新林苑先是民

地悉以還主原責本直庚辰立皇子寶義爲晉安王寶玄爲江夏王寶源爲廬陵王寶寅爲建安王寶融爲隨郡王寶攸爲南平王甲申詔曰邑宰祿薄俸微不足代耕雖任土恆貢亦爲勞費自今悉斷又詔宣城國五品以上悉與滿敘自此以下皆聽解遣其欲仕適所樂乙酉追尊始安貞王爲景皇妃爲懿后丙戌以輔國將軍聞喜公遙欣爲荊州刺史寧朔將軍豐城公遙昌爲豫州刺史丁亥詔細作中署材官車府凡諸工可悉開番假遞令休息戊子立皇太子寶卷賜天下爲父後者爵一級孝子順孫義夫節婦普加甄賜明揚表其衡閭賚以束帛己丑詔東宮肇建遠近或有慶禮可悉斷之壬辰以新除征虜將軍江夏王寶玄爲郢州刺史永明中御史中丞沈淵表百官年登七十皆令致仕並窮困私門庚子詔曰日者百司耆齒許以自陳東西二省猶沾微俸辭事私庭榮祿兼謝與言愛老實有矜懷自縉紳年及可一遵永明七年以前銓敘之科上輔政所誅諸王是月復屬籍各封子爲侯十二月壬子詔曰上覽易遺下情難達是以甘棠見美肺石流詠自月一視黃辭如有含枉不申懷直未舉者莅

民之司並任厥失

二年春正月辛未詔京師繫囚殊死可降爲五歲刑三署見徒五歲以下悉原

赦王公以下各舉所知隨王公卿士内外羣僚各舉朕違肆心極諫索虜寇司

豫徐梁四州壬申遣鎮南將軍王廣之督司州征討右衞將軍蕭坦之督徐州

征討尚書右僕射沈文季督豫州征討己卯詔京師二縣有毁發墳壠隨宜修

理又詔曰食惟民天義高姬載蠶實生本教重軒經前哲盛範後王茂則布令

審端咸必由之朕肅扆巖廊思引風訓深務八政永鑒在勤靜言日昃無忘寢

興守宰親民之主牧伯調俗之司宜嚴課農桑罔令游惰揆景肆力必窮地利

固修堤防考校殿最若耕蠶殊衆具以名聞游怠害業即便列奏主者詳爲條

格乙未虜攻鍾離徐州刺史蕭惠休破之丙申加太尉陳顯達使持節都督西

北征討諸軍事丁酉内外纂嚴三月戊申詔南徐州僑舊民丁多充戎旅蠲今

年三課己未司州刺史蕭誕與衆軍擊虜破之詔雍豫司南兗徐五州遇寇之

家悉停今年稅調其與虜交通不問往罪丙寅停青州麥租虜自壽春退走甲

申解嚴夏四月己亥朔三百里內獄訟同集京師克日聽覽此以外委州郡訊察三署徒隸原遣有差索虜圍漢中梁州刺史蕭懿拒退之己未以新除黃門郎裴叔業爲徐州刺史五月甲午寢廟成詔監作長帥可賜位一等役身遣假一年非役者蠲租同假限六月壬戌誅領軍將軍蕭諶西陽王子明南海王子罕邵陵王子貞乙丑以右衞將軍蕭坦之爲領軍將軍秋七月辛未以右將軍晉安王寶義爲南徐州刺史壬申以冠軍將軍梁王爲司州刺史辛卯以氐楊馥之爲北秦州刺史仇池公八月丁未以右衞將軍廬陵王寶源爲南兗州刺史庚戌以新除輔國將軍申希祖爲兗州刺史九月己丑改封南平王寶攸爲邵陵王蜀郡王子文爲西陽王廣漢王子峻爲衡陽王臨海王昭秀爲巴陵王永嘉王昭粲爲桂陽王冬十月丁卯詔曰軌世去奢事殷哲后訓物以儉理鏡前王朕屬流弊之末襲澆浮之季雖恭己弘化刻意隆平而禮讓未興侈華猶競永覽玄風兢言集愧思所以還淳改俗反古移民可罷東田毀興光樓幷詔水衡量省御乘乙卯納皇太子妃褚氏大赦王公已下班賜各有差斷四方上

禮十二月丁酉詔曰舊國都邑望之悵然況乃自經南面負扆宸居或功濟當時德覃一世而塋壠欑穢封樹不修豈直嗟深牧竪悲甚信陵而已哉昔中京淪覆鼎玉東遷晉元締構之始簡文遺詠在民而松門夷替埏路榛蕪雖年代殊往撫事興懷晉帝諸陵悉加修理幷增守衞吳晉陵二郡失稔之鄉蠲三調有差

三年春正月丁酉以陰平王楊炅子崇祖爲沙州刺史封陰平王北中郎將建安王寶寅爲江州刺史己巳詔申明守長六周之制乙酉詔去歲索虜寇邊緣邊諸州郡將士有臨陣及疾病死亡者並送還本土三月壬午詔車府乘輿有金銀飾校者皆剔除夏四月虜寇司州戍兵擊破之五月己巳以征虜將軍蕭懿爲益州刺史前軍將軍陰廣宗爲梁南秦二州刺史前新除寧州刺史李慶宗爲寧州刺史秋九月辛酉以冠軍將軍徐玄慶爲兗州刺史冬十月以輔國將軍申希祖爲司州刺史閏十二月戊寅皇太子冠賜王公以下帛各有差爲父後者賜爵一級斷遠近上禮又詔今歲不須光新可以見錢爲百官供給

四年春正月庚午大赦詔曰嘉肴停俎定方旨於必甘良玉在攻表珪璋於既就是以陶鈞萬品務本爲先經緯九區學斆爲大往因時康崇建庠序屯虞荐有權從省廢謳誦寂寥倏移年稔永言古昔無忘旰昃今華夏乂安要荒慕嚮締修東序實允適時便可式依舊章廣延國胄弘敷景業光被後昆壬寅詔民產子者蠲其父母調役一年又賜米十斛新婚者蠲夫役一年丙辰尚書令王晏伏誅二月甲子以左僕射徐孝嗣爲尚書令征虜將軍蕭季敞爲廣州刺史三月乙未右僕射沈文季領護軍將軍秋八月追尊景皇所生王氏爲恭太后索虜寇沔北冬十月又寇司州甲戌遣太子中庶子梁王右軍司馬張稷討之十一月丙辰以氐楊靈珍爲北秦州刺史仇池公武都王丁亥詔所在結課屋宅田桑可詳減舊價十二月甲子以冠軍將軍裴叔業爲豫州刺史冠軍將軍徐玄慶爲徐州刺史寧朔將軍左興盛爲兗州刺史丁丑遣度支尚書崔慧景率衆救雍州

永泰元年春正月癸未朔大赦逋租宿債在四年之前皆悉原除中軍大將軍

徐孝嗣即本號開府儀同三司沔北諸郡爲虜所侵相繼敗沒乙巳遣太尉陳
顯達持節救雍州丁未誅河東王鉉臨賀王子岳西陽王子文衡陽王子峻南
康王子琳永陽王子珉湘東王子建南郡王子夏桂陽王昭粲巴陵王昭秀二
月癸丑遣左衛將軍蕭惠休假節援壽陽辛未豫州刺史裴叔業擊虜於淮北
破之辛巳平西將軍蕭遙欣領雍州刺史三月丙午蠲雍州遇虜之縣租布戊
申詔曰仲尼明聖在躬允光上哲弘厥雅道大訓生民師範百王軌儀千載立
人斯仰忠孝攸出玄功潛被至德彌闡雖反袂遐曠而祧薦靡闕時祭舊品秩
比諸侯頃歲以來祀典陵替俎豆寂寥牲奠莫舉豈所以克昭盛烈永隆風教
者哉可式循舊典詳復祭秩使牢餼備禮欽饗兼申夏四月甲寅改元赦三署
囚繫原除各有差文武賜位二等丙戌以鎮軍將軍蕭坦之爲侍中中領軍己
未立武陵昭王子子坦爲衡陽王丙寅以西中郎長史劉暄爲郢州刺史丁卯
大司馬會稽太守王敬則舉兵反五月壬午遣輔國將軍劉山陽率軍東討乙
酉斬敬則傳首曲赦浙東吳晉陵七郡以後軍長史蕭穎胄爲南兗州刺史丁

酉以北中郎將司馬元和爲兗州刺史秋七月以輔國將軍王珍國爲青冀二州刺史癸卯以太子中庶子梁王爲雍州刺史太尉陳顯達爲江州刺史己酉帝崩正福殿年四十七遺詔曰徐令可重申八命中書監本官悉如故沈文季可左僕射常侍護軍如故江祏可右僕射江祀可侍中劉暄可衛尉軍政大事委陳太尉內外衆事無大小委徐孝嗣遙光坦之江祏其大事與沈文季江祀劉暄參懷心膂之任可委劉悛蕭惠休崔惠景葬輿安陵帝明審有吏才持法無所借制御親幸臣下肅清驅使寒人不得用四幅繖大存儉約罷世祖所起新林苑以地還百姓廢文帝所起太子東田斥賣之永明中輿輦舟乘悉剔取金銀還主衣庫太官進御食有裹蒸帝曰我食此不盡可四片破之餘充晚食而世祖掖庭中宮殿服御一無所改性猜忌多慮故亟行誅戮潛信道術用計數出行幸先占利害南出則唱云西行東遊則唱云北幸簡於出入竟不南郊上初有疾無輟聽覽祕而不傳及寢疾甚久勅臺省府署文簿求白魚以爲治外始知之身衣絳衣服飾皆赤以爲厭勝巫覡云後湖水頭經過宮內致帝有

疾帝乃自至太官行水溝左右啓太官若無此水則不立帝決意塞之欲南引淮流會崩事寢

史臣曰高宗以支庶纂歷據猶子而爲論一朝到此誠非素心遺寄所當諒不獲免夫戕夷之事懷抱多端或出自雄忍或生乎畏懾令同財之親在我而先棄進引之愛量物其必遠疑怯既深猜似外入流涕行誅非云義舉事苟求安能無內愧既而自樹本根枝胤孤弱貽厥不昌終覆宗社若令壓紐之徵必委天命盤庚之祀亦繼陽甲杖運推公夫何譏爾

贊曰高宗傍起宗國之慶慕名儉德垂文法令蔑蔑小心察察吏政沔陽失土南風不競

南齊書卷六

南齊書卷六考證

明帝本紀三年春正月丁酉○通鑑考異曰案長歷是月乙丑朔無丁酉下有己巳當作丁卯

四年春正月庚午○通鑑考異曰案長歷是月己丑朔無庚午通鑑所以不日

永泰元年七月以太尉陳顯達爲江州刺史○臣祖庚按陳顯達傳顯達敗于馬圈表解職不許求降號又不許乃除江州又云東昏立顯達彌不樂還京師得此授甚喜据此則刺史江州在東昏立後馬圈之敗亦在永元元年情事適合況明帝末顯達方以三公擊魏不容無故除江州也

南齊書卷六考證

南齊書卷七

梁　　蕭　　子　　顯　　撰

本紀第七

東昏侯

東昏侯寶卷字智藏高宗第二子也本名明賢高宗輔政後改焉建武元年立爲皇太子永泰元年七月己酉高宗崩太子卽位八月丁巳詔雍州將士與虜戰死者復除有差又詔辨括選序訪搜貧屈庚申鎭北將軍晉安王寶義進號征北大將軍開府儀同三司南中郎將建安王寶寅爲郢州刺史冬十月己未詔删省科律十一月戊子立皇后褚氏賜王公以下錢各有差

永元元年春正月戊寅大赦改元詔研策秀才考課百司辛卯車駕祀南郊詔三品清資官以上應食祿者有二親或祖父母年登七十並給見錢癸卯以冠軍將軍南康王寶融爲荆州刺史二月癸丑以北中郎將邵陵王寶攸爲南兗州刺史是月太尉陳顯達敗績於馬圈夏四月己巳立皇太子誦大赦賜民爲

父後爵一級甲戌以寧朔將軍柳惔爲梁南秦二州刺史五月癸亥以撫軍大將軍始安王遙光爲開府儀同三司六月己酉新除右衛將軍崔惠景爲護軍將軍癸亥以始興內史范雲爲廣州刺史甲子詔原雍州今年三調秋七月丁亥京師大水死者衆詔賜死者材器并賑卹八月乙巳蠲京邑遇水資財漂蕩者今年調稅又詔爲馬圈戰亡將士舉哀丙午揚州刺史始安王遙光據東府反詔曲赦京邑中外戒嚴尙書令徐孝嗣以下屯衛宮城遣領軍將軍蕭坦之率六軍討之戊午斬遙光傳首己未以征北大將軍晉安王寶玄爲南徐兗二州刺史己巳尙書令徐孝嗣爲司空右衛將軍劉暄爲領軍將軍閏月丙子以江陵公寶覽爲始安王虜僞東徐州刺史沈陵降以爲北徐州刺史九月丁未以輔國將軍裴叔業爲兗州刺史征虜長史張沖爲豫州刺史壬戌以頻誅大臣大赦天下辛未以太子詹事王瑩爲中領軍冬十月乙未誅尙書令新除司空徐孝嗣右僕射新除鎮軍將軍沈文季乙巳以始興內史顏翻爲廣州刺史征虜將軍沈陵爲越州刺史十一月丙辰太尉江州刺史陳顯達舉兵於尋陽

乙丑護軍將軍崔慧景加平南將軍督衆軍南討事丙寅以冠軍將軍王鴻爲徐州刺史十二月癸未以前輔國將軍楊集始爲秦州刺史甲申陳顯達至京師宮城嚴警六軍固守乙酉斬陳顯達傳首丁亥以征虜將軍邵陵王寶攸爲江州刺史

二年春正月壬子以輔國將軍張沖爲南兗州刺史庚午詔討豫州刺史裴叔業二月癸未以黃門郎蕭寅爲司州刺史丙戌以衞尉蕭懿爲豫州刺史征壽春己丑裴叔業病死兄子植以壽春降虜三月癸卯以輔國將軍張沖爲司州刺史乙卯遣平西將軍崔慧景率衆軍伐壽春夏四月丁未以新除冠軍將軍張沖爲南兗州刺史崔慧景於廣陵舉兵襲京師壬子右衞將軍左興盛督京邑水步衆軍南徐州刺史江夏王寶玄以京城納慧景乙卯遣中領軍王瑩率衆軍屯北籬門壬戌慧景至瑩等敗績甲子慧景入京師宮內據城拒守豫州刺史蕭懿起義救援癸酉慧景棄衆走斬首詔曲赦京邑南徐兗二州乙亥以新除尚書右僕射蕭懿爲尚書令丙子以晉熙王寶嵩爲南徐州刺史五月乙

巳以虜僞豫州刺史王肅爲豫州刺史戊申以桂陽王寶貞爲中護軍己酉江
夏王寶玄伏誅壬子大赦乙丑曲赦京邑南徐兗二州戊辰以始安王寶覽爲
湘州刺史六月庚寅車駕於樂遊苑內會如三元京邑女人放觀戊戌以新除
冠軍將軍張沖爲郢州刺史守五兵尚書陸慧曉爲南兗州刺史秋七月甲辰
以驃騎司馬張稷爲北徐州刺史八月丁酉以新除驃騎司馬陳伯之爲豫州
刺史甲申夜宮內火冬十月己卯害尚書令蕭懿十一月辛丑以寧朔將軍張
稷爲南兗州刺史甲寅西中郎長史蕭穎胄起義兵於荊州十二月雍州刺史
梁王起義兵於襄陽戊寅以冠軍長史劉繪爲雍州刺史
三年春正月丙申朔合朔時加寅漏上八刻事畢宮人於閱武堂元會皇后正
位閹人行儀帝戎服臨視丁酉以驃騎大將軍晉安王寶義爲司徒新除撫軍
將軍建安王寶寅爲車騎將軍開府儀同三司甲辰以寧朔將軍王珍國爲北
徐州刺史辛亥車駕祀南郊詔大赦天下百官陳讜言二月丙寅乾和殿西廂
火壬午詔遣羽林兵征雍州中外纂嚴乙酉以武烈將軍胡元進爲廣州刺史

三月己亥以驃騎將軍沈徽孚爲廣州刺史甲辰以輔國將軍張欣泰爲雍州刺史丁未南康王寶融卽皇帝位於江陵癸丑遣平西將軍陳伯之西征六月京邑雨水遣中書舍人二縣官長賑賜有差蕭穎冑弟穎孚起兵廬陵戊子曲赦江州安成廬陵二郡秋七月癸巳曲赦荆雍二州甲午雍州刺史張欣泰前南譙太守王靈秀率石頭文武奉建安王寶寅向臺至杜姥宅宮門閉乃散走己未以征虜長史程茂爲郢州刺史驍騎將軍薛元嗣爲雍州刺史是日元嗣以郢州降義師八月丁卯以輔國將軍申冑監豫州事辛巳光祿大夫張瓌鎭石頭辛未以太子左率李居士總督西討諸軍事屯新亭城九月甲辰以居士爲江州刺史新除冠軍將軍王珍國爲雍州刺史車騎將軍建安王寶寅爲荆州刺史以輔國將軍申冑監郢州龍驤將軍馬仙琕監豫州驍騎將軍徐元稱監徐州是日義軍至南州申冑軍二萬人於姑熟奔歸戊申以後軍參軍蕭璝爲司州刺史前輔國將軍魯休烈爲益州刺史輔國長史趙越嘗爲梁南秦二州刺史丙辰李居士與義軍戰於新亭敗績冬十月甲戌王珍國與義軍戰於

朱雀桁敗績戊寅寧朔將軍徐元瑜以東府城降青冀二州刺史桓和入衛屯東宮己卯衆降光祿大夫張瓌棄石頭還宮於是閉宮城門自守庚辰以驍騎將軍胡虎牙爲徐州刺史左軍將軍徐智勇爲益州刺史游擊將軍牛平爲梁南秦二州刺史李居士以新亭降琅邪城主張木亦降義師築長圍守宮城十二月丙寅新除雍州刺史王珍國侍中張稷率兵入殿廢帝時年十九帝在東宮便好弄不喜書學高宗亦不以爲非但勗以家人之行令太子求一日再入朝發詔不許使三日一朝嘗夜捕鼠達旦以爲笑樂高宗臨崩屬以後事以隆昌爲戒曰作事不可在人後故委任羣小誅諸宰臣無不如意性重澀少言不與朝士接唯親信閹人及左右御刀應敕等自江祏始安王遙光誅後漸便騎馬日夜於後堂戲馬與親近閹人倡伎鼓叫常以五更就臥至晡乃起王侯節朔朝見晡後方前或際闇遣出臺閣案奏月數十日乃報或不知所在二年元會食後方出朝賀裁竟便還殿西序寢自巳至申百僚陪位皆僵仆菜色比起就會怱遽而罷陳顯達事平漸出遊走所經道路屛逐居民從萬春門由東宮

以東至于郊外數十百里皆空家盡室巷陌懸幔爲高障置仗人防守謂之屏
除或於市肆左側過親幸家環回宛轉周遍京邑每三四更中鼓聲四出幡戟
橫路百姓喧走相隨士庶莫辨出輒不言定所東西南北無處不驅人高障之
內設部伍羽儀復有數部皆奏鼓吹羌胡伎鼓角橫吹夜出晝反火光照天拜
愛姬潘氏爲貴妃乘臥輿帝騎馬從後著織成袴褶金薄帽執七寶縛矟戎服
急裝不變寒暑陵冒雨雪不避坑穽馳騁渴乏輒下馬解取腰邊蠡器酌水飲
之復上馬馳去馬乘具用錦繡處患爲雨所沾濕織雜綵珠爲覆蒙備諸雕巧
教黃門五六十人爲騎客又選無賴小人善走者爲逐馬左右五百人常以自
隨奔走往來略不暇息置射雉場二百九十六處翳中帷帳及步鄣皆袷以綠
紅錦金銀鏤弩牙瑇瑁帖箭郊郭四民皆廢業樵蘇路斷吉凶失時乳婦婚姻
之家移產寄室或輿病弃屍不得殯葬有弃病人於青溪邊者吏懼爲監司所
問推置水中泥覆其面須臾便死遂失骸骨後宮遭火之後更起仙華神仙玉
壽諸殿刻畫雕綵青[illegible]金口帶麝香塗壁錦幔珠簾窮極綺麗縶役工匠自夜

達曉猶不副速乃剔取諸寺佛刹殿藻井仙人騎獸以充足之世祖興光樓上施青漆世謂之青樓帝曰武帝不巧何不純用瑠璃潘氏服御極選珍寶主衣庫舊物不復周用貴市民閒金銀寶物價皆數倍虎魄釧一隻直百七十萬京邑酒租皆折使輸金以爲金塗猶不能足下揚南徐二州橋桁塘埭丁計功爲直斂取見錢供太樂主衣雜費由是所在塘瀆多有隳廢又訂出雉頭鶴氅白鷺縗親幸小人因緣爲奸利課一輸十郡縣無敢言者三年夏於閱武堂起芳樂苑山石皆塗以五采跨池水立紫閣諸樓觀壁上畫男女私褻之像種好樹美竹天時盛暑未及經日便就萎枯於是徵求民家望樹便取毀撤牆屋以移致之朝栽暮拔道路相繼花藥雜草亦復皆然又於苑中立市太官每旦進酒肉雜肴使宮人屠酤潘氏爲市令帝爲市魁執罰爭者就潘氏決判帝有膂力能擔白虎幢自製雜色錦伎衣綴以金花玉鏡衆寶逞諸意態所寵羣小黨與三十一人黃門十人初任新蔡人徐世檦爲直閤驍騎將軍凡有殺戮皆其用命殺徐孝嗣後封爲臨汝縣子陳顯達事起加輔國將軍雖用護軍崔慧景爲

都督而兵權實在世檦及事平世檦謂人曰五百人軍主能平萬人都督世檦
亦知帝昏縱密謂其黨茹法珍梅蟲兒曰何世天子無要人但阿儂貨主惡耳
法珍等爭權以白帝帝稍惡其凶強以二年正月遣禁兵殺之世檦拒戰而死
自是法珍蟲兒用事並爲外監口稱詔敕中書舍人王咺之與相脣齒專掌文
翰其餘二十餘人皆有勢力崔慧景平後法珍封餘干縣男蟲兒封竟陵縣男
及義師起江郢二鎮已降帝遊騁如舊謂茹法珍曰須來至白門前當一決義
師至近郊乃聚兵爲固守之計召王侯朝貴分置尚書都座及殿省又信鬼神
崔慧景事時拜蔣子文神爲假黃鉞使持節相國太宰大將軍錄尚書揚州牧
鍾山王至是又尊爲皇帝迎神像及諸廟雜神皆入後堂使所親巫朱光尚禱
祀祈福以冠軍將軍王珍國領三萬人據大桁莫有鬬志遣左右直長閹豎王
寶孫督戰呼爲王長子寶孫切罵諸將帥直閤將軍席豪發憤突陣死豪驍將
既斃衆軍於是土崩軍人從朱雀觀上自投及赴淮死者無數於是閉城自守
城內軍事委王珍國兗州刺史張稷入衞京師以稷爲副實甲猶七萬人帝烏

帽袴褶備羽儀登南掖門臨望又虛設鎧馬齋仗千人皆張弓拔白出東掖門稱蔣王出盪素好鬬軍隊初使宮人爲軍後乃用黃門親自臨陳詐被創使人輿將去至是於閱武堂設牙門軍頓每夜嚴警帝於殿內騎馬從鳳莊門入徽明門馬被銀蓮葉具裝鎧雜羽孔翠寄生逐馬左右衞從晝眠夜起如平常聞外鼓叫聲被大紅袍登景陽樓屋上望弩幾中之衆皆怠怨不爲致力募兵出戰出城門數十步皆坐甲而歸慮城外有伏兵乃燒城傍諸府署六門之內皆蕩盡城中閣道西掖門內相聚爲市販死牛馬肉帝初與羣小計議陳顯達一戰便敗崔慧景圍城退走謂義師遠來不過旬日亦應散去敕太官辦樵米爲百日糧而已大桁敗後衆情兇懼法珍等恐人衆驚走故閉城不復出軍既而義師長圍既立壍柵嚴固然後出盪屢戰不捷帝尤惜金錢不肯賞賜法珍叩頭請之帝曰賊來獨取我邪何爲就我求物後堂儲數百具榜啓爲城防帝云擬作殿竟不與又催御府細作三百人精仗待圍解以擬屏除金銀雕鏤雜物倍急於常王珍國張稷懼禍及率兵入殿分軍又從西上閣入後宮斷之御刀

豐勇之爲內應是夜帝在含德殿吹笙歌作女兒子臥未熟聞兵入趨出北戶
欲還後宮清曜閤已閉閹人禁防黃泰平以刀傷其膝仆地顧曰奴反邪直後
張齊斬首送梁王宣德太后令曰皇室受終祖宗齊聖太祖高皇帝肇基駿命
膺籙受圖世祖武皇帝係明下武高宗明皇帝重隆景業咸降年不永宮車早
晏皇祚之重允屬儲元而稟質凶愚發於稚齒爰自保姆迄至成童忍戾昏頑
觸途必著高宗留心正嫡立嫡惟長輔以羣才間以賢戚內外維持冀免多難
未及期稔便逞屠戮密戚近親元勳良輔覆族殲門旬月相係凡所任杖盡𢙣
窮奸皆營伍屠販容狀險醜身秉朝權手斷國命誅戮無辜納其財產睚眦之
間屠覆比屋身居元首好是賤事危冠短服坐臥以之晨出夜反無復已極驅
斥氓庶巷無居人老細奔遑寘身無所東邁西屏北出南驅負疾輿屍填街塞
陌興築繕造日夜不窮晨構夕毀朝穿暮塞絡以隨珠方斯已陋飾以璧璫曾
何足道時暑赫曦流金鑠石移竹藝果匪日伊夜根未及植葉已先枯畚鍤紛
紜勤倦無已散費國儲專事浮飾逼奪民財自近及遠兆庶恇恇流竄道路府

祭既竭肆奪市道工商裨販行號道泣屈此萬乘躬事角抵昂首翹肩逞能橦
木觀者如堵曾無怍容芳樂華林並立闤闠踞肆鼓刀手銓輕重干戈鼓操昏
曉靡息無戎而城豈足云譬至於居喪淫讌之愆三年載弄之醜反道違常之
釁牝鷄晨鳴之慝於事已細故可得而略也罄楚越之竹未足以言校辛癸之
君豈或能匹征東將軍忠武奮發投袂萬里光奉明聖翌成中興乘勝席卷掃
清京邑而羣小靡識嬰城自固緩戮稽誅倏彌旬月宜速勦定寧我邦家可潛
遣閹介密宣此旨忠勇齊奮遄加蕩撲放斥昏凶衞送外第未亡人不幸驟此
百罹感念存沒心焉如割柰何柰何又令依漢海昏侯故事追封東昏侯茹法
珍梅蟲兒王咺之等伏誅豐勇之原死

史臣曰漢宣帝時南郡獲白虎獲之者張武言武張而猛服也東昏侯亡德橫
流道歸拯亂躬當翦戮實啓太平推閹豎之名字亦天意也

贊曰東昏慢道匹癸方辛乃隳典則乃弃彝倫玩習兵火終用焚身

南齊書卷七考證

東昏侯本紀永元元年二月太尉陳顯達敗績於馬圈○臣宗萬按杜佑曰馬圈城去襄陽三百里在今南陽郡界稅縣北又曰後魏馬圈鎮漢涅陽縣地

二年四月乙卯遣中領軍王瑩率衆軍屯北籬門○臣祖庚按崔慧景傳帝遣右衞將軍左興盛率臺內三萬人拒慧景於北籬門與紀異

十二月梁王起義兵於襄陽○臣祖庚按通鑑云十一月乙巳衍集僚佐謂曰當與卿等共除之是日建牙集衆又云帝遣劉山陽將兵就蕭穎胄襲襄陽然則是時梁王尚未起義矣故考異曰齊紀誤也

以武烈將軍胡元進爲廣州刺史○武烈諸本皆作威烈　臣承蒼按宋百官志有武烈將軍無威烈將軍齊世官名多循宋制今定作武

三年三月丁未南康王寶融即皇帝位○臣祖庚按和帝紀三年正月乙巳王受命大赦據此則正月乙巳南康王已即位江陵矣此云三月丁未者通鑑考異曰蓋是日建康始聞之耳

南齊書卷七考證

南齊書卷八

梁　蕭　子　顯　撰

本紀第八

和帝

和帝諱寶融字智昭高宗第八子也建武元年封隨郡王邑二千戶三年爲冠軍將軍領石頭戍軍事永元元年改封南康王爲持節督荊雍益寧梁南北秦七州軍事西中郎將荊州刺史二年十一月甲寅長史蕭穎胄殺輔國將軍巴西梓潼二郡太守劉山陽奉梁王舉義乙卯教纂嚴又教曰吾躬率晉陽翦此凶孽戎事方勤宜覃澤惠所領內繫囚見徒罪無輕重殊死已下皆原遣先有位署即復本職將吏轉一階從征身有家口停鎮給廩食凡諸雜役見在諸軍帶甲之身克定之後悉免爲民其功効賞報別有科條丙辰以雍州刺史梁王爲使持節都督前鋒諸軍事左將軍丁巳以蕭穎胄爲右將軍都督行留諸軍事戊午梁王上表勸進十二月乙亥羣僚勸進並不許壬辰驍騎將軍夏侯亶

自京師至江陵稱宣德太后令西中郎將南康王宜纂承皇祚光臨億兆方俟
清宮未即大號可且封宣城南琅邪南東海東陽臨海新安尋陽南郡竟陵宜
都十郡爲宣城王相國荊州牧加黃鉞置僚屬選百官西中郎府南康國並如
故須軍次近路主者詳依舊典法駕奉迎三年正月乙巳王受命大赦唯梅蟲
兒茹法珍等不在赦例右將軍蕭穎冑爲左長史進號鎮軍將軍梁王進號征
東將軍甲戌以冠軍將軍楊公則爲湘州刺史甲寅建牙于城南二月乙丑以
冠軍長史王茂先爲江州刺史冠軍將軍曹景宗爲郢州刺史右將軍邵陵王
寶攸爲荊州刺史己巳羣僚上尊號立宗廟及南北郊甲申梁王率大衆屯沔
口郢州刺史張沖拒守三月丁酉張沖死驃騎將軍薛元嗣等固城
中興元年春三月乙巳即皇帝位大赦改元文武賜位二等鰥寡孤獨不能自
存者穀人五斛即永元三年也以相國左長史蕭穎冑爲尚書令晉安王寶義
爲司空廬陵王寶源爲車騎將軍開府儀同三司建安王寶寅爲徐州刺史散
騎常侍夏侯詳爲中領軍領軍將軍蕭偉爲雍州刺史丙午有司奏封庶人寶

卷爲零陽侯詔不許又奏爲涪陵王詔可乙酉尚書令蕭穎冑行荆州刺史假
梁王黄鉞壬子以征虜將軍柳惔爲益寧二州刺史己未以冠軍將軍莊丘黑
爲梁南秦二州刺史冠軍將軍鄧元起爲廣州刺史夏四月戊辰詔曰荆雍義
舉所基實始王迹君子勞心細人盡力宜加酬奬副其乃誠凡東討衆軍及諸
嚮義之衆可普復除五月乙卯車駕幸竹林寺禪房宴羣臣巴西太守魯休烈
巴東太守蕭惠訓子璝拒義軍秋七月東軍主吳子陽十三軍救郢州屯加湖
丁酉征虜將軍王茂先擊破之辛亥以茂先爲中護軍丁卯魯山城主孫樂祖
以城降己未郢城主薛元嗣降八月丙子平西將軍陳伯之降乙卯以伯之爲
江州刺史子虎牙爲徐州刺史九月乙未詔梁王若定京邑得以便宜從事冬
十一月乙未以輔國將軍李元履爲豫州刺史壬寅尚書令鎮軍將軍蕭穎冑
卒以黄門郎蕭澹行荆州府州事丁巳蕭璝魯休烈降十二月丙寅建康城平
己巳皇太后令以梁王爲大司馬錄尚書事驃騎大將軍揚州刺史封建安郡
公依晉武陵王遵承制故事百僚致敬壬申改封建安王寶寅鄱陽王癸酉以

司徒揚州刺史晉安王寶義爲太尉領司徒甲戌給大司馬錢二千萬布絹各
五千匹乙酉以輔國將軍蕭宏爲中護軍
二年春正月戊戌宣德太后臨朝入居內殿大司馬梁王解承制致敬如先己
亥以寧朔將軍蕭昺監南兗州壬寅以大司馬都督中外諸軍事加殊禮己酉
以大司馬長史王亮爲守尚書令甲寅詔大司馬梁王進位相國總百揆揚州
牧封十郡爲梁公備九錫之禮加遠遊冠位在諸王上加相國綠綟綬己未以
新除右將軍曹景宗爲郢州刺史二月壬戌湘東王寶晊伏誅戊辰詔進梁公
爵爲梁王增封十郡三月乙未皇太后令給梁國錢五百萬布五千匹絹千匹
辛丑鄱陽王寶寅奔虜邵陵王寶攸晉熙王寶嵩桂陽王寶貞伏誅甲午命梁
王冕十有二旒建天子旌旗出警入蹕乘金根駕六馬備五時副車置旄頭雲
罕樂舞八佾設鍾虡宮懸王子王女爵命一如舊儀庚戌以冠軍長史蕭秀爲
南徐州刺史新除中領軍蔡道恭爲司州刺史車駕東歸至姑熟丙辰禪位梁
王丁巳廬陵王寶源薨夏四月辛酉禪詔至皇太后遜外宮丁卯梁王奉帝爲

巴陵王宮于姑孰行齊正朔一如故事戊辰薨年十五追尊爲齊和帝葬恭安陵

史臣曰夏以桀亡殷隨紂滅郊天改朔理無延世而皇符所集重與西楚神器蹔來雖有冥數徽名大號斯爲幸矣

贊曰和帝晚隆掃難清宮達機覩運高頌永終

南齊書卷八

南齊書卷八考證

和帝本紀有司奏封庶人寶卷爲零陽侯○零陽南史作零陵

中興二年二月壬戌湘東王寶晊伏誅○臣祖庚按明帝十一男湘東無傳南史王亮傳云張稷等議立湘東嗣王寶晊領軍王瑩曰城閉已久人情離解征東在近何不諮問紀不載其事通鑑考異云和帝已立稷等知建康不可守故弑東昏豈敢復議立寶晊據此則議立湘東之說南史誤矣是時衍已有異志諸王無不見害湘東獨能自存乎

南齊書卷八考證

南齊書卷九

梁　蕭　子　顯　撰

志第一

禮上

禮儀繁博與天地而爲量紀國立君人倫攸始三代遺文略在經誥蓋秦餘所亡逸也漢初叔孫通制漢禮而班固之志不載及至東京太尉胡廣撰舊儀左中郎蔡邕造獨斷應劭蔡質咸綴識時事而司馬彪之書不取魏氏籍漢末大亂舊章殄滅侍中王粲尚書衛覬集創朝儀而魚豢王沈陳壽孫盛並未詳也吳則太史令丁孚拾遺漢事蜀則孟光許慈草建衆典晉初司空荀覬因魏代前事撰爲晉禮參考今古更其節文羊祜任愷庾峻應貞並共刪集成百六十五篇後摯虞傅咸纘續此製未及成功中原覆沒今虞之決疑注是遺事也江左僕射刁協太常荀崧補緝舊文光祿大夫蔡謨又踵修緝朝故宋初因循改革事係羣儒其前史所詳並不重述永明二年太子步兵校尉伏曼容表定禮

樂於是詔尚書令王儉制定新禮立治禮樂學士及職局置舊學四人新學六人正書令史各一人幹一人祕書省差能書弟子二人因集前代撰治五禮吉凶賓軍嘉也文多不載若郊廟庠序之儀冠婚喪紀之節事有變革宜錄時事者備今志其輿輅旗常與往代同異者更立別篇建元元年七月有司奏郊殷之禮未詳郊在何年復以何祖配郊殷復在何時未郊得先殷與不明堂亦應與郊同年而祭不若應祭者復有配與無配不祀者堂殿職僚毀置云何八座丞郎通關博士議曹郎中裴昭明儀曹郎中孔逷議今年七月宜殷祀來年正月宜南郊明堂並祭而無配殿中郎司馬憲議南郊無配饗祠如舊明堂無配宜應廢祀其殷祀同用今年十月右僕射王儉議案禮記王制天子先祫後時祭諸侯先時祭後祫春秋魯僖二年祫明年春禘自此以後五年再殷禮緯稽命徵曰三年一祫五年一禘經記所論禘祫與時祭其言詳矣初不以先殷後郊爲嫌至於郊配之重事由王迹是故杜林議云漢業特起不因緣堯宜以高帝配天魏高堂隆議以舜配天蔣濟云漢時奏議謂堯已禪舜不得爲漢祖舜

亦已禪禹不得爲魏之祖今宜以武皇帝配天晉宋因循卽爲前式又案禮及孝經援神契並云明堂有五室天子每月於其室聽朔布教祭五帝之神配以有功德之君大戴禮記曰明堂者所以明諸侯尊卑也許愼五經異義曰布政之宮故稱明堂明堂盛貌也周官匠人職稱明堂有五室鄭玄云周人明堂五室帝一室也初不聞有文王之寢鄭志趙商問云說者謂天子廟制如明堂是爲明堂卽文廟邪鄭答曰明堂主祭上帝以文王配耳猶如郊天以后稷配也袁孝尼云明堂法天之宮本祭天帝而以文王配配其父於天位則可牽天帝而就人鬼則非義也泰元十三年孫耆之議稱郊以祀天故配之以后稷明堂以祀帝故配之以文王由斯言之郊爲皇天之位明堂卽上帝之廟徐邈謂配之爲言必有神主郊爲天壇則堂非文廟史記云趙綰王臧欲立明堂于時亦未有郊配漢又祀汾陰五時卽是五帝之祭亦未有郊配議者或謂南郊之日已旅上帝若又以無配而特祀明堂則一日再祭於義爲黷案古者郊本不共日蔡邕獨斷曰祠南郊祀畢次北郊又次明堂高廟世祖廟謂之五供馬融云

郊天之祀咸以夏正五氣用事有休有王各以其時兆於方郊四時合歲功作
相成亦以此月總旅明堂是則南郊明堂各日之證也近代從省故與郊同日
猶無煩黷之疑何者其爲祭雖同所以致祭則異孔晁云言五帝佐天化育故
有從祀之禮旅上帝是也至於四郊明堂則是本祀之所譬猶功臣從饗豈復
廢其私廟且明堂有配之時南郊亦旅上帝此則不疑於共日今何故致嫌於
同辰又禮記天子祭天地四方山川五祀歲徧尚書堯典咸秩無文詩云昭事
上帝聿懷多福據此諸義則四方山川猶必享祀五帝大神義不可略魏文帝
黃初二年正月郊天地明堂明帝太和元年正月以武皇帝配天文皇帝配上
帝然則黃初中南郊明堂皆無配也又郊日及牲色異議紛然郊特牲云郊之
用辛周之始郊也盧植云辛之爲言自新絜也鄭玄云用辛日者爲人當齋戒
自新絜也漢魏以來或丁或己而用辛常多考之典據辛日爲允郊特牲又云
郊牲幣宜以正色繆襲據祭法云天地騂犢周家所尚魏以建丑爲正牲宜尚
白白虎通云三王祭天一用夏正所以然者夏正得天之數也魏用異朔故牲

色不同今大齊受命建寅創歷郊廟用牲一依晉宋謂宜以今年十月殷祀宗廟自此以後五年再殷來年正月上辛有事南郊宜以共日還祭明堂又用次辛饗祀北郊而並無配犧牲之色率由舊章詔可明堂可更詳有司又奏明堂尋禮無明文唯以孝經爲正竊尋設祀之意蓋爲文王有配則祭無配則止愚謂既配上帝則以帝爲主今雖無配不應闕祀徐邈近代碩儒每所折衷其云郊爲天壇則堂非文廟此實明據內外百司立議已定如更詢訪終無異說傍儒依史竭其管見既聖旨惟疑羣下所未敢詳廢置之宜仰由天鑒詔依舊

建元四年世祖卽位其秋有司奏尋前代嗣位或仍前郊年或別始晉宋以來未有畫一今年正月已郊未審明年應南北二郊祀明堂與不依舊通關八座丞郎博士議尚書令王儉議案秦爲諸侯雜祀諸時始皇并天下未有定祠漢高受命因雍四時而起北時始時五帝未定郊丘文帝六年新垣平議初起渭陽五帝廟武帝初至雍郊見五時後常三歲一郊祠雍元鼎四年始立后土祠於汾陰明年立太一祠於甘泉自是以後二歲一郊與雍更祠成帝初卽位丞

相匡衡於長安定南北郊哀平之際又復甘泉汾陰祠平帝元始五年王莽奏
依匡衡議還復長安南北二郊光武建武二年定郊祀兆於洛陽魏晉因循率
由漢典雖時或參差而類多閒歲至於嗣位之君參差不一宜有定制檢晉明
帝大寧五年南郊其年九月崩成帝卽位明年改元卽郊簡文咸安二年南郊
其年七月崩孝武卽位明年改元亦郊宋元嘉三十年正月南郊其年二月崩
孝武嗣位明年改元亦郊此則二代明例差可放依謂明年正月宜饗禮二郊
虞祭明堂自茲厥後依舊閒歲尚書領國子祭酒張緒等十七人並同儉議詔
可
永明元年當南郊而立春在郊後世祖欲遷郊尚書令王儉啓案禮記郊特牲
云郊之祭也迎長日之至也大報天而主日也易說三王之郊一用夏正盧植
云夏正在冬至後傳曰啓蟄而郊此之謂也然則圜丘與郊各自行不相害也
鄭玄云建寅之月晝夜分而日長矣王肅曰周以冬祭天於圜丘於正月又祭
天以祈穀祭法稱燔柴太壇則圜丘也春秋傳云啓蟄而郊則祈穀也謹尋禮

傳二文各有其義盧王兩說有若合符中朝省二丘以并二郊卽今之郊禮義在報天事兼祈穀旣不全以祈農何必俟夫啓蟄史官唯見傳義未達禮旨又尋景平元年正月三日辛丑南郊其月十一日立春元嘉十六年正月六日辛未南郊其月八日立春此復是近世明例不以先郊後春爲嫌若或以元日合朔爲礙者則晉成帝咸康元年正月一日加元服二日親祀南郊元服之重百僚備列雖在致齋行之不疑今齋內合朔此卽前准若聖心過恭寧在嚴絜合朔之日散官備防非預齋之限者於止車門外別立幔省若日色有異則列於省前望實爲允謂無煩遷日從之

永明二年祠部郎中蔡履議郊與明堂本宜異日漢東京禮儀志南郊禮畢次北郊明堂高廟世祖廟謂之五供蔡邕所據亦然近世存省故郊堂共日來年郊祭宜有定准太學博士王祐議來年正月上辛宜祭南郊次辛有事明堂後辛饗祀北郊兼博士劉蔓議漢元鼎五年以辛巳行事自後郊日略無違異元封元年四月癸卯登封泰山坐明堂五年甲子以高祖配漢家郊祀非盡天子

之縣故祠祭之月事有不同後漢永平以來明堂兆於國南而郊以上丁故供
修三祀得幷在初月雖郊有常日明堂猶無定辰何則郊丁社甲有說則從經
禮無文難以意造是以必算良辰而不祭寅丑且禮之奠祭無同共者唯漢以
朝日合於報天爾若依漢書五供便應先祭北郊然後明堂則是地先天食所
未可也兼太常丞蔡仲熊議鄭志云正月上辛祀后稷於南郊還於明堂以文
王配故宋氏創立明堂郊還卽祭是用鄭志之說也蓋爲志者失非玄意也玄
之言曰未審周明堂以何月於月令則以季秋案玄注月令季秋大饗帝云大
饗徧祭五帝又云大饗於明堂以文武配其時秋也去啓蟄遠矣又周禮大司
樂凡大祭祀宿縣尋宿縣之旨以日出行事故也若日闇而後行事則無假預
縣果日出行事何得方俟郊還東京禮儀志不記祭之時日而志云天郊夕牲
之夜夜漏未盡八刻進熟明堂夕牲之夜夜漏未盡七刻進熟尋明堂之在郊
前一刻而進獻奏樂方待郊還魏高堂隆表九日南郊十日北郊十一日明堂
十二日宗廟案隆此言是審于時定制是則周禮二漢及魏皆不共日矣禮以

辛郊書以丁祀辛丁皆合宜臨時詳擇太尉從事中郎顧憲之議春秋傳以正月上辛郊祀禮記亦云郊之用辛尚書獨云丁巳用牲于郊先儒以爲先甲三日辛後甲三日丁可以接事天神之日後漢永平二年正月辛未宗祀光武皇帝於明堂辛既是常郊之日郊又在明堂之前無容不郊而堂則理應郊堂司徒西閤祭酒梁王議孝經鄭玄注云上帝亦天別名如鄭旨帝與天亦言不殊近代同辰良亦有據魏泰和元年正月丁未郊祀武皇帝以配天宗祀文皇帝於明堂以配上帝此則已行之前准驍騎將軍江淹議郊旅上天堂祀五帝非爲一日再黷之謂無俟釐革尚書陸澄議遺文餘事存乎舊書郊宗地近勢可共日不共者義在必異也元始五年正月六日辛未郊高皇帝以配天二十二日丁亥宗祀孝文於明堂配上帝永平二年正月辛未宗祀五帝於明堂光武皇帝配章帝元和二年巡狩岱宗柴祭翌日祀五帝於明堂柴山祀地尚不共日郊堂宜異於例益明陳忠奏事云延光三年正月十三日南郊十四日北郊十五日明堂十六日宗廟十七日世祖廟仲遠五祀紹統五供與忠此奏皆爲

相符高堂隆表二郊及明堂宗廟各一日摯虞新禮議明堂南郊閒三兆禋天饗帝共日之證也又上帝非天昔人言之已詳今明堂用日宜依古在北郊後漢唯南郊備大駕自北郊以下車駕十省其二今祀明堂不應大駕尚書令王儉議前漢各日後漢亦不共辰魏晉故事不辨同異宋立明堂唯據自郊徂宮之義未達祀天旅帝之旨何者郊壇旅天甫自詰朝還祀明堂便在日昃雖致祭有由而煩黷斯甚異日之議於理爲弘春秋感精符云王者父天母地則北郊之祀應在明堂之先漢魏北郊亦皆親奉晉泰寧有詔未及遵遂咸和八年甫得營繕太常顧和秉議親奉康皇之世已經遵用宋氏因循未遑釐革今宜親祀北郊明年正月上辛祀昊天次辛瘞后土後辛祀明堂御並親奉車服之儀率遵漢制南郊大駕北郊明堂降爲法駕袞冕之服諸祀咸用詔可

建武二年通直散騎常侍庾曇隆啓伏見南郊壇員兆外內永明中起瓦屋形製宏壯檢案經史無所准據尋周禮祭天於圜丘取其因高之義兆於南郊就陽位也故以高敞貴在上昭天明旁流氣物自秦漢以來雖郊祀參差而壇域

中閒並無更立宮室其意何也政是質誠尊天不自崇樹兼事通曠必務開遠
宋元嘉南郊至時權作小陳帳以爲退息泰始薄加脩廣永明初彌漸高麗往
年工匠遂啓立瓦屋前代帝皇豈於上天之祀而昧營構所不爲者深有情意
記稱掃地而祭於其質也器用陶匏天地之性也故至敬無文以素爲貴竊謂
郊事宜擬休偃不俟高大以明謙恭肅敬之旨庶或仰允太靈俯愜羣望詔付
外詳國子助教徐景嵩議伏尋三禮天地兩祀南北二郊但明祭取犧牲器用
陶匏不載人君偃處之儀今棟瓦之構雖殊俱非千載成例宜務因循太學博
士賀瑒議周禮王旅上帝張氈案設皇邸國有故而祭亦曰旅氈案以氈爲牀
於幄中不聞郊所置宮宇兼左丞王搢議掃地而祭於郊謂無築室之議並同
曼隆驍騎將軍虞炎議以爲誠慤所施止在一壇漢之郊祀饗帝甘泉天子自
竹宮望拜息殿去壇場既遠郊奉禮畢旋幸於此瓦殿之與帷宮謂無簡格祠
部郎李撝議周禮凡祭祀張其旅幕張尸次尸則有幄仲師云尸次祭祀之尸
所居更衣帳也凡祭之文既不止於郊祀立尸之言理應關於宗廟古則張幕

今也房省宗廟旅幕可變爲棟宇郊祀壇案何爲不轉製檐甍疊隆議不行
建武二年旱有司議雩祭依明堂祠部郎何佟之議曰周禮司巫云若國大旱
則帥巫而舞雩鄭玄云雩旱祭也天子於上帝諸侯以下於上公之神又女巫
云旱暵則舞雩鄭玄云使女巫舞旱祭崇陰也鄭衆云求雨以女巫禮記月令
云命有司爲民祈祀山川百原乃大雩帝用盛樂乃命百縣雩祀百辟卿士有
益於民者以祈穀實鄭玄云陽氣盛而恆旱山川百原能興雲致雨者也衆水
所出爲百原必祭先其本雩吁嗟求雨之祭也雩帝謂爲壇南郊之旁祭五精
之帝配以先帝也自鞉鞞至柷敔爲盛樂他雩用歌舞而已百辟卿士古者上
公以下謂勾龍后稷之類也春秋傳曰龍見而雩止當以四月王肅云大雩求
雨之祭也傳曰龍見而雩謂四月也若五月六月大旱亦用雩禮於五月著雩
義也晉永和中中丞啓雩制在國之南爲壇祈上帝百辟舞童八列六十四人
歌雲漢詩皆以孟夏得而報太牢于時博士議舊有壇漢魏各自討尋月令云
命有司祈祀山川百原乃大雩又云乃命百縣雩祀百辟卿士則大雩所祭唯

應祭五精之帝而已勾芒等五神既是五帝之佐依鄭玄說宜配食於庭也鄭
玄云雩壇在南郊壇之旁而不辨東西尋地道尊右雩壇方郊壇爲輕理應在
左宜於郊壇之東營域之外築壇既祭五帝謂壇宜員尋雩壇高廣禮傳無明
文案覲禮設方明之祀爲壇高四尺用珪璋等六玉禮天地四方之神王者率
諸侯親禮爲所以教尊尊也雩祭五帝粗可依放謂今築壇宜崇四尺其廣輪
仍以四爲度徑四丈周員十二丈而四階也設五帝之位各依其方如在明堂
之儀皇齊以世祖配五精於明堂今亦宜配饗於雩壇矣古者孟春郊祀祈嘉
穀孟夏雩祭祈甘雨二祭雖殊而所爲者一禮唯有冬至報天初無得雨賽帝
今雖闕冬至之祭而南郊兼祈報之禮理不容別有賽荅之事也禮祀帝於郊
則所尚省費周祭靈威仰若后稷各用一牲今祀五帝世祖亦宜各用一犢斯
外悉如南郊之禮也武帝遏密未終自可不奏盛樂至於旱祭舞雩蓋是呼嗟
之義既非存懽樂謂此不涉嫌其餘祝史稱辭仰祈靈澤而已禮舞雩乃使無
闕今之女巫並不習歌舞方就教試恐不應速依晉朝之議使童子或時取舍

之宜也司馬彪禮儀志云雩祀著皂衣蓋是崇陰之義今祭服皆緇差無所革

其所歌之詩及諸供須輒勒主者申攝備辦從之

隆昌元年有司奏參議明堂咸以世祖配國子助教謝曇濟議案祭法禘郊祖

宗並列嚴祀鄭玄注義亦據兼饗宜祖宗兩配文武雙祀助教徐景嵩光祿大

夫王逡之謂宜以世祖文皇帝配祠部郎何佟之議周之文武尚推后稷以配

天謂文皇宜推世祖以配帝雖事施於尊祖亦義章於嚴父焉左僕射王晏議

以爲若用鄭玄祖宗通稱則生有功德沒垂尊稱歷代配帝何止於郊今殷薦

上帝允屬世祖百代不毀其文廟乎詔可至永元二年佟之又建議曰案祭法

有虞氏禘黃帝而郊嚳祖顓頊而宗堯周人禘嚳而郊稷祖文王而宗武王鄭

玄云禘郊祖宗謂祭祀以配食也禘謂祀昊天於圜丘也祭上帝於南郊曰郊

祀五帝五神於明堂曰祖宗郊祭一帝而明堂祭五帝小德配寡大德配衆王

肅云祖宗是廟不毀之名果如肅言殷有三祖三宗並應不毀何故止稱湯契

且王者之後存焉舜寧立堯頊之廟傳世祀之乎漢文以高祖配泰時至武帝

立明堂復以高祖配食一人兩配有乖聖典自漢明以來未能反者故明堂無兼配之祀竊謂先皇宜列二帝於文祖尊新廟爲高宗並世祖而泛配以申聖主嚴父之義先皇於武皇倫則第爲季義則經爲臣設配饗之坐應在世祖之下並列俱西向國子博士王摛議孝經周公郊祀后稷以配天宗祀文王於明堂以配上帝不云武王又周頌思文后稷配天也我將祀文王於明堂也武王之文唯執競云祀武王此自周廟祭武王詩彌知明堂無矣修之又議孝經是周公居攝時禮祭法是成王反位後所行故孝經以文王爲宗祭法以文王爲祖又孝莫大於嚴父配天則周公其人也尋此旨寧施成王乎若孝經所說審是成王所行則爲嚴祖何得云嚴父邪且思文是周公祀后稷配天之樂歌我將是祀文王配明堂之樂歌若如摛議則此二篇皆應在復子明辟之後請問周公祀后稷文王爲何所歌又國語云周人禘嚳郊稷祖文王宗武王韋昭云周公時以文王爲宗其後更以文王爲祖武王爲宗尋文王以文治而爲祖武王以武定而爲宗欲明文亦有大德武亦有大功故鄭注祭法云祖宗通言耳

是以詩云昊天有成命二后受之注云二后文王武王也且明堂之祀有單有
合故鄭云四時迎氣於郊祭一帝還於明堂因祭一帝則以文王配明一賓不
容兩主也享五帝於明堂則泛配文武泛之爲言無的之辭其禮既盛故祖宗
並配參議以彥之爲允詔可
太祖爲齊王依舊立五廟卽位立七廟廣陵府君太中府君淮陰府君卽丘府
君太常府君宣皇帝昭皇后爲七廟建元二年太祖親祀太廟六室如儀拜伏
竟次至昭后室前儀注應倚立上以爲疑欲使廟僚行事又欲以諸王代祝令
於昭后室前執爵以問彭城丞劉瓛瓛對謂若都不至昭后坐前竊以爲薄廟
僚卽是代上執爵饋奠耳祝令位卑恐諸王無容代之舊廟儀諸王得兼三公
親事謂此爲便從之及太子穆妃薨卒哭祔于太廟陰室永明十一年文惠太
子薨卒哭祔于太廟陰室太祖崩毀廣陵府君鬱林卽位追尊文帝又毀太中
主止淮陰府君明帝立復舊及崩祔廟與世祖爲兄弟不爲世數
史臣曰先儒說宗廟之義據高祖已下五世親盡故親廟有四周以后稷始祖

文武二祧所以云王立七廟也禹無始祖湯不先契夏五殷六其數如之漢立
宗廟違經背古匡衡貢禹蔡邕之徒空有遷毀之議亘年四百竟無成典魏氏
之初親廟止乎四葉吳蜀享祭失禮已多晉用王肅之談以文景爲共世上至
征西其實六也尋其此意非以兄弟爲後當以立主之義可相容於七室及楊
元后崩征西之廟不毀則知不以元后爲世數廟有七室數盈八主江左賀循
立議以後弟不繼兄故世必限七主無定數宋臺初立五廟以臧后爲世室就
禮而求亦親廟四矣義反會鄭非謂從王自此以來因仍舊制夫妻道合非世
葉相承譬由下祭殤嫡無關廟數同之祖曾義未可了若據伊尹之言必及七
世則子昭孫穆不列婦人若依鄭玄之說廟有親稱妻者言齊豈或濫享且閟
宮之德周七非數楊元之祀晉八無傷今謂之七廟而上唯六祀使受命之君
流光之典不足若謂太祖未登則昭穆之數何繼斯故禮官所宜詳也
宋泰豫元年明帝崩博士周洽議權制諒闇之內不親奉四時祠建元四年尚
書令王儉採晉中朝諒闇議奏曰權典既行喪禮斯奪事與漢世而源由甚遠

殷宗諒闇非有服之稱周王即吉唯宴樂爲議春秋之義嗣君踰年即位則預朝會聘享焉左氏云凡君即位卿出並聘踐修舊好又云諸侯即位小國聘焉以繼好結信謀事補闕禮之大者至於諒闇之內而圖婚三年未終而吉禘齊歸之喪不廢蒐杞公之卒不徹樂皆致譏貶以明鑒戒自斯而談朝聘蒸嘗之典卒哭而備行婚禘蒐樂之事三載而後舉通塞與廢各有由然又案大戴禮記及孔子家語並稱武王崩成王嗣位明年六月既葬周公冠成王而朝于祖以見諸侯命祝雍作頌襄十五年十一月晉侯周卒十六年正月葬晉悼公平公既即位改服脩官烝于曲沃禮記曾子問孔子曰天子崩國君薨則取羣廟之主而藏諸祖廟禮乎卒哭成事而後主各反其廟春秋左氏傳凡君卒哭而祔祔而後特祀於主蒸嘗禘於廟先儒云特祀於主者特以喪禮奉新亡者至於寢不同於古蒸嘗禘於廟者卒哭成事羣廟之主各反其廟則四時之祭皆即吉也三年喪畢吉禘於廟躋羣主以定新主也凡此諸義皆著在經誥昭乎方册所以晉宋因循同規前典卒哭公除親奉蒸嘗率禮無違因心允協爰至

泰豫元年禮官立議不宜親奉乃引三年之制自天子達又據王制稱喪三年不祭唯祭天地社稷越紼而行事曾不知自天子達本在至情既葬釋除事以權奪委衰襲衮孝享宜申越紼之旨事施未葬卒哭之後何紼可越復依范宣之難杜預譙周之論士祭並非明據晉武在喪每欲存寧戚之懷不全依諒闇之典至於四時蒸嘗蓋以哀疾未堪非便頓改舊式江左以來通儒碩學所歷多矣守而弗華義豈徒然又宜郎心而言公卿大夫則負扆親臨三元告始則朝會萬國雖金石輟響而簨簴充庭情深於恆哀而跡降於凡制豈曰能安國家故也宗廟蒸嘗孝敬所先寧容吉事備行斯典獨廢就令必宜廢祭則應三年永闕乃復同之他故有司攝禮進退二三彌乖典衷謂宜依舊親奉從之

永明九年正月詔太廟四時祭薦宣帝麪起餅鴨臛孝皇后筍鴨卵脯醬炙白肉高皇帝薦肉膾葅羹昭皇后茗粣炙魚皆所嗜也先是世祖夢太祖曰宋氏諸帝嘗在太廟從我求食可別爲吾祠上乃敕豫章王妃庾氏四時還青溪宮舊宅處內合堂奉祠二帝二后牲牢服章用家人禮

史臣曰漢氏之廟徧在郡國求祀已瀆緣情又疎重檐閟寢不可兼建故前儒
抗議謂之遷毀光武入纂南頓君已上四世別祠舂陵建武三年幸舂陵園廟
是也張衡南都賦曰清廟肅以微微明帝至于章和每幸章陵輒祀舊宅建安
末魏氏立宗廟皆在鄴都魏文黃初二年洛廟未成親祀武帝於建始殿申家
人禮世祖發漢明之夢肇祀故宮孝享既申義合前典亦一時之盛也
永明六年太常丞何諲之議今祭有生魚一頭干魚五頭少牢饋食禮云司士
升魚腊膚魚用鮒十有五上既云腊下必是鮮其數宜同稱膚足知鱗革無毀
記云槁魚曰商祭鮮曰脡祭鄭注商量脡直也尋商旨裁截脡義在全賀循祭
義猶用魚十五頭今鮮頓刪約槁皆全用謂宜鮮槁各二頭槁微斷首尾示存
古義國子助教桑惠度議記稱尚玄酒而俎腥魚玄酒不容多鮮魚理宜約干
魚五頭者以其既加人功可法於五味以象酒之五齊也今欲鮮槁各雙義無
所法諲之議不行
十年詔故太宰褚淵故太尉王儉故司空柳世隆故驃騎大將軍王敬則故鎮

東大將軍陳顯達故鎭東將軍李安民六人配饗太祖廟廷祠部郎何諲之議
功臣配饗累行宋世檢其遺事題列坐位具書贈官爵謚及名文不稱主便是
設板也白虎通云祭之有主孝子以繫心也揆斯而言升配廟廷不容有主宋
時板度既不復存今之所制大小厚薄如尚書召板爲得其衷有司攝太廟舊
人亦云見宋功臣配饗坐板與尚書召板相似事見儀注
十一年右僕射王晏吏部尚書徐孝嗣侍中何胤奏故太子祔太廟既無先准
檢宋元后故事太尉行禮太子拜伏與太尉俱臣等參議依擬前典太常主廟
位太尉執禮祔太孫拜伏皆與之俱正禮既畢陰室之祭太孫宜親自進奠詔
可
建武二年有司奏景懿后遷登新廟車服之儀祠部郎何佟之議曰周禮王之
六服大裘爲上袞冕次之五車玉輅爲上金輅次之皇后六服褘衣爲上褕翟
次之首飾有三副爲上編次之五車重翟爲上厭翟次之上公有大裘玉輅而
上公夫人有副及褘衣是以祭統云夫人副褘立于東房也又鄭云皇后六服

唯上公夫人亦有褘衣詩云翟茀以朝鄭以翟茀爲厭翟侯伯夫人入廟所乘今上公夫人副褘既同則重翟或不殊矣況景皇懿后禮崇九命且晉朝太妃服章之禮同於太后宋代皇太妃唯無五牛旗爲異其外侍官則有侍中散騎常侍黄門侍郎散騎侍郎各二人分從前後部同於王者内職則有女尚書女長御各二人等引同於太后又魏朝之晉王晉之宋王並置百官擬於天朝至於晉文王終猶稱薨而太上皇稱崩則是禮加於王矣故前議景皇后悉依近代皇太妃之儀則侍衛陪乘並不得異后乘重翟亦謂非疑也尋齊初移廟宣皇神主乘金輅皇帝親奉亦乘金輅先往行禮畢仍從神主至新廟今所宜依准也從之

永泰元年有司議應廟見不尚書令徐孝嗣議嗣君即位並無廟見之文蕃支纂業乃有虔謁之禮左丞蕭琛議竊聞祇見厥祖義著商書朝于武宮事光晉冊豈有正位居尊繼業承天而不虔覲祖宗格于太室毛詩周頌篇曰烈文成王即政諸侯助祭也鄭注云新王即政必以朝享之禮祭於祖考告嗣位也又

篇曰閔予小子嗣王朝廟也鄭注云嗣王者謂成王也除武王之喪將始卽政
朝於廟也則隆周令典煥炳經記體嫡居正莫若成王又二漢由太子而嗣位
者西京七主東都四帝其昭成哀和順五君並皆謁廟文存漢史其惠景武元
明章六君前史不載謁事或是偶有闕文理無異說議者乃云先在儲宮已經
致敬卒哭之後卽親奉時祭則是廟見故無別謁之禮竊以爲不然儲后在宮
亦從郊祀若謂前虔可兼後敬開元之始則無假復有配天之祭矣若以親奉
時祭仍爲廟見者自漢及晉支庶嗣位並皆謁廟旣同有蒸嘗何爲獨脩繁禮
且晉成帝咸和元年改號以謁廟咸康元年加元服又更謁夫時非異主猶不
疑二禮相因況位隔君臣而返以一謁兼敬宜遠纂周漢之盛範近黜晉宋之
乖義展誠一廟駿奔萬國奏可
永明元年十二月有司奏今月三日臘祀太社稷一日合朔日蝕旣在致齋內
未審於社祀無疑不曹檢未有前准尚書令王儉議禮記曾子問天子嘗禘郊
社五禮之祭簠簋旣陳唯大喪乃廢至於當祭之日火日蝕則停尋伐鼓用牲

由來尚矣而簠簋初陳閶所不及據此而言致齊初日仍值薄蝕則不應廢祭

又初平四年士孫瑞議以日蝕廢社而不廢郊朝議從之王者父天親地郊社

不殊此則前准謂不宜廢詔可

永明十一年兼祠部郎何佟之議案禮記郊特牲社祭土而主陰氣也君南向

於北墉下答陰之義也鄭玄云答猶對也北墉社內北牆也王肅云陰氣北向

故君南向以答之答之爲言是相對之稱知古祭社北向設位齋官南向明矣

近代相承帝社南向太社及稷竝東向而齋官位在帝社壇北西向於神背後

行禮又名稷爲稷社甚乖禮意及未知失在何時原此理當未久竊以皇齊改

物禮樂惟新中國之神莫貴於社若遂仍前謬懼虧盛典謂二社語其義則殊

論其神則一位竝宜北向稷若北向則成相背稷是百穀之總神非陰氣之主

宜依先東向齋官立社壇東北南向立東爲上諸執事面向立南爲上稷依禮

無兼稱今若欲尊崇正可名爲太稷耳豈得謂爲稷社邪臘祀太社日近案奏

事御改定儀注儀曹稱治禮學士議曰郊特牲又云君之南向答陽也臣之北

向答君也若以陽氣在南則位應向北陰氣在北則位宜向南今南北二郊一限南向皇帝黑瓚階東西向故知壇墠無繫於陰陽設位寧拘於南北羣神小祠類皆限南面薦饗之時北向行禮蓋欲申靈祇之尊表求幽之義魏世秦靜使社稷別營稱自漢以來相承南向漢之於周世代未遠鄗上頹基商丘餘樹猶應尚存迷方失位未至於此通儒達識不以爲非庾蔚之昔已有此議後徐爰周景遠並不同仍舊不改修之議來難引君南向答陽臣北向答君敢問答之爲言爲是相對爲是相背相背則社位南向君亦南向可如來議郊特牲云臣之北向答君復是君背臣今言君南臣北向相稱答則君南不得稱答矣記何得云祭社君南向以答陰邪社果同向則君亦宜西向何故在社南向在郊西向邪解則不然記云君之南向答陽此明朝會之時盛陽在南故君南向對之猶聖人南面而聽向明而治之義耳寧是祈祀天地之日乎知祭社北向君答故南向祀天南向君答宜北向矣今皇帝黑瓚階東西向者斯蓋始入之別位非接對之時也案記云社所以神地之道也又云社祭土而主陰氣又云不

用命戮于社孔安國云社主陰陰主殺傳曰日蝕伐鼓于社杜預云責羣陰也
社主陰氣之盛故北向設位以本其義耳餘祀雖亦地祇之貴而不主此義故
位向不同不得見餘陰祀不北向便謂社應南向也案周禮祭社南向君求幽
宜北向而記云君南向答陰之義求幽之論不乖歟魏權漢社社稷同營共門
稷壇在社壇北非古制後移宮南自當如靜此言乃是顯漢社失周法見漢世
舊事尒時祭社南向未審出何史籍就如議者靜所言是祭社位向仍漢舊法
漢又襲周成規因而不改者則社稷三座並應南向今何改帝社南向泰社及
稷並東向邪治禮又難佟之凡三往反至建武二年有司議治禮無的然顯據
佟之議乃行
建武二年祠部郎何佟之奏案周禮大宗伯以蒼璧禮天黃琮禮地鄭玄又云
皆有牲幣各放其器之色知禮天圜丘用玄犢禮地方澤用黃牲矣牧人云凡
陽祀用騂牲陰祀用黝牲鄭玄云騂赤黝黑也陽祀祭天南郊及宗廟陰祀祭
地北郊及社稷祭法云燔柴於泰壇祭天也瘞埋於泰折祭地也用騂犢鄭云

地陰祀用黝牲與天俱用犢故連言之耳知此祭天地卽南北郊矣今南北兩郊同用玄牲又明堂宗廟社稷俱用赤有違昔典又鄭玄云祭五帝於明堂勾芒等配食自晉以來幷圜丘於南郊是以郊壇列五帝勾芒等今明堂祀五精更闕五神之位北郊祭地祇而設重黎之坐二三乖舛懼虧盛則前軍長史劉繪議語云犂牛之子騂且角雖欲勿用山川其舍諸未詳山川合爲陰祀不若在陰祀則與黝乖矣佟之又議周禮以天地爲大祀四望爲次祀山川爲小祀周人尚赤自四望以上牲色各依其方者以其祀大宜從本也山川以下牲色不見者以其祀小從所尚也則論禮二說豈不合符參議爲允從之

永元元年步兵校尉何佟之議曰蓋聞聖帝明王之治天下也莫不尊奉天地崇敬日月故冬至祀天於圜丘夏至祭地於方澤春分朝日秋分夕月所以訓民事君之道化下嚴上之義也故禮云王者必父天母地兄日姊月周禮典瑞云王搢大圭執鎭圭藻藉五采五就以朝日馬融云天子以春分朝日秋分夕月覲禮天子出拜日於東門之外盧植云朝日以立春之日也鄭玄云端當爲

冕朝日春分之時也禮記朝事議云天子冕而執鎭圭尺有二寸率諸侯朝日
於東郊所以教尊尊也故鄭知此端爲冕也禮記保傅云三代之禮天子春朝
朝日秋暮夕月所以明有敬也而不明所用之定辰馬鄭云用二分之時盧植
云用立春之日佟之以爲日者太陽之精月者太陰之精春分陽氣方永秋分
陰氣向長天地至尊用其始故祭以二至日月禮次天地故朝以二分差有理
據則融玄之言得其義矣漢世則朝朝日暮夕月魏文帝詔曰覲禮天子拜日
東門之外反禮方明朝事議曰天子冕而執鎭圭率諸侯朝日於東郊以此言
之蓋諸侯朝天子祀方明因率朝日也漢改周法羣公無四朝之事故不復朝
於東郊得禮之變矣然旦夕常於殿下東向拜日其禮太煩今採周春分之禮
損漢日拜之儀又無諸侯之事無所出東郊今正殿卽亦朝會行禮之庭也宜
常以春分於正殿之庭拜日其夕月文不分明其議奏魏祕書監薛循請論云
舊事朝日以春分夕月以秋分案周禮朝日無常日鄭玄云用二分故遂施行
秋分之夕月多東潛而西向拜之背實遠矣謂朝日宜用仲春之朔夕月宜用

仲秋之朔淳于睿駮之引禮記云祭日於東祭月於西以端其位周禮秋分夕月並行於上世西向拜月雖如背實亦猶月在天而祭之於坎不復言背月也修之案禮器云爲朝夕必放於日月鄭玄云日出東方月出西方又云大明生於東月生於西此陰陽之分夫婦之位也鄭玄云大明日也知朝日東向夕月西向斯蓋各本其位之所在耳猶如天子東西遊幸朝堂之官及拜官者猶北向朝拜寧得以背實爲疑邪修之謂魏世所行甯得與奪之衷晉初弃圜丘方澤於兩郊二至輟禮至於二分之朝致替無義江左草創舊章多闕宋氏因循未能反古竊惟皇齊應天御極典教惟新謂宜使盛典行之盛代以春分朝於殿庭之西東向而拜日秋分於殿庭之東西向而拜月此卽所謂必放日月以端其位之義也使四方觀化者莫不欣欣而頌美旒藻之飾蓋本天之至質也朝日不得同昊天至質之禮故玄冕三旒也近代祀天著衮十二旒極文章之義則是古今禮之變也禮天朝日既服宜有異頃世天子小朝會著絳紗袍通天金博山冠斯卽今朝之服次衮冕者也竊謂宜依此拜日月甚得差降之宜

也脩之任非禮局輕奏大典實爲侵官伏追慙震從之
永明三年有司奏來年正月二十五日丁亥可祀先農卽日輿駕親耕宋元嘉
大明以來並用立春後亥日尙書令王儉以爲亥日籍田經記無文通下詳議
兼太學博士劉蔓議禮孟春之月立春迎春又於是月以元日祈穀又擇元辰
躬耕帝籍盧植說禮通辰日日甲至癸也辰子至亥也郊天陽也故以日籍田
陰也故以辰陰禮卑後必居其末亥者辰之末故記稱元辰法曰吉亥又据五
行之說木生於亥以亥日祭先農又其義也太常丞何諲之議鄭注云元辰蓋
郊後吉亥也亥水辰也凡在墾稼咸存灑潤五行說十二辰爲六合寅與亥合
建寅月東耕取月建與日辰合也國子助教桑惠度議尋鄭玄以亥爲吉辰者
陽生於子元起於亥取陽之元以爲生物亥又爲水十月所建百穀賴茲沾潤
畢熟也助教周山文議盧植云元善也郊天陽也故以日籍田陰也故以辰蔡
邕月令章句解元辰云日幹也辰支也有事於天用日有事於地用辰助教何
佟之議少牢饋食禮云孝孫某來日丁亥用薦歲事于皇祖伯某注云丁未必

亥也直舉一日以言之耳禘太廟禮日用丁亥若不丁亥則用己亥辛亥苟有亥可也鄭又云必用丁巳者取其令名自丁寧自變改皆爲謹敬如此丁亥自是祭祀之日不專施於先農漢文用此日耕藉祀先農故後王相承用之非有別義殿中郎顧暠之議鄭玄稱先郊後吉辰而不說必亥之由盧植明子亥爲辰亦無常辰之證漢世躬藉肇發漢文詔云農天下之本其開藉田斯乃草創之令未覩親載之吉也昭帝癸亥耕于鉤盾弄田明帝癸亥耕下邳章帝乙亥耕定陶又辛丑耕懷魏之烈祖實書辛未不繫一辰徵於兩代矣推晉之革魏宋之因晉政是服膺康成非有異見者也班固序亥位云陰氣應亡射該藏萬物而雜陽閡種且亥既水辰含育爲性播厥取吉其在茲乎固序丑位云陰大旅助黃鍾宣氣而牙物序未位云陰氣受任助蕤賓君主種物使長大茂盛是漢朝迭選魏室所遷酌舊用丑實兼有據參議奏用丁亥詔可

建元四年正月詔立國學置學生百五十人其有位樂入者五十人生年十五以上二十以還取王公已下至三將著作郎廷尉正太子舍人領護諸府司馬

諮議經除敕者諸州別駕治中等見居官及罷散者子孫悉取家去都二千里爲限太祖崩乃止

永明三年正月詔立學創立堂宇召公卿子弟下及員外郎之胤凡置生二百人其年秋中悉集有司奏宋元嘉舊事學生到先釋奠先聖先師禮又有釋菜未詳今當行何禮用何樂及禮器尚書令王儉議周禮春入學舍菜合舞記云始教皮弁祭菜示敬道也又云始入學必祭先聖先師中朝以來釋菜禮廢今之所行釋奠而已金石俎豆皆無明文方之七廟則輕比之五禮則重陸納車胤謂宣尼廟宜依亭侯之爵范甯欲依周公之廟用王者儀范宣謂當其爲師則不臣之釋奠日備帝王禮樂此則車陸失於過輕二范傷於大重喻希云若至王者自設禮樂則肆賞於至敬之所若欲嘉美先師則所況非備尋其此說守附情理皇朝屈尊弘教待以師資引同上公卽事惟允元嘉立學裴松之議應儛六佾以郊樂未具故權奏登歌今金石已備宜設軒縣之樂六佾之舞牲牢器用悉依上公其冬皇太子講孝經親臨釋奠車駕幸聽

建武四年正月詔立學永泰元年東昏侯即位尚書符依永明舊事廢學領國子助教曹思文上表曰古之建國君民者必教學爲先將以節其邪情而禁其流欲故能化民裁俗習與性成也是以忠孝篤焉信義成焉禮讓行焉尊教宗學其致一也是以成均煥於古典虎門炳於前經陛下體睿淳神纘承鴻業今制書既下而廢學先聞將恐觀國之光者有以擬議也若以國諱故宜廢昔漢成立學爰洎元始百餘年中未嘗暫廢其間有國諱也且晉武之崩又其學猶存斯皆先代不以國諱而廢學之明文也永明以無太子故廢斯非古典也尋國之有學本以興化致治也天子於以諮謀焉於以行禮焉記云天子出征受命於祖受成於學執有罪反釋奠於學又云食三老五更於太學天子袒而割牲執爵而酳以教諸侯悌也於斯學是天子有國之基教也或以之所言皆太學事也今引太學不非證也據臣所見今之國學即古之太學晉初太學生三千人既多猥雜惠帝時欲辯其涇渭故元康三年始立國子學官品第五以上得入國學天子去太學入國學以行禮也太子去太學入國學以齒讓也太學

之與國學斯是晉世殊其士庶異其貴賤耳然貴賤士庶皆須教成故國學太學兩存之也非有太子故立也然繫廢興於太子者此永明之鉅失也漢崇儒雅幾致刑厝而猶道謝三五者以其致教之術未篤也古之教者家有塾黨有庠術有序國有學以諷誦相摩今學非唯不宜廢而已乃宜更崇尚其道望古作規使郡縣有學鄉閭立教請付尚書及二學詳議有司奏從之學竟不立

永明五年十月有司奏南郡王昭業冠求儀注未有前准尚書令王儉議皇孫冠事歷代所無禮雖有嫡子嫡孫然而地居正體下及五世今南郡王體自儲暉實惟國裔元服之典宜異列蕃案士冠禮主人玄冠朝服賓加其冠贊者結纓鄭玄云主人冠者之父兄也尋其言父及兄則明祖在父不爲主也大戴禮記公冠篇云公冠自爲主四加玄冕以卿爲賓此則繼體之君及帝之庶子不得稱子者也小戴禮記冠義云冠於阼以著代也醮於客位三加彌尊加有成也注稱嫡子冠於阼庶子冠於房記又云古者重冠故行之於廟所以自卑而尊先祖也據此而言彌與鄭注儀禮相會是故中朝以來太子冠則皇帝臨軒

司徒加冠光祿贊冠諸王則郎中加冠中尉贊冠今同於儲皇則重依於諸王則輕又春秋之義不以父命辭王父命禮父在斯爲子君在斯爲臣皇太子居臣子之節無專用之道南郡雖處蕃國非支庶之列宜稟天朝之命微申冠阼之禮晉武帝詔稱漢魏遣使冠諸王非古正典此蓋謂庶子封王合依公冠自主之義至於國之長孫遣使惟允宜使太常持節加冠大鴻臚爲贊醮酒之儀亦歸二卿祝醮之辭附准經記別更撰立不依蕃國常體國官陪位拜賀自依舊章其日內外二品清官以上詣止車集賀并詣東宮南門通牋別日上禮宮臣亦詣門稱賀如上臺之儀既冠之後剋日謁廟以弘尊祖之義此既大典宜通關八座丞郎并下二學詳議僕射王奐等十四人議並同幷撰立贊冠醮酒二辭詔可祝辭曰皇帝使給事中太常武安侯蕭惠基加南郡王冠祝曰筮日筮賓肇加元服棄尒幼志從厥成德親賢使能克隆景福醮酒辭曰旨酒既清嘉薦既盈兄弟具在淑慎儀形永届眉壽於穆斯寧

永明中世祖以婚禮奢費勅諸王納妃上御及六宮依禮止棗栗服脩加以香

澤花粉其餘衣物皆停唯公主降嬪則止遺舅姑也永泰元年尚書令徐孝嗣
議曰夫人倫之始莫重冠婚所以尊表成德結歡兩姓年代汙隆古今殊則繁
簡之儀因時或異三加廢於王庶六禮限於天朝雖因習未久事難頓改而大
典之要深宜損益案士冠禮三加畢乃醴冠者醴則唯一而已故醴辭無二若
不醴則每加輒醮以酒故醮辭有三王肅云醴本古其禮重酒用時味其禮輕
故也或醴或醮二三之義詳記於經文今皇王冠畢一酌而已即可擬古設醴
而猶用醮辭實爲乖衷尋婚禮實篚以四爵加以合巹既崇尚質之理又象泮
合之義故三飯卒食再酳用巹先儒以禮成好合事終於三然後用巹合儀注
先酳巹以再以三有違旨趣又郊特牲曰三王作牢用陶匏言太古之時無共
牢之禮三王作之而用太古之器重夫婦之始也今雖以方樏示約而彌乖昔
典又連巹以鏁蓋出近俗復別有牢燭雕費采飾亦虧曩制方今聖政日隆聲
教惟穆則古昔以敦風存餼羊以愛禮沿襲之規有切治要嘉禮實重宜備舊
章謂自今王侯已下冠畢一酌醴以遵古之義醴即用舊文於事爲允婚亦依

古以蚤酌終酳之酒並除金銀連鏁自餘雜器悉用埏陶堂人執燭足充燋燎牢燭華侈亦宜停省庶斲雕可期移俗有漸參議並同奏可

晉武太始二年有司奏故事皇后諱與帝諱俱下詔曰禮內諱不出宮近代諱之也建元元年太常上朝堂諱訓僕射王儉議曰后諱依舊不立訓禮天子諸侯諱羣祖臣隸既有從敬之義宜爲太常府君諱至於朝堂榜題本施至極既追尊所不及禮降於在三晉之京兆宋之東安不列榜題孫毓議稱京兆列在正廟臣下應諱而不上榜宋初博士司馬道敬議東安府君諱宜上榜何承天執不同卽爲明據其有人名地名犯太常府君及帝后諱者皆改宣帝諱同二名不偏諱所以改承明門爲北掖以榜有之字與承並東宮承華門亦改爲宣華云

漢末蔡邕立漢朝會志竟不就秦人以十月旦爲歲首漢初習以大饗會後用夏正饗會猶未廢十月旦會也東京以後正旦夜漏未盡七刻鳴鍾受賀公侯以下執贄來庭二千石以上升殿稱萬歲然後作樂宴饗張衡賦云皇輿夙駕

登天光於扶桑然則雖云夙駕必辨色而行事矣魏武都鄴正會文昌殿用漢儀又設百華燈後魏文脩洛陽宮室權都許昌宮殿狹小元日於城南立氈殿青帷以爲門設樂饗會後還洛陽依漢舊事晉武帝初更定朝會儀夜漏未盡十刻庭燎起火羣臣集傅玄朝會賦云華燈若乎火樹熾百枝之煌煌此則因魏儀與庭燎並設也漏未盡七刻羣臣入白賀未盡五刻就本位至漏盡皇帝出前殿百官上賀如漢儀禮畢罷入羣臣坐謂之辰賀晝漏上三刻更出百官奉壽酒大饗作樂謂之晝會別置女樂三十人於黃帳外奏房中之歌江左多虞不復晨賀夜漏未盡十刻開宣陽門至平旦始開殿門晝漏上五刻皇帝乃出受賀宋世至十刻乃受賀其餘升降拜伏之儀及置立后妃王公已下祠祀夕牲拜授弔祭皆有儀注文多不載

三月三日曲水會古禊祭也漢禮儀志云季春月上巳官民皆絜濯於東流水上自洗濯祓除去宿疾爲大絜不見東流爲何水也晉中朝云卿已下至於庶民皆禊洛水之側事見諸禊賦及夏仲御傳也趙王倫篡位三日會天淵池誅

張林懷帝亦會天淵池賦詩陸機云天淵池南石溝引御溝水池西積石爲禊堂跨水流杯飲酒亦不言曲水元帝又詔罷三日弄具今相承爲百戲之具雕弄技巧增損無常

史臣曰案禊與曲水其義參差舊言陽氣布暢萬物訖出姑洗絜之也巳者祉也言祈介祉也一說三月三日清明之節將脩事於水側禱祀以祈豐年應劭云禊者絜也言自絜濯也或云漢世有郭虞者以三月上辰生二女上巳又生一女二日中頻生皆死時俗以爲大忌民人每至其日皆適東流水祈祓自絜濯浮酌清流後遂爲曲水案高后祓霸上馬融梁冀西第賦云西北戌亥玄石承輸蝦蟆吐寫庚辛之域卽曲水之象也今據禊爲曲水事應在永壽之前已有祓除則不容在高后之後祈農之說於事爲當

九月九日馬射或說云秋金之節講武習射像漢立秋之禮

史臣曰案晉中朝元會設臥騎倒騎顛騎自東華門馳往神虎門此亦角抵雜戲之流也宋武爲宋公在彭城九日出項羽戲馬臺至今相承以爲舊准

南齊書卷九

南齊書卷九考證

禮志上永明元年十二月有司奏今月三日臘祀太社稷○臣祖庚按通典云顓頊祀共工氏子勾龍爲社烈山氏子柱爲稷又云社壇在東稷壇在西祭法云王爲羣姓立社曰太社後漢建武二年立太社稷于洛陽其名昉此郊特牲云日用甲日之始也周初日猶用戊召誥云戊午乃社于新邑自定禮後始用甲也迨漢高帝以春三月及臘祠后稷後漢二月八月及臘一歲三祠晉武帝太康九年詔社實一神其併社之祀東晉元帝依魏洛京之制立二社一稷永明十一年從何佟之議稱稷爲太稷蓋依漢制然云臘祀則知齊特歲一舉行耳

永明五年十月有司奏前准尙書令王儉議皇孫冠事歷代所無禮雖有嫡子嫡孫○通典嫡孫上有無字

元服之典宜異列蕃○通典列蕃下有依於諸王則輕同於儲皇則重二句

南齊書卷九考證

南齊書卷十

梁　　蕭　　子　　顯　　撰

志第二

禮下

建元四年高帝山陵昭皇后應遷祔祠部疑有祖祭及遣啓諸奠九飯之儀不左僕射王儉議奠如大斂賀循云從墓之墓皆設奠如將葬廟朝之禮范甯云將窆而奠雖不稱爲祖而不得無祭從之有司又奏昭皇后神主在廟今遷祔葬廟有虞以安神神既已處廟改葬出靈豈應虞祭鄭注改葬云從廟之廟禮宜同從墓之墓事何容異前代謂應無虞左僕射王儉議范甯云葬必有魂車若不爲其歸神將安舍世中改葬卽墓所施靈設祭何得不祭而毀耶賀循云既窆設奠於墓以終其事雖非正虞亦粗相似晉氏修復五陵宋朝敬后改葬皆有虞今設虞非疑從之

建元二年皇太子妃薨前宮臣疑所服左僕射王儉議禮記文王世子父在斯

爲子君在斯爲臣且漢魏以來宮僚充備臣隸之節具體在三昔庾翼妻喪王
允滕弘謂府吏宜有小君之服況臣節之重邪宜依禮爲舊君妻齊衰三月居
官之身並合屬假朝晡臨哭悉繫東宮今臣之未從官在遠者於居官之所屬
寧二日半仍行喪成服遣牋表不得奔赴從之
太子妃斬草乘黃議建銘旌僕射王儉議禮既塗棺祝取銘置于殯東大斂畢
便應建于西階之東
宋大明二年太子妃薨建九旒有司又議斬草日建旒與不若建旒應幾旒及
畫龍升降云何又用幾翣僕射王儉議旒本是命服無關於凶事今公卿以下
平存不能備禮故在凶乃建耳東宮秩同上公九命之儀妃與儲君一體義不
容異無緣未同常例別立凶旒大明舊事是不經詳議率爾便行耳今宜考以
禮典不得効尤從失吉部伍自有桁輅凶部別有銘旌若復立旒復置何處翣
自用八從之
有司奏大明故事太子妃玄宮中有石誌參議墓銘不出禮典近宋元嘉中顏

延作王球石誌素族無碑策故以紀德自爾以來王公以下咸共遵用儲妃之
重禮殊恆列既有哀策謂不須石誌從之
有司奏穆妃卒哭後靈還在道遇朔望當須設祭不王儉議既虞卒哭祭之於
廟本是祭序昭穆耳未全同卒吉四時之祭也所以有朔望殷事蕃國不行權
制宋江夏王妃卒哭以後朔望設祭帝室既以卒哭除喪無緣方有朔望之祭
靈筵雖未升廟堂而舫中即成行廟猶如桓玄及宋高祖長沙臨川二國並有
移廟之禮豈復謂靈筵在途便設殷事耶推此而言朔望不復俟祭宋懿后時
舊事不及此益可知時議從之
建元三年有司奏皇太子穆妃以去年七月薨其年閏九月未審當月數閏爲
應以閏附正月若用月數數閏者南郡王兄弟便應以此四月晦小祥至於祥
月不爲有疑不左僕射王儉議三百六旬尚書明義文公納幣春秋致譏穀梁
云積分而成月公羊云天無是月雖然左氏謂告朔爲得禮是故先儒咸謂三
年期喪歲數沒閏大功以下月數數閏夫閏者蓋是年之餘日而月之異朔所

以吳商云舍閏以正期允協情理今杖期之喪雖以十月而小祥至於祥縞必須周歲凡厭屈之禮要取象正服祥縞相去二月厭降小祥亦以則之又且求之名義則小祥本以年限考於倫例則相去必應二朔今以厭屈而先祥不得謂此事之非期事既同條情無異貫沒閏之理固在言先設令祥在此晦則去縞三月依附准例益復爲礙謂應須五月晦乃祥此國之大典宜共精詳弁通關八座丞郎研盡同異尚書令褚淵難儉議曰厭屈之典由所尊奪情故祥縞備制而年月不申今以十一月而祥從期可知既計以月數則應數閏以成典若猶舍之何以異於縞制疑者正以祥之當閏月數相縣積分餘閏歷象所弘計月者數閏故有餘月計年者苞含故致盈積稱理從制有何不可儉又答淵難曰含閏之義通儒所難但祥本應期屈而不遂語事則名體具存論哀則情無以異迹雖數月義實計年閏是年之歸餘故宜總而苞之期而兩祥緣尊故屈祥則沒閏象年所申屈申兼著二途具舉經記之旨其在茲乎如使五月小祥六月乃閏則祥之去縞事成二月是爲十一月以象前期二朔以放後歲名

有區域不得相參魯襄二十八年十二月乙未楚子卒唯書上月初不言閏此

又附上之明義也鄭射王賀唯云期則沒閏初不復區別杖期之中祥將謂不

俟言矣成休甫云大祥後禫有閏別數之明杖期之祥不得方於緌縞之末郎

恩如彼就例如此淵又據舊義難儉十餘問儉隨事解釋祠部郎中王珪之議

謂喪以閏施功衰以下小祥值閏則略而不言今雖厭祥名猶存異於餘服計

月爲數屈追慕之心以遠爲邇日既餘分月非正朔含而全制於情唯允僕射

儉議理據詳博謹所附同今司徒淵始雖疑難再經往反未同儉議依舊八座

丞郎通共博議爲允以來五月晦小祥其祥禫自依常限奏御班下內外詔可

皇太子穆妃服尚書左丞兼著作郎王逡問左僕射王儉中軍南郡王小祥應

待聞喜不穆妃七月二十四日薨聞喜公八月發哀計十一月之限應在六月

南郡王爲當同取六月則大祥復申一月應用八月非復正月在存親之義若

各自爲祥廬堊相間玄素雜糅未審當有此疑不儉曰送往有已復生有節罔

極非服制所申祥縞明示終之斷相待之義經記無聞世人多以廬室衰麻不

宜有異故相去一二月者或申以俱除此所謂任情徑行未達禮旨昔撰喪記
已嘗言之遠還之人自有爲而未祭在家之子立何辭以不變禮有除喪而歸
者此則經記之遺文不待之明據假使應待則相去彌年亦宜必待乃爲衰絰
永服以窮生吉躅長絶於宗廟斯不可矣苟曰非宜則旬月之間亦不容申何
者禮有倫序義無徒設今遠則不待近必相須禮例既乖卽心無取若疑兄弟
同居吉凶舛雜則古有異宮之義設無異宮則遠還之子自應開立别門以終
喪事靈筵祭奠隨在家之人再期而毀所以然者奔喪禮云爲位不奠鄭玄云
以其精神不存乎此也聞哀不時實緣在遠爲位不奠益有可安此自有爲而
然不關嫡庶庶子在家亦不待嫡矣而況儲妃正體王室中軍長嫡之重天朝
又行權制進退彌復非疑謂不應相待中軍祥縞之日聞喜致哀而已不受弔
慰及至忌辰變除昆弟亦宜相就寫情而不對客此國之大典宜通關八座丞
郎共盡同異然後奏御司徒褚淵等二十人並同儉議爲允請以爲永制詔可
建元三年太子穆妃薨南郡王聞喜公國臣疑制君母服儉又議禮庶人爲國

君齊衰先儒云庶人在官若府史之屬是也又諸侯之大夫妻爲夫人服緦衰七月以此輕微疎遠故不得盡禮今皇孫自是蕃國之王公太子穆妃是天朝之嫡婦宮臣得申小君之禮國官豈敢爲夫人之敬當單衣白帢素帶哭于中門外每臨輒入與宮官同

永明十一年文惠太子薨右僕射王晏等奏案喪服經爲君之父長子同齊衰期今至尊既不行三年之典止服期制羣臣應降一等便應大功九月功衰是兄弟之服不可以服尊臣等參議謂宜重其衰裳減其月數同服齊衰三月至於太孫三年既申南郡國臣宜備齊衰期服臨汝曲江既非正嫡不得禰先儲二公國臣並不得服詔依所議又奏案喪服經雖有妾爲君之長子從君而服二漢以來此禮久廢請因循前准不復追行詔曰既久廢停便

又奏伏尋御服文惠太子期內不奏樂諸王雖本服期而儲皇正體宗廟服者一同釋服奏樂姻娶便應並通竊謂二等誠俱是嘉禮輕重有異娶婦思嗣事非全吉三日不樂禮有明文宋世期喪降在大功者婚禮廢樂以申私戚通以

前典詔依議
又奏案禮祥除皆先於今夕易服明旦乃設祭尋比世服臨然後改服與禮爲
乖今東宮公除日若依例皇太孫服臨方易服臣等參議謂先哭臨竟而後祭
之應公除者皆於府第變服而後入臨行奉慰之禮詔可
建武二年朝會時世祖遏密未終朝議疑作樂不祠部郎何佟之議昔舜受終
文祖義非胤堯及放勛徂落遏密三祀近代晉康帝繼成帝于時亦不作樂懷
帝永嘉元年惠帝喪制未終于時江充議云古帝王相承雖世及有異而輕重
同禮從之
建武二年正月有司以世祖文皇帝今二年正月二十四日再忌日二十九日
大祥三月二十九日祥禫至尊及羣臣泄哀之儀應定准下二學八座丞郎博
士陶韶以爲名立義生自古之制文帝正號祖宗式序昭穆祥忌禫日皇帝宜
服祭服出太極泄哀百僚亦祭服陪位太常丞李撝議曰尋尊號既追重服宜
正但已從權制故苴杖不說至於鑽燧既同天地亦變容得無感乎且晉景獻

皇后崩羣臣備小君之服追尊之后無違后典追尊之帝固宜同帝禮矣雖臣子一例而禮隨時異至尊龍飛中興事非嗣武理無深衣之變但王者體國亦應弔服出正殿舉哀百寮致慟一如常儀給事中領國子助教謝曇濟議夫喪禮一制限節兩分虞祔追亡之情小祥抑存之禮斯蓋至愛可申極痛宜屈耳文皇帝雖君德早凝民化未洽追崇尊極實緣于性今言臣則無實論己則事虛聖上馭寓更奉天眷祗禮七廟非從三后周忌祥禫無所依設太學博士崔偃同陶韶議太常沈淡同李攜議國子博士劉警等同謝曇濟議祠部郎何佟之議曰春秋之旨臣子繼君親雖恩義有殊而其禮則一所以敦資敬之情篤方喪之義主上雖仰嗣高皇嘗經北面方今聖歷御宇垂訓無窮在三之恩理不容替竊謂世祖祥忌至尊宜弔服升殿羣臣同致哀感事畢百官詣宣德宮拜表仍致哀陵園以引追遠之慕尚書令王晏等十九人同佟之議詔可

海陵王薨百官會哀時纂嚴朝議疑戎服臨會祠部郎何佟之議羔裘玄冠不以弔理不容以兵服臨喪宋泰始二年孝武大祥之日于時百寮入臨皆於宮

門變戎服著衣帢入臨畢出外還襲戎衣從之

贊曰姬制孔作訓範百王三千有數四維是張損益彝典廢舉憲章戎祀軍國

社廟郊庠冠爲朝會服紀凶喪存爲盛德戒在先亡

南齊書卷十

南齊書卷十考證

禮志下鄭射王賀○臣祖庚按爲鄭玄射慈王肅賀循也

于時江充議云○諸本同南監本作何充當從之

南齊書卷十考證

南齊書卷十一

梁　蕭　子　顯　撰

志第三

樂

南郊樂舞歌辭二漢同用見前漢志五郊互奏之魏歌舞不見疑是用漢辭也晉武帝泰始二年郊祀明堂詔禮遵用周室肇稱殷祀之義權用魏儀後使傅玄造祀天地五郊夕牲歌詩一篇迎神歌一篇宋文帝使顏延之造郊天夕牲迎送神饗神歌詩三篇是則宋初又仍晉也建元二年有司奏郊廟雅樂歌辭舊使學士博士撰搜簡採用請敕外凡肄學者普令製立參議太廟登歌宜用司徒褚淵餘悉用黃門郎謝超宗辭超宗所撰多刪顏延之謝莊辭以爲新曲備改樂名永明二年太子步兵校尉伏曼容上表宜集英儒刪纂雅樂詔付外詳竟不行

羣臣出入奏肅咸之樂

賁承寶命　嚴恭帝緒　奄受敷錫　升中拓宇　亘地稱皇　罄天作主
月域來賓　日際奉土　開元首正　禮交樂舉　六典聯事　九官列序
此下除四句皆顏辭
牲出入奏引牲之樂
皇乎敬矣　恭事上靈　昭教國祀　肅肅明明　有牲在滌　有絜在俎
以薦王衷　以答神祐此上四句顏辭
陟配在京　降德在民　奔精望夜　高燎佇晨
薦豆呈毛血奏嘉薦之樂
我恭我享　惟孟之春　以孝以敬　立我蒸民　青壇奄靄　翠幙端凝
嘉俎重薦　兼籍再升　設業設簴　展容玉庭　肇禋配祀　克對上靈
此一篇增損謝辭
右夕牲歌並重奏
迎神奏昭夏之樂

惟聖饗帝　惟孝饗親（此下除四句）　禮行宗祀　敬達郊禋　金枝中樹

廣樂四陳（此下除）　月御案節　星驅扶輪　遙興遠駕　曜曜振振　告成大報

受釐元神

皇帝入壇東門奏永至之樂

紫壇望靈　翠幰佇神　率天奉贄　罄地來賓　神貺並介　泯祇合祉

恭昭鑒享　肅光孝祀　威藹四靈　洞曜三光　皇德全被　大禮流昌

皇帝升壇奏登歌辭

報惟事天　祭實尊靈　史正嘉兆　神宅崇禎　五時昭鬯　六宗彝序

介丘望塵　皇軒肅舉

皇帝初獻奏文德宣烈之樂

營泰畤　定天衷　思心緒　謀筮從（此下除二句）　田燭置　爟火通　大孝昭

國禮融（此一句改餘皆顏辭此下又除二十二句）

次奏武德宣烈之樂

功燭上宙　德燿中天　風移九域　禮飾八埏　四靈晨炳　五緯宵明
膺歷締運　道茂前聲
太祖高皇帝配饗奏高德宣烈之樂此章永明二年造奏尚書令王儉辭
饗帝嚴親　則天光大　舄奕前古　榮鏡無外　日月宣華　卿雲流靄
五漢同休　六幽咸泰
皇帝飲福酒奏嘉胙之樂
〻嘉禮　承休錫　盛德符景緯　昌華應帝策　聖藹燿昌基
融祉暉世歷　聲正涵月軌　書文騰日迹　寶瑞昭神圖　靈貺流瑞液
我皇崇暉祚　重芬冠往籍
送神奏昭夏之樂
薦饗洽　禮樂該　神娛展　辰斾回　洞雲路　拂璇階　紫雰藹
青霄開　睠皇都　顧玉臺　留昌德　結聖懷
皇帝就燎位奏昭遠之樂

天以德降　帝以禮報　牲罇俯陳　柴幣仰燎　事展司采　敬達瑄鄉

煙贄青昊　震颺紫場　陳馨示策　肅志宗禋　禮非物備　福唯誠陳

皇帝還便殿奏休成之樂重奏

昭事上祀　饗薦具陳　回鑾轉翠　拂景翔宸　綴縣數暢　鍾石昭融

羽炫深晷　籥曈行風　肆序輟度　肅禮停文　四金聳衞　六馭齊輪

右南郊歌辭

北郊樂歌辭案周頌昊天有成命郊祀天地也是則周漢以來祭天地皆同辭

矣宋顏延之饗地神辭一篇餘與南郊同齊北郊羣臣入奏肅咸樂牲入奏引

牲薦豆毛血奏嘉薦皇帝入壇東門奏永至飲福酒奏嘉胙還便殿奏休成辭

並與南郊同迎送神昭夏登歌異

迎地神奏昭夏之樂

詔禮崇營　敬饗玄時　靈正丹帷　月肅紫墀　展薦登華　風縣凝鏘

神惟戾止　鬱葆遙莊　昭望歲芬　環游辰太　穆哉尚禮　横光秉藹

皇帝升壇登歌

佇靈敬享　禋肅彜文　縣動聲儀　薦絜牲芬　陰祇以貺　昭司式慶

九服熙度　六農祥正

皇帝初獻奏地德凱容之樂

繕方丘　端國陰　掩珪畧　仰靈心　詔源委　遍丘林八句　禮獻物

樂薦音此下除二十二句餘皆顏辭

次奏昭德凱容之樂

慶圖濬邈　蘊祥祕瑤　俔天炳月　嬪光紫霄　邦化靈懋　閫則風調

儷德方儀　徽載以昭

送神奏昭夏之樂

薦神升　享序楙　淹玉俎　停金奏　寶旆轉　旒駕旋　溢素景

鬱紫躔　靈心顧　留辰睠　洽外瀛　瑞中縣

瘞埋奏隸幽之樂

后皇嘉慶　定祇玄時　承帝休圖　祇敷靈祉　箎纂周序　軒朱凝會

牲幣芬壇　精明佇蓋　調川瑞昌　警岳祥泰

右北郊歌

明堂歌辭祀五帝漢郊祀歌皆四言宋孝武使謝莊造辭莊依五行數木數用三火數用七土數用五金數用九水數用六案鴻範五行一曰水二曰火三曰木四曰金五曰土月令木數八火數七土數五金數九水數六蔡邕云東方有木三土五故數八南方有火二土五故數七西方有金四土五故數九北方有水一土五故數六又納音數一言得土三言得火五言得水七言得金九言得水若依鴻範木數用三則應水一火二金四也若依月令金九水六則應木八火七也當以鴻範一二之數言不成文故有取捨而使兩義並違未詳以數立言爲何依據也周頌我將祀文王言皆四其一句五一句七謝莊歌宋太祖亦無定句建元初詔黃門郎謝超宗造明堂夕牲等辭并採用莊辭建武二年雩祭明堂謝朓造辭一依謝莊唯世祖四言也

賓出入奏肅咸樂歌辭二章

彝承孝典　恭事嚴聖　浹天奉賚　罄壤齊慶　司儀且序　羽容夙章

芬枝揚烈　黼構周張　助寶尊軒　酎珍充庭　璆縣凝會　琄朱玝聲

先期選禮　肅若有承　祗對靈祉　皇慶昭膺

尊事威儀　輝容昭序　迅恭明神　絜盛牲俎　肅肅嚴宮　藹藹崇基

皇靈降止　白紙具司　戒誠望夜　端烈承朝　依微昭旦　物色輕霄

青帝歌

參映夕　駟昭晨　靈乘震　司青春　鴈將向　桐始蕤　和風舞

暄光遲　萌動達　萬品親　潤無際　澤無垠

赤帝歌

龍精初見大火中　朱光北至圭景同　帝在在離實司衡

雨水方降木堇榮　庶物盛長咸殷阜　恩澤四溟被九有

黃帝歌

履艮宅中宇　司繩總四方　裁化偏寒燠　布政司炎涼此以下除八句

至分乘經晷　閉啓集恆度　帝暉緝萬有　皇靈澄國步

白帝歌

百川若鏡天地爽且明　雲沖氣舉盛德在素精此下除四句

庶類收成歲功行欲寧　浹地奉渥罄宇承帝靈

黑帝歌

歲既暮日方馳　靈乘坎德司規　玄雲合晦鳥躩　白雲繁亘天崖此下除四句

晨晷促夕漏延　太陰極微陽宣此下除二句

皇帝還東壁受福酒奏嘉胙樂歌辭太廟同用

禮薦洽　福祚昌　聖皇膺嘉祐　帝業凝休祥　居極乘景運

宅德瑞中王　澄明臨四奧　精華延八鄉　洞海同聲憓　澈宇麗乾光

靈慶纏世祉　鴻烈永無疆

送神奏昭夏樂歌辭宋謝莊辭

蘊禮容　餘樂度　靈方留　景欲暮　開九重　肅五達　鳳參差
龍已秣　雲既動　河既梁　萬里照　四空香　神之車　歸清都
璇庭寂　玉殿虛　鴻化凝　孝風熾　顧靈心　結皇思　鴻慶遐鬯
嘉薦令芳　並帝明德　永祚深光增四字

牲出入奏引牲樂歌詩
惟誠絜饗　維孝尊靈　敬芳黍稷　敬滌犧牲　騂繭在豢　載溢載豐
以承宗祀　以肅皇衷　蕭芳四舉　華火周傳　神鑒孔昭　嘉足參牷

薦豆呈毛血奏嘉薦樂歌詩二章
肇禋戒祀　禮容咸舉　六典飾文　九司炤序　牲柔既昭　犧剛既陳
恭滌惟清　敬事惟神　加籩再御　兼俎兼薦　節動軒越　聲流金縣
奕奕閟幄　亹亹嚴闈　絜誠夕鑒　端服晨暉　聖靈戾止　翊我皇則
上綏四寓　下洋萬國　永言孝饗　孝饗有容　儐僚贊列　肅肅雍雍

右夕牲辭

迎神奏昭夏樂歌辭

地紐謐　乾樞回　華蓋動　紫微開　旌蔽日　車若雲　駕六氣

乘烟熅　燁帝景　耀天邑　聖祖降　五雲集（此下除八句）　懋粢盛　絜牲牷

百禮肅　羣司虔　皇德遠　大孝昌　貫九幽　洞三光　神之安

解王鑾　昌福至　萬寓歡（皆謝莊辭）

皇帝升明堂奏登歌辭

雍臺辯朔　澤宮選辰　挈火夕炤　明水朝陳　六瑚賁室　八羽華庭

昭事先聖　懷濡上靈　肆夏式敬　升歌發德　永固洪基　以綏萬國

皆謝莊辭

初獻奏凱容宣烈樂歌辭（太廟同）

釃醴具登　嘉俎咸薦　饗洽誠陳　禮周樂徧　祝辭罷祼　序容輟縣

蹕動端庭　鑾回嚴殿　神儀駐景　華漢高虛　八靈案衛　三祇解途

翠蓋澄耀　罼帟凝晨　玉庭息節　金軺懷音　式誠達孝　底心肅感

追馮皇鑒　思承淵範　神錫懋祉　四緯昭明　仰福帝徽　俯齊庶生

右祀明堂歌辭建元永明中奏

雩祭歌辭

清明暢　禮樂新　候龍景　選貞辰　陽律亢　陰晷伏　秏下土

荐穜稑　震儀警　王度乾　嗟雲漢　望昊天　張盛樂　奏雲儛

集五精　延帝祖　雩有諷　禜有秩　膋鬯芬　圭瓚瑟　靈之來

帝閶開　車煜燿　吹徘徊　停龍轙　徧觀此　凍雨飛　祥風靡

壇可臨　奠可歆　對貺祉　鑒皇心

右迎神歌辭依漢來郊歌三言宋明堂迎神八解

濬哲維祖　長發其武　帝出自震　重光御寓　七德攸宣　九疇咸敘

靜難荊舒　凝威蠡浦　昧旦丕承　夕惕刑政　化壹車書　德馨粢盛

昭星夜景　非雲曉慶　衢室成陰　璧水如鏡　禮充玉帛　樂被筦絃

於鑠在詠　陟配于天　自宮徂兆　靡愛牲牷　我將我享　永祚豐年

右歌世祖武皇帝依廟歌四言

營翼日　鳥殷宵　凝冰泮　玄蟄昭　景陽陽　風習習　女夷歌

東皇集　奠春酒　秉青珪　命田祖　渥羣黎

右歌青帝木生數三

惟此夏德德恢台　兩龍既御炎精來　火景方中南譌秩　靡草云黃含桃

實　族雲蓊鬱溫風煽　興雨祁祁黍苗徧

右歌赤帝火成數七

稟火自高明　毓金挺剛克　涼燠資成化　羣方載厚德　陽季勾萌達

炎徂溽暑融　商暮百工止　歲極凌陰沖　皇流疏已清　原隰甸已平

咸言祚惟億　敦民保高京

右歌黃帝土成數五

帝悅于兌執矩固司藏　百川收潦精景應徂商　嘉樹離披榆關命賓鳥

夜月如霜秋風方嫋嫋　商陰肅殺萬寶咸亦遒　勞哉望歲場功冀可收

右歌白帝金成數九

白日短玄夜深　招搖轉移太陰　霜鍾鳴冥陵起　星回天月窮紀

聽嚴風來不息　望玄雲黝無色　曾冰洌積羽幽　飛雲至天山側

關梁閉方不巡　合國吹饗蜡賓　充微陽究終始　百禮洽萬觀臻

右歌黑帝水成數六

敬如在　禮將周　神之駕　不少留　躡龍鑣　轉金蓋　紛上馳

雲之外　警七曜　詔八神　排閶闔　渡天津　有渰興　膚寸積

雨冥冥　又終夕　俾栖糧　惟萬箱　皇情暢　景命昌

右送神歌辭

太廟樂歌辭周頌清廟一篇漢安世歌十七章是也永平三年東平王蒼造光武廟登歌一章二十六句其辭稱述功德建安十八年魏國初建侍中王粲作登歌安世詩說神靈鑒饗之意明帝時侍中繆襲奏安世詩本故漢時歌名今詩所歌非往詩之文襲案周禮志云安世樂猶周房中樂也往昔議者以房中

歌后妃之德宜改安世名正始之樂後續漢安世歌亦說神來宴饗無有后妃之言思惟往者謂房中樂爲后妃歌恐失其意方祭祀娛神登歌先祖功德下堂詠宴饗無事歌后妃之化也於是改安世樂曰饗神歌散騎常侍王肅作宗廟詩頌十二篇不入於樂晉泰始中傅玄造廟夕牲昭夏歌一篇迎送神肆夏歌詩一篇登歌七廟七篇玄云登歌歌盛德之功烈故廟異其文至於饗神猶周頌之有瞽及雍俱說祭饗神明禮樂之盛七廟饗神皆用之夏侯湛又造宗廟歌十三篇宋世王韶之造七廟登歌七篇昇明中太祖爲齊王令司空褚淵造太廟登歌二章建元初詔黃門侍郎謝超宗造廟樂歌詩十六章永明二年尚書殿中曹奏太祖高皇帝廟神室奏高德宣烈之舞未有歌詩郊應須歌辭穆皇后廟神室亦未有歌辭案傅玄云登歌廟異其文饗神十室同辭此議爲允又尋漢世歌篇多少無定皆稱事立文並多八句然後轉韻時有兩三韻而轉其例甚寡張華夏侯湛亦同前式傅玄改韻頗數更傷簡節之美近世王韶之顏延之並四韻乃轉得賒促之中顏延之謝莊作三廟歌皆各三章章八句

此於序述功業詳略爲宜今宜依之郊配之日改降尊作主禮殊宗廟穆后母儀之化事異經綸此二歌爲一章八句别奏事御奉行詔可尚書令王儉造太

廟二室及郊配辭

羣臣出入奏肅咸樂歌辭

絜誠底孝　孝感煙霜　夤儀飾序　肅禮綿張　金華樹藻　肅哲騰光

殷殷升奏　嚴嚴階庠　匪椒匪玉　是降是將　懋分神衷　翊祐傳昌

牲出入奏引牲樂歌辭

肇祀嚴靈　恭禮尊國　達敬敷典　結孝陳則　芬滌既肅　犧牷既整

聳誠流思　端儀選景　肆禮佇夜　綿樂望晨　崇席皇鑒　用饗明神

薦豆呈毛血奏嘉薦樂歌辭

清思眑眑　閟寢微微　恭言載感　肅若有希　芬俎具陳　嘉薦兼列

凝馨煙颺　分炤星哲　睿靈式降　協我帝道　上登五緯　下陶八表

右夕牲歌辭

迎神奏昭夏樂歌辭

涓辰選氣　展禮恭祇　重闈月洞　層牖煙施　載虛玉鬯　載受金枝

天歌折饗　雲舞罄儀　神惟降止　泛景凝羲　帝華永藹　泯藻方摛

皇帝入廟北門奏永至樂歌辭

戲繇惟則　姬經式序　九司聯事　八方承宇　鑾𨒪靜陳　縵樂具舉

凝旒若慕　傾璜載竚　振振璇衞　穆穆禮容　載藹皇步　式敷帝蹤

太祝裸地奏登歌辭

清明既鬯　大孝乃熙　天儀睟愴　皇心儼思　既芬房豆　載絜牷牲

鬱裸升禮　鋗玉登聲　茂對幽嚴　式奉徽靈　以享以祀　惟感惟誠

皇祖廣陵丞府君神室奏凱容樂歌辭

國昭惟茂　帝穆惟崇　登祥緯遠　締世景融　紛綸睿緒　菴蔚王風

明進厥始　濬哲文終

皇祖太中大夫府君神室奏凱容樂歌辭

璇條夤蔚　瓊源浚照　懋矣皇烈　載挺明劭　永言敬思　式恭惟教

休途亘乂　榮光有耀

皇祖淮陰令府君神室奏凱容樂歌辭

嚴宗正典　祟饗肇禋　九章既飾　二清既陳　昭恭皇祖　承假徽神

貞祐伊協　卿藹是鄰

皇曾祖即丘令府君神室奏凱容樂歌辭

肅惟敬祀　絜事㕘薌　環祓像綴　緬密絲簧　明明烈祖　尙錫龍光

粵雅于姬　伊頌在商

皇祖太常卿府君神室奏凱容樂歌辭

神宮懋鄰　明寢昌基　德凝羽綴　道邑容辭　假我帝緒　懿我皇維

昭大之載　國齊之祺

皇考宣皇神室奏宣德凱容樂歌辭

道閟期運　義開藏用　皇矣睿祖　至哉攸縱　循規烈熠　龔矩重芬

德溢軒羲　道懋炎雲

昭皇后神室奏凱容樂歌辭

月靈誕慶　雲瑞開祥　道茂淵柔　德表徽章　粹訓宸中　儀形宙外

容蹈凝華　金羽傳藹

皇帝還東壁上福酒奏永祚樂歌辭

構宸抗宇　合軫齊文　萬靈載溢　百禮以殷　朱紘繞風　翠羽停雲

桂樽既滌　瑤俎既薰　升薦惟誠　昭禮惟芬　降祉遙裔　集慶氤氳

送神奏肆夏樂歌辭

禮既升　樂以愉　昭序溢　幽饗餘　人祇皂　敬教敷　申光動

靈駕翔　芬九垓　鏡八鄉　福無居　祚無疆

皇帝詣便殿奏休成樂歌辭

睿孝式皂　饗敬爰偏　諦容輟序　佾文靜縣　辰儀聳蹕　宵衞浮鑾

旒帟雲館　翠華景摶　恭惟尚烈　休明再纏　國猷遠藹　昌圖聿宣

太廟登歌辭二章

惟王建國　設廟凝靈　月薦流典　時祀暉經　瞻辰僾思　雨露追情

簡日筮晷　閟奠升文　金罍渟桂　冲幄舒薰　備僚肅列　駐景開雲

至饗攸極　睿孝惇禮　具物咸絜　聲香合體　氣昭扶幽　眇慕纏遠

迎絲驚促　迭佾留晚　聖衷踐候　節改增愴　妙感崇深　英徽彌亮

太祖高皇帝神室奏高德宣烈樂歌辭

悠悠草昧　穆穆經綸　乃文乃武　乃聖乃神　動龕危亂　靜比斯民

誕應休命　奄有八夤　握機肇運　光啓禹服　義滿天淵　禮昭地軸

澤靡不懷　威無不肅　戎夷竭歡　象來致福　偃風裁化　晅日敷祥

信星含曜　秬草流芳　七廟觀德　六樂宣章　惟先惟敬　是饗是將

穆皇后神室奏穆德凱容之樂辭

大姒嬪周　塗山儷禹　我后嗣徽　重規疊矩　肅肅閟宮　翔翔雲舞

有饗德馨　無絕終古

高宗明皇帝神室奏明德凱容之樂歌辭

多難固業　殷憂啓聖　帝宗纘武　惟時執競　起柳獻祥　百堵興詠

義雖祀夏　功符受命　遠無不懷　邇無不肅　其儀濟濟　其容穆穆

赫矣君臨　昭哉嗣服　允王維后　膺此多福　禮以昭事　樂以感靈

八簋陳室　六舞充庭　觀德在廟　象德在形　四海來祭　萬國咸寧

藉田歌辭漢章帝元和元年玄武司馬班固奏用商頌載芟祠先農晉傅玄作祀先農先蠶夕牲歌詩一篇八句迎送神一篇饗社稷先農先聖先蠶歌詩三篇前一篇十二句中一篇十六句後一篇十二句辭皆敍田農事胡道安先農饗神詩一篇並八句樂府相傳舊歌三章永明四年藉田詔驍騎將軍江淹造藉田歌淹製二章不依胡傳世祖口勑付太樂歌之

祀先農迎送神升歌

羽鑾從動　金駕時遊　教騰義鏡　樂綴禮脩　率先丹耦　躬遵綠疇

靈之聖之　歲殷澤柔

饗神歌辭

瓊斝既飾　繡簋以陳　方變嘉種　永毓宵民

元會大饗四廂樂歌辭晉泰始五年太僕傅玄撰正旦大會行禮歌詩四章壽酒詩一章食舉東西廂樂十三章黃門郎張華作上壽食舉行禮詩十八章中書監荀勗侍郎成公綏言數各異宋黃門郎王韶之造肆夏四章行禮一章上壽一章登歌三章食舉十章前後舞歌一章齊微改革多仍舊辭其前後舞二章新改其臨軒樂亦奏肆夏於鑠四章

肆夏樂歌辭

於鑠我皇　體仁苞元　齊明日月　比景乾坤　陶甄百王　稽則黃軒

訏謨定命　辰告四蕃

右一曲客入四廂奏

將將蕃后　翼翼羣僚　戚服待晨　明發來朝　饗以八珍　樂以九韶

仰祇天顏　厥猷孔昭

右一曲皇帝當陽四廂奏皇帝入變服四廂𢍰奏前二曲

法章既設　初筵長舒　濟濟列辟　端委皇除　飲和無盈　威儀有餘

温恭在位　敬終如初

九功既歌　六代惟時　被德在樂　宣道以詩　穆矣大和　品物咸熙

慶積自遠　告成在兹

右二曲皇帝入變服黃鍾太蔟二廂奏

大會行禮歌辭

大哉皇齊　長發其祥　祚隆姬夏　道邁虞唐　德之克明　休有烈光

配天作極　辰居四方

皇矣我后　聖德通靈　有命自天　誕授休禎　龍飛紫極　造我齊京

光宅宇宙　赫赫明明

右二曲姑洗廂奏

上壽歌辭

獻壽爵　慶聖皇　靈祚窮二儀　休明等三光

右一曲黃鍾廂奏

殿前登歌辭

明明齊國　緝熙皇道　則天垂化　光定天保　天保既定　肆覲萬方

禮繁樂富　穆穆皇皇

沔彼流水　朝宗天池　洋洋貢職　抑抑威儀　既習威儀　亦閑禮容

一人有則　作孚萬邦

烝哉我皇　實靈誕聖　履端惟始　對越休慶　如天斯崇　如日斯盛

介兹景福　永固洪命

右三曲別用金石太樂令跪奏

食舉歌辭

晨儀載煥　萬物咸覩　嘉慶三朝　禮樂備舉　元正肇始　典章徽明

萬方來賀　華夷充庭　多士盈九德　俯仰觀王聲　恂恂俯仰　載爛其

暉　鍾鼓震天區　禮容塞皇闈　思樂窮休慶　福履同所歸　五玉既獻
三帛是薦　爾公爾侯　鳴玉華殿　皇皇聖后　降禮南面　元首納嘉
禮　萬邦同欽願　休哉休哉　君臣熙宴　建五旗　列四縣　樂有文
禮無斁　融王風　窮一變
禮至和　感陰陽　德無不柔　繁休祥　瑞徵辟　應嘉鍾　僻雲鳳
躍潛龍　景星見　甘露墜　木連理　禾同穗　玄化洽　仁澤敷
極禎瑞　窮靈符
懷荒遠　綏齊民　荷天祐　靡不賓　靡不賓　長世盛　昭明有融
繁嘉慶　繁嘉慶　熙帝載　含氣感和　蒼生欣戴　三靈協瑞
惟新皇代
王道四達　流仁德　窮理詠乾元　垂訓從帝則　靈化侔四時
幽誠通玄默　德澤被八紘　禮章軌萬國
皇猷緝　咸熙泰　禮儀煥帝庭　要荒服遐外　被髮襲纓冕

右袵回衿帶　天覆地載　澤流汪濊　聲教布濩　德光大
開元辰　畢來王　奉貢職　朝后皇　鳴珩佩　觀典章　樂王慶
悅徽芳　陶感化　遊大康　惟昌明　永克昌　惟建元　德丕顯
齊七政　敷五典　彝倫序　洪化闡
王澤流　太平始　樹靈祇　恭明祀　介景祚　膺嘉祉　禮有容
樂有儀　金石陳　干羽施　邁武濩　均咸池　歌南風　德永稱
文明煥　頌聲與
王道純　德彌淑　寧八表　康九服　導禮讓　移風俗　移風俗
永克融　歌感美　告成功　詠休烈　邈無窮

右黃鍾先奏晨儀篇太蔟奏五玉篇餘八篇二廂更奏之

前舞階步歌辭新辭

天挺聖哲　三方維綱　川岳伊寧　七耀重光　茂育萬物　衆庶咸康
道用潛通　仁施遐揚　德厚巛極　功高昊蒼　舞象感容　德以歌章

八音旣節　龍躍鳳翔　皇基永樹　二儀等長

前舞凱容歌詩舊辭

於赫景命　天鑒是臨　樂來伊陽　禮作惟陰　歌自德富　舞由功深

庭列宮縣　陛羅瑟琴　翿籥繁會　笙磬諧音　簫韶雖古　九奏在今

導志和聲　德音孔宣　光我帝基　協靈配乾　儀形六合　化穆自宣

如彼雲漢　爲章于天　熙熙萬類　陶和常年　鼙鞞中韶　永世弗騫

後舞階步歌辭新辭

皇皇我后　紹業盛明　滌拂除穢　宇宙載清　允執中和　以莅蒼生

玄化遠被　兆世軌形　何以崇德　乃作九成　妍步恂恂　雅曲芬馨

八風淸鼓　應以祥禎　澤浩天下　功齊百靈

後舞凱容歌辭舊辭

假樂聖后　實天誕德　積美自中　王猷四塞　龍飛在天　儀形萬國

欽明惟神　臨朝淵默　不言之化　品物咸得　告成于天　銘勳是勒

翼翼厥猷　亹亹其仁　從命創制　因定和神　海外有截　九國無壄
冕旒司契　垂拱臨民　乃舞凱容　欽若天人　純嘏孔休　萬載彌新
宣烈舞執干戚郊廟奏平冕黑介幘玄衣裳白領袖絳領袖中衣絳合幅袴絳
緣朝廷則武冠赤幘生絳袍單衣絹領袖皁領袖中衣虎文畫合幅袴白布彩
皆黑韋緹周大武舞秦改爲五行漢高造武德舞執干戚象天下樂已除亂按
禮云朱干玉戚冕而舞大武是則漢放此舞而立也魏文帝改五行還爲大武
而武德曰武頌舞明帝改造武始舞晉世仍舊傳玄六代舞歌有武辭此武舞
非一也宋孝建初朝議以凱容舞爲韶舞宣烈舞爲武舞據韶爲言宣烈卽是
古之大武非武德也今世諺呼爲武王伐紂其冠服魏明帝世尚書所奏定武
始舞服晉宋承用齊初仍舊不改宋舞名其舞人冠服見魏尚書奏後代相承
用之
凱容舞執羽籥郊廟冠委貌服如前朝廷進賢冠黑介幘生黃袍單衣白合幅
袴餘如前本舜韶舞漢高改曰文始魏復曰大韶又造咸熙爲文舞晉傅玄六

代舞有虞韶舞辭宋以凱容繼韶爲文舞相承用魏咸熙冠服

前舞後舞晉泰始九年造正德大豫舞傅玄張華各爲歌辭宋元嘉中改正德

爲前舞大豫爲後舞

右朝會樂辭

舞曲皆古辭雅音稱述功德宴享所奏傅玄歌辭云獲罪於天北徙朔方墳墓

誰掃超若流光如此十餘小曲名爲舞曲疑非宴樂之辭然舞曲總名起此矣

明君辭

明君創洪業　威德在建元　受命君四海　聖皇應靈乾　五帝繼三皇

三皇世所歸　聖德應期運　天地不能違　仰之彌已高　猶天不可階

將復結繩化　靜拱天下齊

右一曲漢章帝造鞞舞歌云關東有賢女魏明帝代漢曲云明明魏皇帝

傅玄代魏曲作晉洪業篇云宣文創洪業威德存泰始聖皇應靈符受命

君四海今前四句錯綜其辭從五帝至不可階六句全玄辭後二句本云

將復御龍氏鳳皇在庭栖又改易焉

聖主曲辭

聖主受天命　應期則虞唐　升旒綜萬機　端扆馭八方　盈虛自然數

揖讓歸聖明　北化陵河塞　南威越滄溟　廣德齊七政　敷教騰三辰

萬寓必承慶　百福咸來臻　聖皇應福始　昌德洞祐先

明君辭

明君御四海　總鑒盡人靈　仰成恩已洽　竭忠身必榮　聖澤洞三靈

德教被八鄉　草木變柯葉　川岳洞嘉祥　愉樂威明運　舞蹈升泰時

徵霜永昌命　軌心長歡怡

鐸舞歌辭

黃雲門　唐咸池　虞韶舞　夏夏殷濩　列代有五　振鐸鳴金

延大武　清歌發唱　形爲主　聲和八音　協律呂　身不虛動

手不徒舉　應節合度　周期序　時奏宮角　雜之以徵羽　樂以移風

禮相輔　安有出其所

右一曲傅玄辭以代魏太和時徵羽除下厭衆目上從鍾鼓二句

白鳩辭

翩翩白鳩　再飛再鳴　懷我君德　來集君庭

右一曲舞敘云白符或云白符鳩舞出江南吳人所造其辭意言患孫皓虐政慕政化也其詩本云平平白符思我君惠集我金堂言白者金行符合也鳩亦合也符鳩雖異其義是同

濟濟辭

暢飛暢舞　氣流芳　追念三五　大綺黃

右一曲晉濟濟舞歌六解此是最後一解

獨祿辭

獨祿獨祿　水深泥濁　泥濁尚可　水深殺我

右一曲晉獨鹿舞歌六解此是前一解古辭明君曲後云勇安樂無慈不

問清與濁清與無時濁邪交與獨祿伎祿云求祿求祿清白不濁清白尚

可貪汙殺我晉歌爲鹿字古通用也疑是風刺之辭

碣石辭

東臨碣石　以觀滄海　水河淡淡　山島竦峙　樹木叢生　百草豐茂

秋風蕭瑟　洪波涌起　日月之行　若出其中　星漢粲爛　若出其裏

幸甚至哉　歌以言志

右一曲魏武帝辭晉以爲碣石舞歌詩四章此是中一章

淮南王辭

淮南王　自言尊　百尺高樓　與天連　我欲渡河　河無梁　願作雙黃

鵠　還故鄉

右一曲晉淮南王舞歌六解前是第一後是第五

齊世昌辭

齊世昌　四海安樂　齊太平　人命長　當結久　千秋萬歲　皆老壽

右一曲晉杯槃歌十解第三解云舞杯槃何翩翩舉坐翻覆壽萬年干寶云太康中有此舞杯槃翻覆至危之像言晉世之士苟貪飲食智不及遠其第一解首句云晉世寧宋改爲宋世寧慝其杯槃翻覆辭不復取齊改爲齊世昌餘辭同後一

公莫辭

吾不見公莫時　吾何嬰公來　嬰姥時吾　思君去時　吾何零　子以耶

思君去時　思來嬰　吾去時母那　何去吾

右一曲晉公莫舞歌二十章無定句前是第一解後是第十九二十解雜有三句並不可曉解建武初明帝奏樂至此曲言是似永明樂流涕憶世祖云

白紵辭

陽春白日風花香　趨步明月舞瑤裳　情發金石媚笙簧　羅袿徐轉紅袖揚　清歌流響繞鳳梁　如驚若思凝且翔　轉盼流精豔輝光　將流將引

雙雁行　歡來何晚意何長　明君馭世永歌昌

右五曲尚書令王儉造白紵歌周處風土記云吳黃龍中童謠云行白者君追汝句驪馬後孫權征公孫淵浮海乘舶舶白也今歌和聲猶云行白紵焉

俳歌辭

俳不言不語　呼俳噏所　俳適一起　狼率不止　生拔牛角　摩斷膚耳

馬無懸蹄　牛無上齒　駱駼無角　奮迅兩耳

右侏儒導舞人自歌之古辭俳歌八曲此是前一篇二十二句今侏儒所歌摘取之也

角抵像形雜伎歷代相承有也其增損源起事不可詳大略漢世張衡西京賦是其始也魏世則事見陳思王樂府宴樂篇晉世則見傅玄元正篇朝會賦江左咸和中罷紫鹿跂行鼈食笮鼠齊王卷衣絕倒五案等伎中朝所無見起居注並莫知所由也泰元中苻堅敗後得關中檐橦胡伎進太樂今或有存亡案

此則可知矣永明六年赤城山雲霧開朗見石橋瀑布從來所罕覩也山道士朱僧標以聞上遣主書董仲民案視以爲神瑞太樂令鄭義泰案孫興公賦造天台山伎作莓苔石橋道士捫翠屏之狀尋又省焉

皇齊啓運　從瑤璣　靈鳳銜書　集紫微　和樂旣洽　神所依　超商卷夏　耀英輝　永世壽昌　聲華飛

右鳳皇銜書伎歌辭蓋魚龍之流也元會日侍中於殿前跪取其書宋世辭云大宋興隆膺靈符鳳鳥感和銜素書嘉樂之美通玄虛惟新濟濟邁唐虞巍巍蕩蕩道有餘齊初詔中書郎江淹改

永平樂歌者竟陵王子良與諸文士造奏之人爲十曲道人釋寶月辭頗美上常被之管絃而不列於樂官也

贊曰綜採六代和平八風殷薦宴享舞德歌功

南齊書卷十一

南齊書卷十二

梁　蕭　子　顯　撰

志第四

天文上

易曰聖人仰觀象於天俯觀法於地天文之事其來已久太祖革命受終膺集期運宋昇明三年太史令將作匠文孝建陳天文奏曰自孝建元年至昇明三年日蝕有十虧上有七占曰有亡國失君之象一曰國命絕主危亡孝建元年至昇明三年太白經天五占曰天下革民更王異姓與孝建元年至昇明三年月犯房心四太白犯房心五占曰其國有喪宋當之孝建元年至永光元年奔星出入紫宮有四占曰國去其君有空國徙王大明二年至元徽四年天再裂占曰陽不足白虹貫日人君惡之孝建二年至大明五年月入太微泰豫元年至昇明三年月又入太微孝建元年至元徽二年太白入太微各八熒惑入太微六占曰七耀行不軌道危亡之象貴人失權勢主亦衰當有王入爲主孝建

二年至昇明二年太白熒惑經羽林各三占曰國殘更世孝建二年四月十三
日熒惑守南斗成勾巳占曰天下易正更元孝建三年十二月一日填星熒惑
辰星合於南斗占曰改立王公大明二年十二月二十六日太白犯填星於斗
六年十一月十五日太白填星合於危占曰天子失土景和元年十月八日熒
惑守太微成勾巳占曰王者惡之主命無期有徙主若主王天下更紀泰始三
年正月十七日白氣見西南東西半天名曰長庚六年九月二十七日白氣又
見東南長二丈竝形狀長大猛過彗星占曰除舊布新易主之象遠期一紀至
昇明三年一紀訖泰始四年四月二十四日太白犯填星於胃占曰主命惡之
泰始七年六月十七日太白歲星填星合於東井占曰改立王公元徽四年至
昇明二年三月日有頻食占曰社稷將亡王者惡之元徽四年十月十日填星
守太微宮逆從行歷四年占曰有亡君之戒易世立王元徽五年七月一日熒
惑太白辰星合於翼占曰改立王公昇明二年六月二十日歲星守斗建陰陽
終始之門大赦昇平之所起律歷七政之本源德星守之天下更年五禮更與

多暴貴者昇明二年十月一日熒惑守輿鬼三年正月七日熒惑守兩戒閒成勾巳占曰尊者失朝必有亡國去王昇明三年正月十八日辰星孟効西方占曰天下更王昇明三年四月歲星在虛危徘徊玄枵之野則齊國有福厚爲受慶之符今所記三辰七曜之變起建元訖於隆昌以續宋史建武世太史奏事明帝不欲使天變外傳竝祕而不出自此闕焉

日蝕

建元二年九月甲午朔日蝕

三年七月己未朔日蝕

永明元年十二月乙巳朔日蝕

十年十月二日癸未朔加時在午之半度到未初見日始蝕虧起西北角蝕十分之四申時光色復還

隆昌元年五月甲戌合朔巳時日蝕三分之一午時光復還

月蝕

建元四年七月戊辰月在危宿蝕
永明二年四月丁巳月在南斗宿蝕
三年十一月戊寅月入東井曠中因蝕三分之一
五年三月庚子月在氐宿蝕　九月戊戌月在胃宿蝕
六年九月癸巳月蝕在婁宿九度加時在寅之少弱虧起東北角蝕十五分之
十一　十五日子時蝕從東北始至子時末都既到丑時光色還復
七年八月丁亥月在奎宿蝕　十月庚辰月奄蝕熒惑
八年六月庚寅月奄蝕畢左股第一星
十年十二月丁酉月蝕在柳度加時在酉之少弱到亥時月蝕起東角七分之
二至子時光色還復
永泰元年四月癸亥月蝕色赤如血三日而大司馬王敬則舉兵衆以爲敬則
祲烈所感
永元元年八月己未月蝕盡色皆赤是夜始安王遙光伏誅

史臣曰日月代照實重天行上交下蝕同度相掩案舊說曰日有五蝕謂起上下左右中央是也交會舊術日蝕不從東始以月從其西東行及日於交中交從外入內者先會後交虧西南角先交後會虧西北角交從內出者先會後交虧西北角先交後會虧西南角日正在交中者則虧於西故不嘗蝕東也若日中有虧名爲西子不名爲蝕也漢尚書令黃香曰日蝕皆從西月蝕皆從東無上下中央者春秋魯桓三年日蝕貫中下上竟黑疑者以爲日月正等月何得小而見日中鄭玄云月正掩日日光從四邊出故言從中起也王逸以爲月若掩日當蝕日西月行既疾須臾應過西崖既復次食東崖今察日蝕西崖缺而光已復過東崖而獨不掩逸之此意實爲巨疑先儒難月以望蝕去日極遠誰蝕月乎說者稱日有暗氣天有虛道常與日衡相對月行在虛道中則爲氣所弇故月爲蝕也雖時加夜半日月當子午正隔於地猶爲暗氣所蝕以天體大而地形小故也暗虛之氣如以鏡在日下其光耀魄乃見於陰中常與日衡相對故當星星亡當月月蝕今問之曰星月同體俱兆日耀當月之蝕星不必亡

若更有所當星未嘗蝕同稟異虧其故何也答曰日爲陰主以當陽位體敵勢交自招盈損星雖同類而精景陋狹小毀皆亡無有受蝕之地纖光可滿亦不與弦望同形又難曰日之夜蝕驗於夜星之亡晝蝕既盡晝星何故反不見答之曰夫言光有所衝則有不衝之光矣言有所當亦有所不當矣夜食度遠與所當而同沒晝食度近由非衝而得明又問太白經天實緣遠日今度近更明於何取喻答曰向論二蝕之體周衝不同經與不經自由星遲疾難蝕引經恐未得也

日光色

建元四年十一月午時日色赤黃無光至暮在箕宿

二年閏正月乙酉日黃赤無光至暮

永明五年十一月丁亥日出高三竿朱色赤黃日暈虹抱珥直背

建元元年十二月未時日暈帀黃白色至申乃消散

永明二年正月丁酉日交暈再重

三年二月丁卯日有半暈暈上生一珥

四年五月丙午日暈再重仍白虹貫日在東井度

六年三月甲申日於蘭雲中薄半暈須臾過帀日東南暈外有一直並黃色壬辰日暈須臾日西北生虹貫日中

八年十一月己亥日半暈南面不帀日東西帶暈各生珥長三尺白色珥各長十丈許正衝日久久消散背因成重暈並青絳色

九年正月甲午日半暈南面不帀北帶暈生一抱東西各生一珥抱北又有半暈抱珥並黃色北又生白虹貫日久久消散

建元元年六月甲申日南北兩珥西有抱黃白色

永明二年十一月辛巳日東北有一背

三年十一月庚寅日西北有一背

四年正月辛巳日南北各生一珥又生一背　十二月辛未日西北生一直黃白色戊寅日北生一背青絳色

五年八月己卯日東南生一珥竝青絳色
六年二月丁巳日東北生黃色北有一珥黃赤色久久並散庚申日西有一背
赤青色東西生一直南北各生一珥竝黃白色
七年十月癸未日東北生一背青赤色須臾消
八年六月戊寅日於蒼白雲中南北各生一珥青黃絳雜色澤潤竝長三尺許
至巳午消
隆昌元年正月壬戌日於蘭雲中暈南北帶暈各生一直同長一丈須臾消
永元元年十二月乙酉日中有三黑子
月暈犯
建元四年十月庚寅月暈五車及參頭
永明元年正月壬辰是日至十五日月三暈太微及熒惑　三月庚申至十三
日月三暈太微及熒惑
五年二月乙未自九日至是日月三暈太微

六年二月壬戌甲夜十三日甲夜十五日甲夜月竝暈太微

永明元年十一月己未月南北各生一珥又有一抱月犯列星　十月

建元元年七月丁未月犯心大星北一寸丁卯月入軒轅中犯第二星

丙申月在心大星西北七寸　十一月壬戌月在氐東南星五寸　十二月乙

酉月犯太微西蕃南頭第一星庚寅月行房道中無所犯癸巳月入南斗魁中

無所犯

二年三月癸卯月犯心大星又犯後星　五月庚戌月入南斗　七月己巳月

入南斗

三年二月癸巳月犯太微上將

四年二月乙亥月犯輿鬼西北星丙子月犯南斗魁第二星辛未月犯心大星

又犯後星　四月壬辰月犯軒轅左民星庚子月犯箕東北星　五月丙寅月

犯心後星戊寅月掩昴西北星　六月乙未月犯箕東北星　七月癸亥月行

南斗魁中無所犯庚辰月犯軒轅女主　八月庚子月犯昴西南星壬寅月犯

五車東南星壬申月犯軒轅少民星　九月丁巳月犯箕東北星壬辰月在營室度入羽林中二十日月入輿鬼犯積尸　十一月甲戌月犯五車南星　十二月丁酉月犯軒轅女主星又掩女御

永元元年正月己亥月犯心後星　三月乙未月犯軒轅女主星　六月癸酉月犯輿鬼西南星　八月乙丑月犯南斗第四星又犯輿鬼星　九月庚辰月犯太白左藩度癸巳月犯東井北轅西頭第一星　十二月丁卯月犯心前星

又犯大星己巳月犯南斗第五星

二年二月甲子月犯南斗第四星又犯第三星　三月丁丑月犯東井北轅北頭第一星　四月戊申月犯軒轅右角　六月丙寅月犯東井轅頭第一星

八月丙午月掩心大星戊申月犯南斗第三星戊子月犯東井北轅西頭第一星　十一月庚辰月犯昴星丙戌月犯軒轅左角　十二月壬戌月犯心前星

又犯大星

三年二月己未月犯南斗第五星　三月壬申月在東井無所犯　六月丙午

月掩心前星　八月丙辰月犯東井北轅第二星　九月癸未月犯東井南轅西頭第一星

四年正月癸酉月入東井無所犯乙亥月犯輿鬼　閏月辛亥月犯房　二月丁卯月犯東井鉞　三月乙未月入東井無所犯　七月辛亥月犯東井　八月戊寅月犯東井　九月辛卯月與太白於尾合宿丙午月入東井　十一月辛丑月入東井曠中辛亥月犯房北頭第二星　十二月己巳月犯東井北轅東頭第二星辛巳月犯南斗第六星

五年正月丙午月犯房鉤鈐　二月癸亥月犯東井南轅西頭第二星　三月癸卯月犯南斗第二星　六月乙丑月犯南斗第六星在南斗七寸丙寅月犯西建星北一尺

史臣曰月令昏明中星皆二十八宿箕斗之閒微爲疎闊故仲春之與孟秋建星再用與宿度並列亟經陵犯災之所主未有舊占石氏星經云斗主爵祿褒賢進士故置建星以爲輔若犯建之異不與斗同則據文求義亦宰相之占也

七月丁未月行入東井曠中無所犯　八月壬申月在畢犯左股第二星西北三寸　九月戊子月在填星北二尺八寸爲合宿　十月戊寅月入氐犯東南星西北一尺餘　十一月戊寅月入氐　十二月戊午月在東壁度在熒惑北相去二尺七寸爲合宿甲子月在東壁度東南九寸爲犯癸酉月在歲星南七寸爲犯

六年正月戊戌月在角星南相去三寸　二月丁卯月在氐西南六寸　三月乙未月入氐中在歲星南一尺一寸爲合宿　四月癸丑月犯東井南轅西頭第二星壬戌月在氐西南星東南五寸爲犯漸入氐中與歲星同在氐度爲合宿癸亥月行在房北頭第一星西南一尺爲犯　六月乙卯月在角星東一寸爲犯丁巳月行入氐無所犯在歲星東三寸爲合宿　七月乙酉月入房北頭第二次相星西北八寸爲犯庚寅月在牽牛中星南二寸爲犯庚子月行在畢左股第一星七寸爲犯又進入畢　八月壬子月行在歲星東二尺五寸同在氐中爲合宿　九月庚辰月在房北頭第一上相星東北一尺爲犯又掩犯關

楗閉星丁酉月行入東井甲辰月在左角星西北九寸爲犯又在熒惑西南一尺六寸爲合宿　十月癸酉月入氐中在西南星東北三寸爲犯　閏月壬辰月行入東井　十一月丙戌月行入羽林中無所犯乙未月行在東井南轅西頭第二星南一尺爲犯丙寅月在左角北八寸爲犯辛未月行在太白東北一尺五寸同在箕度爲合宿　十二月甲申月行在畢左股第二星北七寸爲犯乙未月行入氐西南星東北一尺爲犯丙申月在房北頭上相星北一尺爲犯

七年正月甲寅月入東井曠中無所犯戊辰月掩犯牽牛中星　二月辛巳月掩犯東井北轅東頭第一星　三月庚申月在歲星西北三尺同在箕度爲合宿　四月乙酉月入氐中無所犯丙戌月犯房星北頭第一上相星北一尺在楗閉西北四寸爲犯　六月乙酉月犯牽牛中星乙未月入畢在左股第二星東八寸爲犯　七月丁未月入氐中無所犯戊申在楗閉星東北一尺爲犯　八月甲戌月入氐在西南星東北一尺爲犯庚寅月在畢右股第一星東北一尺爲犯　九月丁巳月掩犯畢右股第一星庚申月在東井北轅東頭第一星南

西北八寸爲犯　十月甲申月行掩畢左股第三星丁酉月行在犍閉星西北
八寸爲犯　十二月壬午月在東井北轅東頭第一星北八寸爲犯
八年正月丁巳月在亢南頭第二星南七寸爲犯　二月己巳月行在畢右股
第一星東北六寸爲犯　六月甲戌月在亢南頭第二星西南七寸爲犯　八
月乙亥月在牽牛中星南九寸爲犯辛卯月在軒轅女御南八寸爲犯　九月
辛酉月在太微左執法星南四寸爲犯　十月壬午月入東井曠中無所犯戊
子月在太微右執法星東南六寸爲犯　十一月戊戌月行在填星北二尺二
寸爲合宿乙卯月行在太微右執法星南二寸爲犯　十二月庚辰月行在軒
轅右角星南二寸爲犯癸未月掩犯太微右執法
九年正月辛丑月在畢蹕西星北六寸爲犯庚申月在歲星西北二尺五寸同
在須女度爲合宿　二月辛未月入東井曠中無所犯壬申月行東井北轅東
頭第一星北九寸爲犯　三月丙申月入畢在左股第二星東北六寸又掩大
星　四月庚午月在軒轅女御星南八寸爲犯癸酉月在太微東南頭上相星

南八寸爲犯癸未月在歲星北爲犯在危度　五月庚子月行掩犯太微在執法丁未月掩犯東建西星　七月癸巳月在太白東五寸爲犯乙未月在太微東蕃南頭上相星西南五寸爲犯壬寅月掩犯東建星癸卯月在牽牛南星北五寸爲犯乙巳月在歲星北六寸爲犯　閏七月辛酉月在軒轅女御星西南三寸爲犯　八月月在軒轅左民星東八寸爲犯　九月乙丑月掩牽牛南星癸未月入太微在右執法東北四寸爲犯甲申月掩太微東蕃南頭上相星

十月甲午月行在填星西北八寸爲犯在虛度戊申月在軒轅女主星南四寸掩女御並爲犯辛亥月入太微左執法東北七寸爲犯　十一月壬戌月行掩犯歲星己巳月在畢右股大星東一寸爲犯辛未月在東井南轅西頭第二星南八寸爲犯又入東井曠中丙子月行在軒轅左民星東北七寸爲犯丁丑月行在太微西蕃上將星南五寸爲犯　十二月庚寅月行在歲星東南八寸爲犯丙午月掩犯太微東蕃南頭上相星

十年正月庚午月在軒轅右角大民星南八寸爲犯　二月己亥月行太微在

右掖門甲辰月行入氐中掩犯東北星壬子月行入羽林　三月己卯月行入羽林在填星東北七寸爲犯在危四度　四月甲午月行入太微在右掖門內丙午月行在危度入羽林　五月己巳月掩南斗第三星甲戌月行在危度入羽林　六月戊子月在張度在熒惑星東三寸爲犯己丑月行入太微在右掖門丁酉月掩西建星西丁未月行入畢犯右股大赤星　七月甲戌月行在畢躔星西北六寸爲犯丁丑月在東井北轅東頭第二星西南九寸爲犯　八月辛卯月行西建星東一尺又在東星西四寸爲犯壬寅月行在畢右股大赤星東北四寸爲犯甲辰月行入東井壙中無所犯戊申月行在軒轅女主星西九寸爲犯辛亥月入太微在左執法星北二尺七寸爲犯　九月癸亥月行掩犯填星一寸在危度　十月辛卯月在危度入羽林無所犯癸亥月入東井壙中無所犯　十一月甲子月入畢進右股大赤星西北五寸爲犯壬申月入太微在右執法星東北一尺三寸無所犯丁丑月入氐無所犯　十二月甲午月入東井壙中又進北轅東頭第二星四寸爲犯庚子月入太微在右執法星東北

三尺無所犯
十一年正月辛酉月入東井曠中無所犯乙丑月在軒轅女主星北八寸爲犯
壬申月行在氐星東北九寸爲犯　二月甲午月行入太微在上將星東北一
尺五寸無所犯壬寅月行掩犯南斗第六星癸卯月掩犯西建中星又掩東星
四月乙丑月入太微在右執法西北一尺四寸無所犯壬寅月行在危度入
羽林無所犯　五月丁巳月行入太微左執法星北三尺無所犯甲子月行在
南斗第二星西七寸爲犯乙丑月掩犯西建中星又犯東星六寸　六月辛丑
月行掩犯畢左股第三星壬寅月入畢　七月壬子月入太微在左執法東三
尺無所犯丙辰月行入氐在東北星西南六寸爲犯己未月行南斗第六星南
四寸爲犯庚申月行在西建星東南一寸爲犯　九月庚寅月行在哭星西南
六寸爲犯壬辰月行在營室度入羽林無所犯丁酉月入畢左右股大赤星西
北六寸爲犯己亥月入東井曠中無所犯乙巳月行太微當右掖門內在屏星
西南六寸爲犯　十月壬午月行在東建中星九寸爲犯　十一月壬子月在

哭星南五寸爲犯辛酉月行在東井鉞星南八寸又在東井南轅西頭第一星南五寸並爲犯進入井中丁卯月入太微壬申月行入氐無所犯　十二月辛巳月入羽林又入東井曠中又入東井北轅西頭第二星南六寸爲犯乙未月入太微在右執法星東北二尺無所犯乙亥月入氐無所犯

隆昌元年正月辛亥月入畢在左股第一星東南一尺爲犯　三月辛亥月在東井北轅西頭第二星東七寸爲犯甲申月入太微在屏星南九寸爲犯　六月乙丑月入畢在右股第一星東北五寸爲犯又在歲星東南一尺爲犯丁卯月入東井南轅西頭第一星東北七寸爲犯

泰元元年七月月掩心中星

南齊書卷十二考證

天文志上塡星守太微宮逆從行歷四年○臣永祚按逆從行猶曰逆順行梁世諱順字故也至謂歷四年必係傳寫之誤考塡星逆行從無歷四年之久者

辰星孟効西方○臣永祚按古法候辰星惟四仲月當見故劉向封事以辰星見於四孟爲異也効字與耀字音同疑耀字傳寫之誤

若日中有虧名爲西子○臣永祚按歷朝天文志中日中有黑子每紀之於書從無西子之名疑西字係黑字之訛

常與日衡相對○日衡相對謂平衡相對卽所謂暗虛也後人謂之對衡

日暈帀黃白色○帀監本訛市今改正

六年三月甲申日於蘭雲中薄半暈○蘭字疑訛又下文隆昌元年節蘭字同此

月犯軒轅左民星○宋天文志軒轅左一星少民后宗也蓋卽所謂左民星

月犯軒轅女主○宋天文志云軒轅南大星女主也

月犯太白左蕃度○臣汞祚按太微垣則有左右蕃太白只一星何蕃之有疑

本係太微訛爲太白

月行在畢左股第一星○月監本訛日今改正

又掩犯關楗閉星○星圖有楗閉星無關楗閉星關字疑衍或上下有脫字

月行在畢躔星西北六寸爲犯○躔星二字不可解其間恐有脫字

月入畢左右股大赤星西北六寸爲犯○星圖畢只有一大赤星此文左右股

乃在右股在字之訛也

泰元元年七月月掩心中星○齊世無泰元年號疑必汞元之訛

南齊書卷十三

梁　蕭子顯　撰

志第五

天文下

史臣曰天文設象宜備內外兩宮但災之所躔不必遍行景緯五星精晷與二曜而爲七妖祥是主曆數攸司蓋有殊於列宿也若北辰不移據在杠軸衆星動流實繫天體五星從伏非關二義故徐顯思以五星爲非星虞喜論之詳矣

五星相犯列宿雜

建元元年八月辛亥太白犯軒轅大星　九月癸丑太白從行於軫犯填星

二年六月丙子太白晝見

四年二月丙戌太白晝見在午上

六年辛卯太白晝見午上庚子太白入東井無所犯　七月己未太白有光影

八月戊子太白從軒轅犯女主星甲辰太白從行犯軒轅少民星　九月己

卯太白從行犯太微西蕃上將辛酉太白從行入太微在右執法星西北一尺
戊辰太白從行犯太微左執法　十二月壬子太白從行犯填星在氐度丙辰
太白從行犯房北頭第一星丁卯太白犯楗閉星
永明元年六月己酉太白行犯太微上將星辛酉太白行犯太微左執法　八
月甲申太白犯南斗第四星　九月乙酉太白犯南斗第三星壬辰太白熒惑
合同在南斗度　十月丁卯太白犯哭星
二年正月戊戌太白晝見當午上　三月甲戌太白從行入羽林　四月丙申
太白從行犯東井鉞星　六月戊辰太白熒惑合同在輿鬼度己巳太白從行
輿鬼度犯歲星
三年四月丁未太白晝見癸亥太白晝見當午上　五月戊子太白犯少民星
八月丁巳太白晝見當午上　十一月壬申太白從行入氐　十二月己酉
太白填星合在箕度
四年九月壬辰太白晝見當午丙午太白犯南斗　十一月庚子太白入羽林

又犯天關

五年五月丁酉太白晝見當午上庚子太白三犯畢左股第一星西南一尺

六月甲戌太白犯東井北轅第三星在西一尺　八月甲寅太白從行入軒轅

在女主星東北一尺二寸不爲犯戊辰太白從在太微西蕃上將星西南五寸

辛巳太白從在太微左執法星西北四寸

六年四月辛酉太白從在熒惑北三寸爲犯並在東井度　五月癸卯太白晝

見當午上　六月己巳太白從在太微西蕃右執法星東南四寸爲犯　七月

癸巳太白在氐角星東北一尺爲犯　八月乙亥太白從行在房南第二左股

次將星西南一尺爲犯　閏八月甲午太白晝見當午　十一月戊午太白從

在歲星西北四尺同在尾度又在熒惑東北六尺五寸在心度合宿　十二月

壬寅太白從行在填星西南二尺五寸斗度

七年二月辛巳太白從行入羽林　十月癸酉太白在歲星南相去一尺六寸

從在箕度爲合　十一月丁卯太白從行入羽林

八年正月丁未太白晝見當午上

六年戊子太白從行入東井己丑太白晝見當午　八月庚辰太白從行在軒轅女主星南七尺爲犯　九月丙申太白從行在太微西蕃上將星西南一尺爲犯丁未太白從行入太微辛酉太白從行在進賢西五寸爲犯　十月乙亥太白從行在亢南第二星西南一尺爲犯甲申太白從行入氐　十一月戊戌太白從行在房北頭第二星東北一寸又在楗閉星西南七寸並爲犯又在熒惑西北二尺爲合宿癸卯太白從行在熒惑東北一尺爲犯

九年四月癸未太白從歷夕見西方從疾參宿一度比來多陰至己丑開除巳見在日北當西北維上薄昏不見宿星則爲先歷而見　六月丙子太白晝見當午上　七月辛卯太白從行入太微在西蕃上將星北四寸爲犯　九月乙亥太白從行在南斗第四星北二寸爲犯丁卯太白在南斗第三星西一寸爲犯

十年二月甲辰太白從行入羽林　五月辛巳太白從行入東井在軒轅西第

一星東六寸爲犯　七月乙丑太白從行在軒轅大星東八寸爲犯
十一年正月戊辰太白從行在歲星西北六寸爲犯在奎度　二月丁丑太白從行東井北轅西頭第一星東北一尺爲犯　四月戊子太白在五諸侯東第二星西北六寸爲犯辛丑太白從行入輿鬼在東北星西南四寸爲犯　五月戊午太白晝見當午名爲經天癸亥太白從行入軒轅大星北一尺二寸無所犯　九月己酉太白晝見當午上　十月丙戌太白行在進賢星西南四寸爲犯　十一月戊戌太白從行入氐丁卯太白從行在楗閉星西北六寸爲犯
十二月壬辰太白從行在南斗第六星東南一尺爲犯辛丑太白從行在西建東星西南一尺爲犯
建元元年五月己未熒惑犯太微西蕃上將又犯東蕃上將
二年十月辛酉熒惑守太微
四年六月戊子熒惑從行入東井無所犯戊戌熒惑在東井度形色小而黃黑不明丁丑熒惑太白同在東井度　七月甲戌熒惑從行入輿鬼犯積尸　十

月癸未熒惑從行犯太微西蕃上將星丙戌熒惑從入太微　十一月丙辰熒惑從行在太微犯右執法

永明元年正月己亥熒惑逆犯上相辛亥熒惑守角庚子熒惑逆入太微　三月丁卯熒惑守太白

六月戊申熒惑從犯亢己巳熒惑從行犯氐東南星　七月戊寅熒惑填星同在氐度丁亥熒惑行犯房北頭第二星　八月乙丑熒惑從行犯天江甲戌熒惑犯南斗第五星　十一月丙申熒惑入羽林

二年八月庚午熒惑犯太微西蕃上將癸未熒惑犯太微右執法丁酉熒惑犯太微右執法　十月庚申熒惑犯進賢　十一月壬辰熒惑犯亢南第二星丙申熒惑犯亢南星　十二月乙卯熒惑入氐

三年二月乙卯熒惑在房北頭第一星西北一尺徘徊守房　四月戊戌熒惑犯　六月乙亥熒惑犯房癸亥熒惑犯天江南頭第二星　八月丁巳熒惑犯南斗第五星　十一月丙戌熒惑從行入羽林

四年八月戊辰熒惑入太微癸酉熒惑犯太微右執法戊子熒惑在太微
九月戊申熒惑犯歲星己酉熒惑犯歲星芒角相接　十月丁丑熒惑犯亢南
頭第一星　十一月庚寅熒惑犯氐西南星　十二月己未熒惑犯房北頭第
一星庚申熒惑入房北犯鉤鈐星
五年二月乙亥熒惑塡星同在南斗度爲合宿　九月乙未熒惑從行在哭星
東相去半寸
六年四月癸丑熒惑伏在參度去太白二尺五寸辰星去太白五尺三寸爲合
宿甲戌熒惑在辰星東南二尺五寸俱從行入東井曠中無所犯　閏四月丁
丑熒惑從行在氐西南星北七寸爲犯己卯熒惑從行入氐無所犯乙巳熒惑
從行在房北頭第一上將右驂星南六寸爲犯又在鉤鈐星西北五寸　十一
月丙寅熒惑從行在歲星西相去四尺同在尾度爲合宿
七年二月丙子熒惑從行在塡星西相去二尺同在牽牛度爲合宿　三月戊
午熒惑從在泣星西北七寸戊辰熒惑從行入羽林　八月戊戌熒惑逆入羽

林　九月乙丑熒惑入羽林成句已

八年四月丙申熒惑從行入輿鬼在西北星東南二寸爲犯　十月乙亥熒惑入氐　十一月乙未熒惑從入北落門在第一星東南去鉤鈐三寸爲犯

九年三月甲午熒惑從在塡星東七寸在歲星南六寸同在虛度爲犯爲合宿　四月癸亥熒惑從行入羽林　閏七月辛酉熒惑從行在畢左股星西北一寸爲犯　八月十四日熒惑應伏在昴三度前先曆在畢度二十一日始逆行北轉垂及玄冬熒惑因死之時而形色漸大於常

十年二月庚子熒惑從入東井北轅西頭第一星西二寸爲犯　三月癸未熒惑從行在輿鬼西北七寸爲犯乙酉熒惑從行入輿鬼　六月壬寅熒惑從行入太微

十一年二月庚戌熒惑從在鎭星西北六寸爲犯同在營室　五月戊午熒惑從行在歲星西南六寸爲犯同在婁度　八月辛巳熒惑從行入東井在南轅西第一星東北一尺四寸　十一月丁巳熒惑逆行在五諸侯東星北四寸爲

犯

隆昌元年三月乙丑熒惑從行入輿鬼西北星東一寸爲犯癸酉熒惑從行在輿鬼積尸星東北七寸爲犯　閏三月甲寅熒惑從入軒轅　五月丁酉熒惑從入太微在右執法北二寸爲犯

建元四年正月己卯歲星太白俱從行同在婁度爲合宿　六月丁酉歲星晝見

永明元年五月甲午歲星入東井　七月壬午歲星晝見

三年五月丙子歲星與太白合　六月辛丑歲星與辰星合　十月己巳歲星從入太微　十一月甲子歲星從入太微犯右執法

四年閏二月丙辰歲星犯太微上將　三月庚申歲星犯太微上將　四月己未歲星犯右執法　八月乙巳歲星犯進賢又與熒惑於軫度合宿

五年二月癸卯歲星犯進賢　六月甲子歲星蓋見在軫度　十月己未歲星從在氐西南星北七寸又辰星從入氐在歲星西四尺五寸又太白從在辰星

東相去一尺同在氐度三星爲合宿　十二月甲戌歲星晝見
六年三月甲申歲星逆行入氐宿　六月丙寅歲星晝見在氐度
八年三月庚申歲星守牽牛
九年二月壬午歲星從在填星西七寸同在虛度爲合宿　閏七月辛酉歲星
在泣星北五寸爲犯又守填星九月辛卯在泣星西一尺五寸爲合宿
永明元年六月辰星從行入太微在太白西北一尺
二年八月甲寅辰星於翼犯太白
九年六月丙子辰星隨太白於西方在七星度相去一尺四寸爲合宿
十一年九月丙辰辰星依曆應夕見西方亢宿一度至九月八日不見
隆昌元年正月丙戌辰星見危度在太白北一尺爲犯
建元三年十月癸丑填星逆行守氐
四年七月戊辰填星從行入氐
永明元年正月庚寅填星守房心　三月甲子填星逆行犯西咸星

二年二月戊辰填星犯東咸星

四年十二月辛巳填星犯建星

七年十二月戊辰填星在須女度又辰星從在填星西南一尺一寸爲合宿

八年三月庚申填星守哭星

九年七月庚戌填星逆在泣西星東北七寸爲犯　十月甲午填星從行在泣星西北五寸爲犯

流星災

建元元年十月癸酉有流星大如三升塸色白尾長五丈從南河東北二尺出北行歷輿鬼西過未至軒轅後星而沒沒後餘中央曲如車輪俄頃化爲白雲久乃滅流星自下而升名曰飛星三年十月丙午有流星大如月赤白色尾長七丈西北行入紫宮中光照牆垣

四年正月辛未有流星大如三升塸赤色從北極第二星北一尺出北行一丈而沒　九月壬子流星如鵝卵從柳北出入軒轅又一枚如瓜大出西行沒空

中
永明元年六月己酉有流星如二升椀從紫宮出南行沒氐
二年三月庚辰有流星如二升椀從天市中出南行在心後
四年二月乙丑有流星大如一升器戊辰有流星大如五升器　四月丁卯有
流星大如一升器從南斗東北出西行經斗入氐　六月丙戌有流星大如鴨
卯從匏瓜南出至虛而入　八月辛未有流星大如三升堰從鸑星南出西南
行入天潒沒　十一月戊寅有流星大如二升堰白色從亢東北出行入天市
　十二月丁巳有流星大如三升椀白色從天市帝座出東北行一丈而沒
五年六月辛未有流星大如三升器沒後有痕　九月丙申有流星大如四升
器白色有光照地　十二月甲子西北有流星大如鴨卯黃白色尾長六尺西
南行一丈餘沒
六年三月癸酉有流星大如鴨卯赤色無尾　四月丙辰北面有流星大如二
升器白色北行六尺而沒　七月癸巳有流星大如鵝卯白色從匏瓜南出西

南行一丈沒空中須臾又有流星大如五升器白色從北河南出東北行一丈

三尺沒空中　十月戊寅南面有流星大如雞卵赤色在東南行沒沒後如連

珠　十二月壬寅有流星大如鵝卵黃白色尾長三丈有光沒後有痕從梗河

出西行一丈許沒空中

七年正月甲寅有流星如五升器白色尾長四尺從坐旗星出西行入五車而

過沒空中　六月丁丑流星大如二升器黃赤色有光尾長六尺許從亢南出

西行入翼中而沒沒後如連珠　十月乙丑有流星如三升器赤黃色尾長六

尺出紫宮內北極星東南行三丈沒空中壬辰流星如三升器白色有光從五

車北出行入紫宮抵北極第一第二星而過落空中尾如連珠仍有音響似雷

太史奏名曰天狗

八年四月癸巳有流星如二升器黃白色有光從心星南一尺許出南行二丈

沒沒後如連珠丁巳流星如鵝卵白色長五丈許從角星東北二尺出西北行

沒太微西蕃上將星間　六月癸未有流星如鴨卵赤色從紫宮中出西南行

末至大角五尺許沒　七月戊申有流星如五升器赤白色長七尺東南行二
丈沒空中　十月乙亥有流星如鵝卵白色從紫宮中出西北行三丈許沒空
中　十一月乙未有流星如鵝卵赤白色有光無尾從氐北一丈出南行入氐
中沒辛丑流星如鵝卵白色從參伐出南行一丈沒空中又有一流星大如三
升器白色從軫中出東南行入婁中沒
九年五月庚子有流星如雞子白色無尾從紫宮裏黃帝座星西二尺出南行
一丈沒空中丁未流星如李子白色無尾從奎東北大星東二尺出東北行至
天將軍而沒戊申流星如鵝卵黃白色尾長二丈從箕星東一尺出南行四丈
沒　七月乙卯西南有流星大如二升器白色無尾西南行一丈餘沒戊午有
流星如二升器黃白色有光從天江星西出東北經天入參中而沒沒後如連
珠　閏七月戊辰流星如鵝卵赤色尾長二尺從文昌西行入紫宮沒己巳西
南有流星如二升器白色西南行一丈沒　九月戊子有流星大如雞卵白色
從少微星北頭出東行入太微抵帝座星而過末至東蕃次相一尺沒如散珠

十年正月甲戌有流星如五升器白色從氐中出東南行經房道過從心星南二尺沒　三月癸未有流星如雞卵青白色尾長四尺從牽牛南八寸出南行一丈沒空中

十一年二月壬寅東北有流星如一升器白色無尾北行三丈而沒　四月丙申有流星如三升器白色有光尾長一丈許從箕星東北一尺出行二丈許入斗度沒空中臨沒如連珠　五月壬申有流星大如雞子黃白色從太微端門出無所犯西南行一丈許沒沒後有痕　七月辛酉有流星如雞子赤色無尾從氐中出西行一丈五尺沒空中戊寅有流星如雞卵黃白色從紫宮東蕃內出東北行一丈五尺至北極第五星西北四尺沒　九月乙酉有流星如鴨卵黃白色從婁南一尺出東行二丈　十二月己丑西南有流星如三升器黃赤色無尾西南行三丈許沒散如遺火

永元三年夜天開黃色明照須臾有物絳色如小甕漸漸大如倉廩聲隆隆如雷墜太湖中野雉皆雊世人呼爲木殃史臣案春秋緯天狗如大奔星有聲望

之如火見則四方相射漢史云西北有三大星如日狀名曰天狗天狗出則人
相食天官云天狗狀如大鏡星又云如大流星色黃有聲其止地類狗所墜望
之如火光炎炎衝天其上銳其下圓如數頃田見則流血千里破軍殺將漢史
又云昭明下爲天狗所下兵起血流昭明星也洛書云昭明見而霸者出運斗
樞云昭明有芒角兵徵也河圖云太白散爲天狗漢史又云有星出其狀赤白
有光卽爲天狗其下小無足所下國易政衆說不同未詳孰是推亂亡之運此
其必天狗乎

老人星

建元元年十一月戊辰老人星見南方丙上八月癸卯祠老人星
永明三年八月丁酉老人星見南方丙上
六年八月壬戌老人星見南方丙上
七年七月壬戌老人星見南方丙上
九年閏七月戊寅老人星見南方丙上

十年八月乙酉老人星見

十一年九月丙寅老人星見南方丙上

白虹雲氣

建元四年二月辛卯白虹貫日

永明十年七月癸酉西方有白虹須臾滅

十一年九月甲午西方有白虹南頭指申北頭指戌上久久消滅

建元四年二月辛卯黑氣大小二枝東至卯西至酉廣五丈久久消滅

永明二年四月丁未北斗第六第七星閑有一白氣

四年正月辛未黃白氣長丈五尺許入太微

永明四年正月癸未南面有陣雲一丈許

五年四月己巳有雲色黑廣五尺東頭指丑西頭指酉並至地　十一月乙巳東南有陣雲高一丈北至卯東南至巳久久散漫

六年二月癸亥東西有一梗雲半天曲向西蒼白色　三月庚辰南面有梗雲聚

黑色廣六寸
七年十月辛未有梗雲蒼黑色東頭至寅西頭指酉廣三尺貫紫宮久久消漫
八年十一月乙未有梗雲黑色六尺許東頭至卯西頭至酉久久散漫　十二月庚辰南面有陣雲黑色高一丈許東頭至巳西頭至未久久散漫
十一年七月丙辰東面有梗雲蒼白色廣二尺三寸南頭指巳至地北頭指子至地久久漸散漫
贊曰陽精火鏡陰靈水存有稟有射代爲明昏垂光滿蓋列景周渾具位臣輔備象街門災生氛薄祟起飛奔弗忘人懼瑜瑕辯論若任天道竈亦多言

南齊書卷十三

南齊書卷十三考證

天文志下八月乙亥太白從行在房南第二左股次將星○臣召南按左股係左服之訛房四星主車駕南星曰左驂次左服故曰第二左服

癸未熒惑犯太微右執法丁酉熒惑犯太微右執法○臣承祚按癸未至丁酉計十五日不書逆行熒惑安能兩犯右執法意者先犯左執法次犯右執法耶

四月戊戌熒惑犯○犯字下必有闕文

有流星大如三升墟○或疑墟字未詳　臣承蒼按南史毗騫國嘗遺扶南王純金五十人食器形如圓盤又如瓦墟名爲多羅受五升又如椀者受一升墟與甌通從瓦從土其義一也

天狗狀如大鏡星○大鏡星無考天官書原文狀如大奔星爲是

東西有一梗雲半天○爾雅釋詁梗正直也豈雲之直者耶下文又言曲向西或先直後曲故云

南齊書卷十三考證

南齊書卷十四

梁　蕭　子　顯　撰

志第六

州郡上

揚　南徐　豫　南豫　南兗　北兗　北徐　青　冀　江　廣　交　越

揚州京輦神皋漢魏刺史鎮壽春吳置持節督州牧八人不見揚州都督所治晉太康元年吳平刺史周浚始鎮江南元帝爲都督渡江左遂成帝畿望實隆重領郡如左

丹陽郡

建康　秣陵　丹陽　溧陽　永世　湖熟　江寧　句容

會稽郡

山陰　永興　上虞　餘姚　諸暨　剡　鄞　始寧　句章

鄮

吳郡

吳　婁　海虞　嘉興　海鹽　錢唐　富陽　鹽官　新城

建德　壽昌　桐廬

吳興郡

烏程　武康　餘杭　東遷　長城　於潛　臨安　故鄣　安吉

原鄉

東陽郡

長山　太末　烏傷　永康　信安　吳寧　豐安　定陽　遂昌

新安郡

始新　黟　遂安　歙　海寧

臨海郡

章安　臨海　寧海　始豐　樂安

永嘉郡

永寧 安固 松陽 橫陽 樂成

南徐州鎮京口吳置幽州牧屯兵在焉丹徒水道入通吳會孫權初鎮之爾雅曰絶高爲京今京城因山爲壘望海臨江緣江爲境似河內郡內鎮優重宋氏以來桑梓帝宅江左流寓多出膏腴領郡如左

南東海郡

郯 祝其 襄賁 利成 西隰 丹徒 武進

晉陵郡

晉陵 無錫 延陵 曲阿 暨陽 南沙 海陽

義興郡永明二年割屬揚州後復舊

陽羨 臨津 國山 義鄉 綏安

南瑯邪郡本治金城永明徙治白下

臨沂 江乘 蘭陵 承建武三年省 譙建元二年平陽郡流民在臨江郡者立宣祚縣尋改爲譙永明元年省懷

化一縣幷屬

臨淮郡（自此以下郡無實土）

海西　射陽　淩　淮陰　東陽　淮浦（建武二年省）

淮陵郡

司吾　武陽（建武三年省泰山郡屬）　甄城　陽樂　徐（建武三年省）

南東莞郡

東莞　莒　姑幕（建武三年省）

南清河郡（南徐州領冀州）

東武城　清河　貝丘　繹幕（建武二年省）

南彭城郡

彭城　武原　傅陽　蕃　薛　開陽　洨　僮　下邳（建武三年

省）　呂（建武四年省）　杍秋（建武四年省）　北陵（建武四年省）

南高平郡（宋太始五年僑置初寄治淮陰後徙淮南當塗二縣僑屬南豫後屬南徐）

金鄉　高平

南濟陰郡

城武　單父　城陽(建武三年省)

南漢陽郡

廩丘　東燕　會　鄄城(建武三年省濟陽郡度屬)　楡次(建武二年省)

南魯郡(建武二年省)

魯　樊　西安(建武二年省)

南平昌郡(建武三年省)

安丘(郡省屬東莞)

南泰山郡(建武三年省)

南城(郡省度屬平昌尋又省)　廣平

南濟陽郡(建武三年省)

考城(郡省度屬魯尋又省)

豫州晉元帝永昌元年刺史祖約避胡賊自譙還治壽春壽春淮南一都之會

地方千餘里有陂田之饒漢魏以來揚州刺史所治北拒淮水禹貢云淮海惟揚州也咸和四年祖約以城降胡復以庾亮爲刺史治蕪湖蕪湖浦水南入亦爲險奥劉備謂孫權曰江東先有建業次有蕪湖庾亮經略中原以毛寶爲刺史治邾城爲胡所覆荆州刺史庾翼領州在武昌諸郡失土荒民數千無佃業翼表移西陽新蔡二郡荒民就陂田於尋陽穆帝永和五年胡僞揚州刺史王浹以壽春降而刺史或治歷陽進馬頭及譙不復歸舊鎭也哀帝隆和元年袁真還壽春真爲桓温所滅温以子熙爲刺史戍歷陽孝武寧康元年桓沖移姑熟以邊寇未静分割譙梁二郡見民置之浣川立爲南譙梁郡十二年桓石虔還歷陽庾淮爲刺史表省諸權置皆還如本義熙二年劉毅復鎭姑熟上表曰忝任此州地不爲曠西界荒餘密邇寇虜北垂蕭條土氣彊獷民不識義唯戰是習逋逃不逞不謀日會比年以來無月不戰實非空乏所能獨撫請輔國將軍張暢領淮南安豐梁國三郡時豫州邊荒至乃如此十二年劉義慶鎭壽春後常爲州治撫接遐荒扞禦疆埸領郡如左

南汝陰郡建元二年罷南陳左郡二縣幷

慎　汝陰　宋　安陽　和城　南頓　陽夏　宋丘永元元年地志無樊

永元志無鄭永元志無東宋永元志無南陳左縣永元志無邊水永元志無

晉熙郡

新治　陰安　懷寧　南樓煩　齊興　太湖左縣

潁川郡

臨潁　邵陵　南許昌永元志無曲陽

汝陽郡

武津　汝陽

梁郡永元元年地志南梁郡領睢陽新汲陳蒙崇義五縣

北譙　梁　蒙　城父永元志屬南譙

北陳郡

陽夏　西華　萇平　項

陳留郡
浚儀　小黃　雍丘
南頓郡永元元年地志無
和城　南頓
西南頓郡寄治州永元元年地志無
西南頓　和城　譙　平鄉
北梁郡永元元年地志無
北蒙　北陳
西汝陰郡
樓煩　汝陰　宋　陳永元志無　平豫永元志無　固始永元志無　新蔡永元志無　汝南永元志無
安城
北譙郡
寧陵　譙　蘄永元志屬南譙

汝南郡永元元年地志無

瞿陽　安城　上蔡

北新蔡郡

鮦陽　新蔡　固始　苞信

弋陽郡

期思　南新息　弋陽　上蔡　平輿

陳郡

南陳　萇平永元志無　項永元志無　西華永元志無　陽夏永元志無

安豐郡

雩婁　新化　史水　扶陽　開化　邊城　松滋永元志屬北新蔡　安豐

光城左郡

樂安　光城　茹田

邊城郡永元元年地志無

建寧郡

陽城　建寧

齊昌郡

陽塘　保城　齊昌　永興

右三郡永明四年割郢州屬

南豫州晉寧康元年豫州刺史桓沖始鎮姑熟後遷徙見晉書宋永初二年分淮東爲南豫州治歷陽而淮西爲豫州元嘉七年省幷大明元年復置治姑熟泰始二年治歷陽三年治宣城五年省淮西沒虜七年復分淮東置南豫建元二年太祖以西豫吏民寡刻分置兩州損費甚多省南豫左僕射王儉啓愚意政以江西連接汝潁土曠民希匈奴越逸唯以壽春爲阻若使州任得才虜動要有聲聞豫設防禦此則不俟南豫假令或慮一失醜羯之來聲不先聞胡馬倏至壽陽嬰城固守不能斷其路朝廷遣軍歷陽已當不得先機戎車初戒每事草創執與方鎮常居軍府素正臨時配助所益實少安不忘危古之善政所

以江左屢分南豫意亦可求如聞西豫力役尚復粗可今得南譙等郡民戶益薄於其實益復何足云太祖不從永明二年割揚州宣城淮南豫州歷陽譙廬江臨江六郡復置南豫州四年冠軍長史沈憲啓二豫分置以桑堺子亭爲斷潁川汝陽在南譙歷陽界內悉屬西豫廬江居晉熙汝陰之中屬南豫求以潁川汝陽屬南豫廬江還西豫七年南豫州別駕殷瀰稱潁川汝陽荒殘來久流民分散在譙歷二境多蒙復除獲有郡名租輸益微府州絕無將吏空受名領終無實益但寄治譙歷於方斷之宜實應屬南豫二豫亟經分置廬江屬南豫濱帶長江與南譙接境民黎租帛從流送州實爲便利遠踰西豫非其所願郡領灊舒及始新左縣村竹產府州採伐爲益不少府州新創異於舊藩資役多闕實希得廬江請依昔分置尚書參議往年慮邊壘須實故啓迴換今淮泗無虞宜許所牒詔可領郡如左

淮南郡

于湖（永明八年省南城高平下邳三縣并） 繁昌 當塗 浚遒 定陵 襄垣

宣城郡

廣德　懷安　宛陵　廣陽　石城　臨城　寧國　宣城　建元　涇

安吳

歷陽郡

歷陽　龍亢　雍丘

南譙郡

山桑　蘄　北許昌（永元志無）　扶陽　曲陽　嘉平

廬江郡

舒（建元二年爲郡治）　灊　始新　和城（永元志無）　西華（永元志無）　呂亭左縣（建元二年割晉熙屬譙）

建元二年割南譙屬

臨江郡（建元二年罷并歷陽後復置）

烏江　懷德　酇

南兗州鎮廣陵漢故王國有江都浦水魏文帝伐吳出此見江濤盛壯歎云天

所以限南北也晉元帝過江建興四年揚聲北討遣宣城公裒督徐兗二州鎮廣陵其後或還江南然立鎮自此始也時百姓遭難流移此境流民多庇大姓以爲客元帝太興四年詔以流民失籍使條名上有司爲給客制度而江北荒殘不可檢實明帝太寧三年郗鑒爲兗州鎮廣陵後還京口是後兗州或治盱眙或治山陽桓玄以桓弘爲青州鎮廣陵義熙二年諸葛長民爲青州徙山陽時鮮卑接境長民表云此蕃十載釁故相襲城池崩毀荒舊散伏邊疆諸戍不聞雞犬且犬羊侵暴抄掠滋甚乃還鎮京口晉末以廣陵控接三齊故青兗同鎮宋永初元年罷青幷兗三年檀道濟始爲南兗州廣陵因此爲州鎮土甚平曠刺史每以秋月多出海陵觀濤與京口對岸江之壯闊處也永明元年刺史柳世隆奏尚書符下土斷條格幷省僑郡縣凡諸流寓本無定憇十家五落各自星處一縣之民散在州境西至淮畔東居海隅今專罷僑邦不省荒邑雜居舛止與先不異離爲區斷無革游濫謂應同省隨堺幷帖若鄉屯里聚二三百家井甸可脩區域易分者別詳立於是濟陰郡六縣下邳郡四縣淮陽郡三縣

東莞郡四縣以散居無實土官長無廨舍寄止民村及州治立見省民戸帖屬

領郡如左

廣陵郡 建元四年罷北淮陽北下邳北濟陰東莞四郡幷

海陵 廣陵 高郵 江都 齊寧 永明元年置

海陵郡

建陵 寧海 如臯 臨江 蒲濤 臨澤 齊昌 永明元年置 海安 永明五年罷新

郡幷此縣度屬

山陽郡

東城 山陽 鹽城 左鄉

盱眙郡

考城 盱眙 陽城 直瀆 長樂

南沛郡

沛 蕭 相

北兗州鎭淮陰地理志云淮陰縣屬臨淮郡郡國志屬下邳國晉大康地記屬廣陵郡穆帝永和中北中郎將荀羨北討鮮卑云淮陰舊鎭地形都要水陸交通易以觀豐沃野有開殖之利方舟運漕無他屯阻乃營立城池宋泰始二年失淮北於此立州鎭建元四年移鎭盱眙仍領盱眙郡舊北對清泗臨淮守險有平陽石鼈田稻豐饒所領唯平陽一郡永明七年光祿大夫呂安國啓稱北兗州民戴尙伯六十人訴舊壤幽隔飄寓失所今雖創置淮陰而陽平一郡州無實土寄山陽境內竊見司徐青三州悉皆新立並有實郡東平旣是望邦衣冠所係希於山陽盱眙二界閒割小戶置此郡始招集荒落使本壤族姓有所歸依臣尋東平郡旣是此州本領臣賤族桑梓願立此邦見許領郡如左

陽平郡寄治山陽

泰清　永陽　安宜　豐國

東平郡

壽張割山陽官瀆以西三百戶置　淮安割直瀆破釜以東淮陰鎭下流雜一百戶置

高平郡

濟北郡

泰山郡

新平郡

魯郡

右荒

北徐州鎮鍾離漢志鍾離縣屬九江郡晉太康二年起居注置淮南鍾離未詳

此前所省令晉地記屬淮南郡宋泰始末年屬南兗元徽元年置州割爲州治

防鎮緣淮永明元年省北徐譙梁魏陽平彭城五郡領郡如左

鍾離郡

燕縣郡治 朝歌 虞永明元年割馬頭屬 零永明元年割馬頭屬

馬頭郡

已吾永明元年罷譙郡屬二年刺史戴僧靜又以濟縣幷之

濟陰郡

頓丘 永明元年罷定陶幷 睢陵 樂平 永明元年割鍾離屬 濟安 永明元年割鍾離屬

新昌郡

頓丘 穀熟 尉氏

沛郡

相 蕭 沛

青州宋泰始初淮北沒虜六年始治鬱州上鬱州在海中週迴數百里島出白鹿土有田疇魚鹽之利劉善明爲刺史以海中易固不峻城雉乃累石爲之高可八九尺後爲齊郡治建元初徙齊郡治瓜步以北海治齊郡故治州治如舊流荒之民郡縣虛置至於分居土著蓋無幾焉建元四年移鎮朐山後復舊領郡如左

齊郡 永明元年罷秦郡幷之治瓜步

臨淄 永明二年省華城縣幷 齊安 永明元年罷 西安 宿豫 尉氏 平虜 昌國 泰

益都

北海郡

都昌宋鬱縣建元故用漢名也 廣饒 贛榆 膠東 劇 下密 平壽

東莞琅邪二郡治朐山也

即丘 南東莞永明元年以流戶置 北東莞

冀州宋元嘉九年分青州置青州領齊濟南樂安高密平昌北海東萊太原長廣九郡冀州領廣川平原清河樂陵魏郡河間頓丘高陽勃海九郡泰始初遇虜寇並荒沒今所存者泰始之後更置立也二州共一刺史郡縣十無八九但有名存案宋志自知也建元初以東海郡屬冀州全領一郡

北東海郡治連口

襄賁 僮 下邳 厚丘 曲城

江州鎮尋陽中流衿帶晉元康元年惠帝詔荊揚二州疆土曠遠有司奏割揚州之豫章鄱陽廬陵臨川南康建安晉安爲新州新安東陽宣城舊豫章封內

豫章之東北相去縣遠可如故屬揚州又割荆州之武昌桂陽安成幷十郡可因江水之名爲江州宜治豫章庾亮領刺史都督六州云以荆江爲本校二州戶口雖相去機事實覺過半江州實爲根本臨終表江州宜治尋陽以州督豫州新蔡西陽二郡治湓城接近東江諸郡往來便易其後庾翼又還豫章義熙後還尋陽何無忌表竟陵去治遼遠去江陵正三百里荆州所立綏安郡民戶參入此境郡治常在夏口左右欲資此郡助江濱戍防以竟陵還荆州又司州弘農揚州松滋二郡寄尋陽人民雜居宜並見督今九江在州鎮之北彭蠡在其東也領郡如左

尋陽郡

柴桑　彭澤

豫章郡

南昌　新淦　艾　建城　建昌　望蔡　新吳　永脩　吳平

康樂　豫章　豐城

臨川郡

南城　臨汝　新建　永城　宜黃　南豐　東興　安浦　西豐

廬陵郡

石陽　西昌　東昌　吉陽　巴丘　興平　高昌　陽豐　遂興

鄱陽郡

鄱陽　餘干　葛陽　樂安　廣晉　上饒

安成郡

平都　新喻　永新　萍鄉　宜陽　廣興　安復

南康郡

贛　雩都　南野　寧都　平固　陂陽　虔化　永明八年罷安遠縣并　南康

南新蔡郡

慎　苞信　陽唐左縣　宋

建安郡

吳興　建安　將樂　邵武　建陽　綏城　沙村

晉安郡

侯官　羅江　原豐　晉安　温麻

廣州鎮南海濱際海隅委輸交部雖民戶不多而俚獠猥雜皆樓居山險不肯賓服西南二江川源深遠別置督護專征討之捲握之資富兼十世尉他餘基亦有霸迹江左以其遼遠蕃戚未有居者唯宋隨王誕爲刺史領郡如左

南海郡

番禺　熙安　博羅　增城　龍川　懷化　西平　綏寧　新豐

羅陽　高要　安遠　河源

東官郡

懷安　寶安　海安　欣樂　海豐　齊昌　陸安　興寧

義安郡

綏安　海寧　海陽　義招　潮陽　程鄉

新寧郡

博林　南興　臨沅　甘泉　新成　威平　單牒　龍潭　城陽

威化　歸順　初興　撫納　平鄉

蒼梧郡

廣信　寧新　封興　撫寧　遂城　丁留　懷熙　猛陵　廣寧

蕩康　僑寧　思安

高涼郡

安寧　羅州　莫陽　西鞏　思平　禽鄉　平定

永平郡

夫寧　安沂　畩安　盧平　員鄉　蘇平　逋寧　雷鄉　開城

毗平　武林　豐城

晉康郡

威城　都城　夫阮　元溪　安遂　晉化　永始　端溪　賓江

熙寧　樂城　武定　悅城　文招　義立

新會郡

盆允　新夷　封平　初賓　封樂　義寧　新熙　永昌　始康

招集　始成

廣熙郡

龍鄉　羅平　賓化　寧鄉　長化　定昌　永熙　寶寧

宋康郡

廣化　石門　化隆　遂度　威覃　單城　開寧　海鄰　興定

綏定

宋隆郡

平興　招興　崇化　建寧　熙穆　崇德

海昌郡

寧化　招懷　永建　始化　新建

綏建郡

新招 四會 化蒙 化注 化穆

樂昌郡

始昌 樂山 宋元 義立 安樂

鬱林郡

布山 鬱平 阿林 建安 始集 龍平 賓平 新林 綏寧

中胄 領方 懷安 歸化 晉平 威化

桂林郡

武熙 騰溪 潭平 龍岡 臨浦 中留 武豐 程安 威定

潭中 安遠 安化 龍定

寧浦郡

安廣 簡陽 平山 寧浦 興道 吳安

晉興郡

晉興 熙注 桂林 增翊 安廣 廣鬱 晉城 鬱陽

齊樂郡

希平 觀寧 臻安 宋平 綏南 封陵

齊康郡

樂康

齊建郡

初寧 永城

齊熙郡

交州鎮交阯在海漲島中楊雄箴曰交州荒遰水與天際外接南夷寶貨所出山海珍怪莫與爲比民恃險遠數好反叛領郡如左

九真郡

移風 胥浦 松原 高安 建初 常樂 津梧 軍安 吉龐

武寧

武平郡

武定　封溪　平道　武興　根寧　南移

新昌郡

范信　嘉寧　封山　西道　臨西　吳定　新道　晉化

九德郡

九德　咸驩　浦陽　南陵　都洨　越常　西安

日南郡

西卷　象林　壽冷　朱吾　比景　盧容　無勞

交阯郡

龍編　武寧　望海　句漏　吳興　西于　朱䳒　南定　曲陽

海平　嬴陵

宋平郡

昌國　義懷　綏寧

宋壽郡建元二年割越州屬

義昌郡永元二年改沃屯置

越州鎮臨漳郡本合浦北界也夷獠叢居隱伏巖障寇盜不賓略無編戶宋泰始中西江督護陳伯紹獵北地見二青牛驚走入草使人逐之不得乃誌其處云此地當有奇祥啓立爲越州七年始置百梁隴蘇永寧安昌富昌南流六郡割廣交朱戴三郡屬元徽二年以伯紹爲刺史始立州鎮穿山爲城門威服俚獠土有瘴氣殺人漢世交州刺史每暑月輒避處高今交土調和越瘴獨甚刺史常事戎馬唯以戰伐爲務

臨漳郡

漳平　丹城　勞石　容城　長石　都秆　緩端

合浦郡

徐聞　合浦　朱盧　新安　晉始　蕩昌　朱豐　宋豐　宋廣

永寧郡

杜羅　金安　蒙　廖簡　留城

百梁郡

百梁　始昌　宋西

安昌郡

武桑　龍淵　石秋　撫林

南流郡

方度

北流郡 永明六年立無屬縣

龍蘇郡

龍蘇

富昌郡

南立　義立　歸明

高興郡

宋和　寧單　高興　威戍　夫羅　南安　歸安　陳蓮　高城

新建

思築郡

鹽田郡

杜同

定川郡

興昌

隆川郡

良國

齊寧郡建元二年置割鬱林之新邑建初二縣幷

開城建元二年置

越中郡

馬門郡

鍾吳　田羅　馬陵　思寧

封山郡

安金

吳春俚郡永明六年立無屬縣

齊隆郡先屬交州中改爲關永泰元年改爲齊隆還屬關州

南齊書卷十四

南齊書卷十四考證

州郡志上揚州○臣宗萬按漢始置揚州治在建康臺城西亦謂之西州

丹陽郡○臣宗萬按丹陽圖云自句容以西屬鄣郡以東屬會稽郡漢武帝元封二年改鄣郡爲丹陽郡

秣陵○臣祖庚按宋白曰秣陵縣秦屬鄣郡漢置揚州刺史理秣陵

湖熟○臣祖庚按漢湖熟侯國晉宋爲縣

會稽郡○臣祖庚按秦置漢高帝六年爲荊國十二年更名吳所謂吳會是也

富陽○臣宗萬按卽漢富春縣本屬會稽後屬吳郡晉簡文鄭太后諱春孝武改曰富陽

臨安○臣宗萬按吳分餘杭爲臨水縣晉武帝太康元年更名臨安屬吳興郡

武進○臣祖庚按晉武帝太康元年分丹徒曲阿立縣屬晉陵郡南渡後屬南東海郡

義興郡○臣祖庚按卽常州之宜興宋太平興國元年避太宗諱改爲宜興

義鄉〇臣祖庚按晉惠帝永興元年分吳興之長城立縣屬義興郡

南瑯邪郡〇臣宗萬按沈約曰晉亂瑯邪民隨元帝過江者千餘戶太興三年立懷德縣丹陽雖有瑯邪郡而無其地成帝成康元年桓溫領郡鎮江乘之蒲州金城上求割丹陽之江乘縣境立郡

淩〇臣祖庚按因淩水得名應劭曰淩水出淩縣西、南入淮酈道元曰淩水出淩縣東流逕其縣故城東而東南流入淮二說互異

武原〇臣宗萬按水經注云武原縣在下邳縣西通典曰泗州下邳縣北有漢武原縣故城通鑑考異曰武原自漢以來屬彭城郡宋志南彭城郡有武原縣而徐州之彭城無之蓋自永嘉之亂其民南徙而故縣邱墟也

南平昌郡〇臣祖庚按前漢屬瑯邪後漢屬北海晉太康地志屬城陽宋分立

豫州〇臣祖庚按治壽陽在歷陽故謂西豫州

邵陵〇臣祖庚按漢屬汝南郡晉以後屬潁川郡杜佑曰蔡川郾陵縣有古邵陵城

汝陽郡○臣祖庚按沈約曰晉太康地志無汝陽郡應是江左分汝南立汝陽

漢舊縣屬汝南郡

汝南郡○臣祖庚按宋豫州刺史治汝水水經注云汝水自汝南上蔡縣東逕

懸瓠城北

于湖注甬城○臣宗萬按通鑑甬城當作角城水經注云角城在下邳睢陵縣

南臨淮水其地據濟水入淮之口高閒曰角城去淮陽十八里杜佑曰角城

晉安帝義熙中置在宿遷縣界五代志作甬城

烏江○臣祖庚按烏江縣始見于晉書屬淮南郡不記置立宋屬歷陽郡宋白

曰晉太康六年于東城界置烏江縣此屬臨江郡以弁歷陽故也

南兗州○臣祖庚按晉成帝立治京口文帝始劃江淮間爲境治廣陵

海陵郡○臣祖庚按晉安帝分廣陵立郡

山陽郡○臣祖庚按晉安帝義熙中分廣陵立郡境內有地名山陽故名

盱眙郡○臣宗萬按盱眙本縣治前漢屬臨淮郡後漢屬下邳郡晉復屬臨淮

郡安帝分立盱眙郡

鍾離郡〇臣祖庚按本縣治漢屬九江郡晉屬淮南郡安帝時分立屬南兖州

又通典鍾離縣東四十里有古鍾離城史記伍子胥傳吳拔楚鍾離注古鍾

離之國世本作終犂

馬頭郡〇臣祖庚按沈約曰故淮南當塗縣地晉安帝立因山形而名屬南豫

州宋屬徐州

睢陵〇臣宗萬按前漢屬淮南郡後漢屬下邳郡宋屬濟陰郡沈約曰濟陰本

屬兖州其民流寓徐土因割地爲郡杜佑曰睢陵縣故城在泗州下邳縣東

南

吉陽〇臣祖庚按吳立縣于吉水之陽因以爲名

上饒〇臣宗萬按宋白曰信州有上饒縣本秦番縣界漢爲番陽縣今州古城

遺跡開皇中所廢古上饒也九域志番陽東南至上饒五百四十里

龍川〇臣祖庚按顏師古曰裴氏廣州記云本博羅縣之東鄉也有龍穿地而

出卽穴流水因以爲號

鬱林郡○臣祖庚按故秦桂林郡屬尉佗武帝光鼎六年開更名

武平郡○臣祖庚按吳孫皓建衡三年分交阯立新興郡晉武帝太康三年更

名新昌屬交州

九德郡○臣祖庚按古越裳氏國沈約曰孫吳分立九德郡

盧容○臣祖庚按卽秦象郡象林縣地亦謂之象浦

南齊書卷十四考證

南齊書卷十五

梁　　蕭　　子　　顯　　撰

志第七

州郡下

荆　巴　郢　司　雍　湘　梁　秦　益　寧

荆州漢靈帝中平末刺史王睿始治江陵吳時西陵督鎮之晉太康元年平吳以爲刺史治愍帝建興元年刺史周顗避杜弢賊奔建康陶侃爲刺史治沌口王敦治武昌其後或還江陵或在夏口桓温平蜀治江陵以臨沮西界水陸紆險行逕裁通南通巴巫東南出州治道帶蠻蜒田土肥美立爲汶陽郡以處流民屬氐陷襄陽桓沖避居上明頻陸遜樂鄉城上四十餘里以田地肥良可以爲軍民資實又接近三峽無西疆之虞故重戍江南輕戍江北苻堅敗後復得襄陽太元十四年王忱還江陵江陵去襄陽步道五百勢同脣齒無襄陽則江陵受敵不立故也自忱以來不復動移境域之內含帶蠻蜒土地遼落稱爲殷

曠江左大鎮莫過荆揚弘農郡陝縣周世二伯總諸侯周公主陝東召公主陝西故稱荆州爲陝西也領郡如左

南郡

江陵　華容　枝江　臨沮　編　當陽

南平郡

孱陵　作唐　江安　安南

天門郡

零陽　澧陽　臨澧　漊中

宜都郡

夷道　佷山　夷陵　宜昌

南義陽郡

平氏　厥西

河東郡

聞喜　松滋　譙　永安

汶陽郡

僮陽　沮陽　高安

新興郡

定襄　新豐　廣牧

此下闕文

漢平　涪陵　漢玫

郢州鎮夏口舊要害也吳置督將爲魯口屯對魯山岸因爲名也晉永嘉中荆州刺史都督山簡自襄陽避賊奔夏口庾翼爲荆州治夏口並依地嶮也泰元

中荊州刺史桓沖移鎮上明上表言氐賊送死之日舊郢以北堅壁相望待以不戰江州刺史桓嗣宜進屯夏口據上下之中於事爲便義熙元年冠軍將軍劉毅以爲夏口二州之中地居形要控接湘川邊帶滇沔請弁州刺史劉道規鎮夏口夏口城據黃鵠磯世傳仙人子安乘黃鵠過此上也邊江峻險樓櫓高危瞰臨沔漢應接司部宋孝武置州於此以分荊楚之勢領郡如左

江夏郡

沙陽　蒲圻　灄陽　汝南　沌陽　惠懷

竟陵郡

竟陵　雲杜　霄城　萇壽　新市　新陽

武陵郡

沅陵　臨沅　零陵　辰陽　酉陽　沅南　漢壽　龍陽　漊陽　黚陽

巴陵郡

下雋　州陵　巴陵　監利

武昌郡

武昌　鄂　陽新　義寧寄治鄂　真陽永明三年戶口簿無

西陽郡

西陵　蘄陽　西陽　孝寧　期思永明三年戶口簿無　義安左縣　希水左縣

東安左縣　蘄水左縣

齊興郡永明三年置

綏懷　齊康　蕈波　綏平　齊寧　上蔡永明三年戶口簿無

東牂牁郡永明三年戶口簿云新置無屬縣

宜　南平陽　西新市　南新市　西平陽　東新市

方城左郡

城陽　歸義

北新陽郡

西新陽　安吉　長寧

義安左郡

綏安

南新陽左郡

南新陽　新興　北新陽　角陵　新安

北遂安左郡（永明三年簿云五縣皆缺）

東城　綏化　富城　南城　新安

新平左郡

平陽　新市　安城

建安左郡

霄城

司州鎮義陽宋景平初失河南地元嘉末僑立州於汝南縣瓠壽罷泰始中立州於義陽郡有三關之隘北接陳汝控帶許洛自此以來常爲邊鎮泰始旣還

領義陽僑立汝南領三郡元徽四年又領安陸隨安蠻三郡領郡如左

南義陽郡

孝昌　平輿　義昌　平陽　南安　平春

北義陽郡

平陽　義陽　保城　鄳　鍾武　環水

隨郡

隨　永陽　闞西　安化

安陸郡寄州治

安陸　應城　新市　新陽　宣化

汝南郡寄州治

平輿　北新息　真陽　安城　南新息　安陽　臨汝　汝南　上蔡

齊安郡

齊安　始安　義城　南安　義昌　義安

淮南郡

閤口　平氏

宋安左郡

仰澤　樂寧　襄城

安蠻左郡

木蘭　新化　懷　中聶陽　南聶陽　安蠻

永寧左郡

中曲陵　曲陵　孝懷　安德

東義陽左郡

永寧　華音　威清　永平

東新安左郡

第五　南平林　始平　始安　平林　義昌　固城　新化　西平

新城左郡

孝懷　中曲　南曲陵　懷昌

圍山左郡

及剌　章平　北曲　洛陽　圍山　曲陵

建寧左郡

建寧　陽城

北淮安左郡

高邑

南淮安左郡

慕化　柏源

北隨安左郡

濟山　油潘

東隨安左郡

西隨　高城　牢山

雍州鎮襄陽晉中朝荆州都督所治也元帝以魏該爲雍州鎮酇城襄陽別有
重戍庾翼爲荆州謀北伐鎮襄陽自永嘉亂襄陽民戶流荒咸康八年尙書殷
融言襄陽石城疆埸之地對接荒寇諸荒殘寄治郡縣民戶寡少可幷合之朱
序爲雍州於襄陽立僑郡縣沒苻氏氏敗復還南復用朱序襄陽左右田土肥
良桑梓野澤處處而有郗恢爲雍州于時舊民甚少新戶稍多宋元嘉中割荆
州五郡屬遂爲大鎮疆蠻帶沔阻以重山北接宛洛平塗直至跨對樊沔爲鄢
郢北門部領蠻左故別置蠻府焉領郡如左

襄陽郡

襄陽　中廬　邔　建昌

南陽郡

宛　涅陽　冠軍　舞陰　酈　云陽　許昌

新野郡

新野　山都　池陽　穰　交木　惠懷

始平郡
武當 武陽 始平 平陽
廣平郡
鬻 比陽 廣平 陽
京兆郡
鄧 新豐 杜 魏
扶風郡
筑陽 酇 汎陽
馮翊郡
鄀 蓮勺 高陸
河南郡
河南 新城 棘陽 襄鄉 河陰
南天水郡

略陽　華陰　西

義成郡

萬年　義成

建昌郡

永興　安寧

華山郡

藍田　華山　上黄

南上洛郡建武中此以下郡皆没虜

上洛　商

北河南郡

新蔡　汝陰　上蔡　緱氏　洛陽　新安　固始　苞信

弘農郡

邯鄲　圉　盧氏

順陽郡

南鄉　槐里　清水　丹水　鄭　順陽

西汝南郡

北上洛郡

齊安郡

齊康郡

招義郡

右五郡不見屬縣

寧蠻府領郡如左

西新安郡

新安　汎陽　安化　南安

義寧郡

筑　義寧　汎陽　武當　南陽

南襄郡
新安 武昌 建武 武平
北建武郡
東莨秋 霸 北郡 高羅 西莨秋 平丘
蔡陽郡
樂安 東蔡陽 西蔡陽 新化 楊子 新安
永安郡
東安樂 新安 西安樂 勞泉
安定郡
思歸 歸化 阜亭 新安 士漢 士頃
懷化郡
懷化 編 遂城 精陽 新化 遂寧 新陽
武寧郡

新安　武寧　懷寧　新城　永寧

新陽郡

東平林　頭章　新安　朗城　新市　新陽　武安　西林

義安郡

郊鄉　東里　永明　山都　義寧　西里　義安　南錫　義清

高安郡

高安　新集

左義陽郡

南襄城郡

廣昌郡

東襄城郡

北襄城郡

懷安郡

北弘農郡
西弘農郡
析陽郡
北義陽郡
漢廣郡
中襄城郡
右十二郡沒虜
湘州鎮長沙郡湘川之奧民豐土閑晉永嘉元年分荊州置荀晞爲刺史此後
三省輒復置元嘉十八年置至今爲舊鎮南通嶺表脣齒荊區領郡如左
長沙郡
臨湘　羅　湘陰　醴陵　瀏陽　建寧　吳昌
桂陽郡
郴　臨武　南平　耒陽　晉寧　汝城

零陵郡
泉陵　洮陽　零陵　祁陽　觀陽　永昌　應陽
衡陽郡
湘西　益陽　湘鄉　新康　衡山
營陽郡
營道　泠道　營浦　春陵
湘東郡
荼陵　新寧　攸　臨蒸　重安　陰山
邵陵郡
都梁　邵陵　高平　武剛　建興　邵陽　扶
始興郡
曲江　桂陽　仁化　陽山　令階　含洭　靈溪　中宿　湞陽　始
興

臨賀郡

臨賀　馮乘　富川　封陽　謝沐　興安　寧新　開建　撫寧

始安郡本名始建齊改

始安　荔浦　建陵左縣　熙平　永豐　平樂

齊熙郡

梁州鎮南鄭魏景元四年平蜀所置也晉永嘉元年蜀賊沒漢中刺史張光治魏興三年還漢中建興元年又爲氐楊難敵所沒桓温平蜀復舊土後爲譙縱所沒縱平復舊每失漢中刺史輒鎮魏興漢中爲巴蜀扞蔽故劉備得漢中云曹公雖來無能爲也是以蜀有難漢中輒沒雖時還復而戶口殘耗宋元嘉中甄法護爲氐所攻失守蕭思話復還漢中後氐虜數相攻擊關隴流民多避難歸化於是民戶稍實州境與氐胡相隣亦爲威御之鎮領郡如左

漢中郡

南鄭　城固　沔陽　西鄉　西上庸

魏興郡
西城　旬陽　興晉　廣昌　南廣城永元志無　廣城
新興郡永元二年志無
吉陽　東關
南新城郡
房陵　綏陽　昌魏　祁鄉　閬陽　樂平
上庸郡
上庸　武陵　齊安　北巫　上廉　微陽　新豐　新安　吉陽
晉壽郡
晉壽　邵歡　興安　白水
華陽郡
宕渠　華陽　興宋　嘉昌
新巴郡

新巴　晉城　晉安

北巴西郡

閬中　安漢　宋壽　南國　西國　平周　漢昌

巴渠郡

宣漢　晉興　始興　巴渠　東關　始安　下蒲

懷安郡

懷安　義存

宋熙郡

興平　宋安　陽安　元壽　嘉昌 永元志無

白水郡

晉壽　新巴　漢德　益昌　興安　平周

南上洛郡

上洛　商　流風　民　北豐陽　渠陽　義陽

北上洛郡
上洛　商　豐陽永元志無　流民　秬陽　陽亭　齊化　西豐陽　東鄴陽
齊寧永元志無　京兆　新寧永元志無　新附
安康郡
安康　寧都
南宕渠郡
宕渠　漢安　宣漢　宋康
懷漢郡
永豐　綏成　預德
北陰平郡
陰平　平武
南陰平郡
陰平　懷舊

齊興郡

齊興（永元志無）　安昌（永元志無）　鄖鄉　錫　安富　略陽

晉昌郡

安晉　宣漢　吉陽　長壽　東關　新興　延壽　安樂

東晉壽郡

右一郡縣邑事亡

弘農郡

東昌魏郡

略陽郡

北梓潼郡

廣長郡

三水郡

思安郡

宋昌郡
建寧郡
南泉郡
三巴郡
江陵郡
懷化郡
歸寧郡
東揵郡
北宕渠郡
宋康郡
南漢郡
南梓潼郡
始寧郡

江陽郡
南部郡
南安郡
建安郡
壽陽郡
南陽郡
宋寧郡
歸化郡
始安郡
平南郡
懷寧郡
新興郡
南平郡

齊兆郡
齊昌郡
新化郡
寧章郡
隣溪郡
京兆郡
義陽郡
歸復郡
安寧郡
東宕渠郡
宋安郡
齊安郡
凡四十五郡荒或無民戶

秦州晉武帝泰始五年置舊土有秦之富跨帶壠坂太康省惠帝元康七年復置中原亂没胡穆帝永和八年胡僞秦州刺史王擢降仍以爲刺史尋爲苻健所破十一年桓温以氐王楊國爲秦州刺史末有氐土至泰元十四年雍州刺史朱序始督秦州則孝武所置也寄治襄陽未有刺史是後雍州刺史常督之隆安二年郭銓始爲梁南秦州刺史州寄治漢中四年桓玄督七州但云秦州元興元年以苻堅子宏爲北秦州刺史自此荆州都督常督秦州梁州當帶南秦州刺史義熙三年以氐王楊國爲北秦州刺史十四年置東秦州劉義真爲刺史郭恭爲梁州刺史尹雅爲秦州刺史宋文帝爲荆州都督督秦州又進督北秦州州名雜出省置不見永明郡國志秦州寄治漢中南鄭不曰南北元嘉計偕亦云秦州而荆州都督常督二秦梁南秦一刺史是則志所載秦州爲南秦氐爲北秦領郡如左

武都郡

下辯　上祿　陳倉

略陽郡
略陽　臨漢
安固郡
安固　南桓　陵
西扶風郡
郿　武功
京兆郡
杜　藍田　鄠
南太原郡
平陶
始平郡
始平　槐里　宋熙
天水郡

新陽　河陽

安定郡

宋興　朝那

南安郡

桓道　中陶

金城郡

金城　楡中　臨洮　襄

馮翊郡

蓮勺　頻陽　下邽　萬年　高陵

隴西郡

河關　狄道　首陽　大夏

仇池郡

上辯　倉泉　白石　夷安

東寧郡

西安　北地　南漢

益州鎮成都起魏景元四年所治也開拓夷荒稍成郡縣如漢之永昌晉之雲山之類是也蜀侯煇杜以來四爲偏據故諸葛亮云益州險塞沃野天府劉頌亦謂成都宜處親子弟以爲王國故立成都王穎竟不之國三峽險阻蠻夷孔熾西通芮芮河南亦如漢武威張掖爲西域之道也方面疆鎮塗出萬里晉世以處武臣宋世亦以險遠諸王不牧泰始中成都市橋忽生小洲始康人邵碩有術數見之曰洲生近市當有貴王臨境永明二年而始興王鎮爲刺史州土瓌富西方之一都焉領夷齊諸郡如左巴涪陵二郡見巴州

蜀郡

成都　郫　牛鞞　繁　永昌

廣漢郡

雒　什方　新都　郪　伍城　陽泉

晉康郡
江原　臨邛　樅陽　晉樂　漢嘉
寧蜀郡
廣漢　升遷　廣都　墊江
汶山郡
都安　齊基　湲官
南陰平郡
陰平　綿竹　南鄭　南長樂
東遂寧郡
巴興　小漢　晉興　德陽
始康郡
康晉　談　新成
永寧郡

欣平　永安　宜昌
安興郡
南漢　建昌
犍爲郡
僰道　南安　資中　冶官　武陽
江陽郡
江陽　常安　漢安　綿
安固郡
桓陵　臨渭　興固　南苞　清水　沔陽　南城固
懷寧郡
萬年　西平　懷道　始平
巴西郡
閬中　安漢　西充國　南充國　漢昌　平州　益昌　晉興　東關

梓潼郡
涪　梓潼　漢德　新興　萬安　西浦
東江陽郡
漢安　安樂　綿水
南晉壽郡
南晉壽　泉　南興
西宕渠郡
宕渠　宣漢　漢初　東關
天水郡
西　上邽　冀　宋興
南新巴郡永元志寄治陰平
新巴　晉熙　桓陵
北陰平郡

陰平　南陽　北桓陵　扶風　愼陽　京兆　綏歸

新城郡

下辯　略陽　漢陽　安定

扶風郡見永元三年志

武江　華陰　茂陵

南安郡見永元三年志

南安　華陽　白水　樂安　桓道

東宕渠獠郡

宕渠　平州　漢初

北部都尉

越巂獠郡

沈黎獠郡

蚕陵令無戸數

甘松獠郡

始平獠郡

齊開左郡

齊通左郡

右二左郡建武三年置

寧州鎮建寧郡本益州南中諸葛亮所謂不毛之地也道遠土瘠蠻夷衆多齊民甚少諸爨氏彊族恃遠擅命故數有土反之虞領郡如左

建平郡

同樂　同瀨　牧麻　新興　新定　味　同並　萬安　昆澤　漏江

談稾　毋單　存駹

南廣郡

南廣　常遷　晉昌　新興

南朱提郡

朱提　漢陽　堂狼　南秦

南牂牁郡

且蘭　萬壽　母斂　晉樂　綏寧　丹南

梁水郡

梁水　西隨　母掇　勝休　新豐　建安　驃封

建寧郡

新安　永豐　綏雲　遂安　麻雅　臨江

晉寧郡

建伶　連然　滇池　俞元　穀昌　秦臧　雙栢

雲南郡

東古復　西古復　雲平　雅龍

西平郡

西平　暖江　都陽　西寧　晉綏　新城

夜郎郡

夜郎　談栢　談樂　廣談

東河陽郡

東河陽　楪榆

西河陽郡

比蘇　建安　成昌

平蠻郡

平蠻　轂邑

興古郡

西中　宛暖　律高　句町　漏臥　南興

興寧郡

青蛉　弄棟

西阿郡

楪榆　新豐　遂

平樂郡

益寧　安寧

北朱提郡

河陽　義城

宋昌郡

江陽　安上　犍爲

永昌郡有名無民曰空荒不立

永安　永　不建　犍瓌　雍鄉　西城　博南

益寧郡永明五年刺史董仲舒啓置領二縣無民戶自此已後皆然也

武陽　綿水

南犍爲郡永明二年置

西益郡

江陽郡

犍爲郡

永興郡

永寧郡

安寧郡

右六郡隆昌元年置

東朱提郡延興元年置

安上郡建武三年刺史郭安明啓置

贊曰郡國既建因州而剖離過十三合不踰九分城列邑名號殷阜遷徙叛逆

代亡代有

南齊書卷十五

州郡志下荆州○臣宗萬按春秋楚之郢都也秦拔郢置南郡漢改爲荆州

此下闕文○臣承蒼按所闕者皆巴州郡縣之名

江夏郡○臣祖庚按漢高帝置屬荆州應劭曰沔水自江別至南華容爲夏水過郡入江故曰江夏

司州○臣宗萬按沈約曰武帝北平關洛河南底定置司州刺史治虎牢少帝景平初復沒元嘉末僑立治汝南是後遂治義陽

元嘉宋僑立州於汝南縣瓠○諸本同按上文已有宋景平初四字此宋字疑當作末

油潘○南監本無潘字

雍州○臣祖庚按沈約曰晉孝武始於襄陽立雍州幷立僑郡縣宋割荆州之襄陽南陽新野順陽隨五郡爲雍州

上黄○臣祖庚按晉武帝平吳割中廬之南鄉臨沮之北鄉立縣屬襄陽郡安

帝分屬長寧郡宋明帝以名與文帝陵同改爲永寧郡此屬華山郡

順陽○南監本作從陽

白水郡○臣祖庚按本縣治漢屬廣漢晉屬梓潼宋屬晉壽又五代志武昌建

威縣舊立白水郡非此地也

秦州○臣祖庚按本秦隴西郡魏分隴右爲秦州

天水郡○臣祖庚按漢武帝元鼎三年置後漢明帝改曰漢陽又秦州地紀云

郡前湖水冬夏無增減因以名焉

金城郡○臣祖庚按漢昭帝六年置應劭曰初築城得金故曰金城

臨洮○臣宗萬按漢地理志洮水出西羌中北至枹罕東入河禹貢西頃山在

縣西南部都尉治也

南陰平郡○臣祖庚按輿地志晉人流寓于蜀者於益州立南北二陰平寓于

漢中者于梁州立南北二陰平

犍爲郡○臣祖庚按應劭曰古夜郎國漢武帝建元六年開

僰道○臣祖庚按應劭曰古僰侯國也

宕渠○臣宗萬按卽春秋時巴子國也秦漢屬巴郡宋改爲宕渠

北陰平郡○臣祖庚按漢屬廣漢屬國都尉晉武帝分立陰平郡宋分立南北

二陰平郡

南牂柯郡○臣宗萬按漢武帝建元六年開應劭曰臨牂柯江也顏師古曰牂柯係船栈也華陽國志曰楚頃襄王時遣莊蹻伐夜郎軍至且蘭椓船于岸而步戰既夜滅郎以且蘭有椓船牂柯處乃改其名爲牂柯

南齊書卷十五考證

南齊書卷十六

梁　蕭子顯　撰

志第八

百官

建官設職興自炎昊方乎隆周之冊表乎盛漢之書存改沿備於歷代先賢往學以之雕篆者衆矣若夫胡廣舊儀事惟簡撮應劭官典殆無遺恨王朗奏議屬霸國之初基陳矯增曹由軍事而補闕今則有魏氏官儀魚豢中外官也山濤以意辯人不 闕 荀勗欲去事煩唯論幷省定制成文本之晉令後代承業案爲前准肇域官品區別階資蔚宗選簿梗概欽明階次詳悉虞通劉寅因荀氏之作矯舊增新今古相校齊受宋禪事遵常典既有司存無所偏廢其餘散在史注多已筌拾覽者易知不重述也諸臺府郎令史職吏以下具見長水校尉王珪之職儀

國相

蕭曹以來爲人臣極位宋孝建用南譙王義宣至齊不用人以爲贈不

列官

太宰

宋大明用江夏王義恭以後無人齊以爲贈

太傅

太師太保太傅周舊官漢末董卓爲太師晉惠帝初衞瓘爲太保自後

無太師而太保爲贈齊唯置太傅

大司馬

大將軍

宋元嘉用彭城王義康後無人齊以爲贈

太尉

司徒

司空

三公舊爲通官司徒府領天下州郡名數戶口簿籍雖無常置左右長

史左西掾屬主簿祭酒令史以下晉世王導爲司徒右長史干寶撰立

官府職儀已具

特進

位從公

諸開府儀同三司

驃騎將軍

車騎將軍

衞將軍

鎮軍將軍

中軍將軍

撫軍將軍

四征將軍東西南北

四鎮將軍

凡諸將軍加大字位從公開府儀同如公凡公督府置佐長史司馬各一人諮議參軍二人諸曹有錄事記室戸曹倉曹中直兵外兵騎兵長流賊曹城局法曹田曹水曹鎧曹集曹右戸十八曹局曹以上署正參軍法曹以下署行參軍各一人其行參軍無署者爲長兼員其府佐史則從事中郎二人倉曹掾戸曹屬東西閤祭酒各一人主簿舍人御屬二人加崇者則左右長史四人中郎掾屬並增數其未及開府則置府亦有佐史其數有減小府無長流置禁防參軍

四安將軍

四平將軍

左右前後將軍

征虜將軍

四中郎將

晉世荀羨王胡之並居此官宋齊以來唯處諸王素族無爲者

冠軍將軍

輔國將軍

寧朔將軍

寧遠將軍

龍驤將軍

凡諸小號亦有置府者

太常

府置丞一人五官功曹主簿九府九史皆然領官如左

博士謂之太學博士

國子祭酒一人博士二人助教十人

建元四年有司奏置國學祭酒准諸曹尚書博士准中書郎助教准南臺御史選經學爲先若其人難備給事中以還明經者以本位領其下

典學二人三品准太常主簿戶曹儀曹各二人五品白簿治禮吏八人

六品保學醫二人威儀二人其夏國諱廢學有司奏省助教以下永明
三年立學尚書令王儉領祭酒八年國子博士何胤單爲祭酒疑所服
陸澄等皆不能據遂以玄服臨試月餘日博議定乃服朱衣
總明觀祭酒一人
右太始六年以國學廢初置總明觀玄儒文史四科科置學士各十人
正令史一人書令史二人幹一人門吏一人典觀吏二人建元中掌治
五禮永明三年國學建省
太廟令一人丞一人
明堂令一人丞一人
太祝令一人丞一人
太史令一人丞一人
廩犧令一人丞一人
置令丞以下皆有職吏

太樂令一人丞一人

諸陵令

永明末置用二品三品勳置主簿戸曹各一人六品保與

光祿勳

府置丞一人領官如左

左右光祿大夫

位從公開府置佐史如公

光祿大夫

皆銀章青綬詔加金章紫綬者爲金紫光祿大夫樂安任遐爲光祿就

王晏乞一片金晏乃啓轉爲金紫不行

太中大夫

中散大夫

諸大夫官皆處舊齒老年重者加親信二十人

衞尉

府置丞一人掌宮城管籥張衡西京賦曰衞尉八屯警夜巡晝宮城諸

却敵樓上本施鼓持夜者以應更唱太祖以鼓多驚眠改以鐵磬云

廷尉

府置丞一人正一人監一人評一人律博士一人

大司農

府置丞一人領官如左

太倉令一人丞一人

導官令一人丞一人

籍田令一人丞一人

少府

府置丞一人領官如左

左右尚方令各一人丞一人

鍛署丞一人（永明三年省四年復置）

御府令一人丞一人

東冶令一人丞一人

南冶令一人丞一人

平准令一人丞一人

上林令一人丞一人（亦屬尚書殿中曹）

將作大匠

太僕

大鴻臚

三卿不常置將作掌宮廟土木太僕掌郊禮執轡鴻臚掌導護贊拜有

事權置兼官畢乃省

乘黃令一人

掌五輅安車大行凶器轀輬車

客館令
掌四方賓客
宣德衛尉少府太僕
鬱林王立文安太后卽尊號以宮名置之
大長秋
鬱林立皇后置
錄尚書
尚書令
總領尚書臺二十曹爲內臺主行遇諸王以下皆禁駐左右僕射分道
無令左僕射爲臺主與令同
左僕射
領殿中主客二曹事諸曹郊廟園陵車駕行幸朝儀臺內非違文官舉
補滿敘疾假事其諸吉慶瑞應衆賀災異賊發衆變臨軒崇拜改號格

制莅官銓選凡諸除署功論封爵貶黜八議疑讞通關案則左僕射主
右僕射次經維是黃案左僕射右僕射署朱符見字經都丞竟右僕射
橫畫成目左僕射畫令畫右官闕則以次并畫若無左右則直置僕射
在其中間總左右事

吏部尚書
領吏部刪定三公比部四曹

度支尚書
領度支金部倉部起部四曹

左民尚書
領左民駕部二曹

都官尚書
領都官水部庫部功論四曹

五兵尚書

領中兵外兵二曹

祠部尚書

右僕射通職不俱置

起部尚書

興立宮廟權置事畢省

左丞一人

掌宗廟郊祠吉慶瑞應災異立作格制諸案彈選用除置吏補滿除遣

注職

右丞一人

掌兵士百工補役死叛考代年老疾病解遣其内外諸庫藏穀帛刑皐創業諍訟田地船乘稟拘兵工死叛考剔討補差分百役兵器諸營署人領州郡租布人民戸移徙州郡縣併帖城邑民戸割屬刺史二千石令長尉被收及免贈文武諸犯削官事白案右丞上署左丞次署黄案

左丞上署諸立格制及詳讞大事宗廟朝廷儀體左丞上署右丞次署

自令僕以下五尚書八座二十曹各置郎中令史以下又置都令史分

領之僕射掌朝軌尚書掌讞奏都丞任碎在彈違諸曹緣常及外詳讞

事應須命議相値者皆郎先立意應奏黃案及關事以立意官爲議主

凡辭訴有漫命者曹掾諮如舊若命有諮則以立意者爲議主

武庫令一人

屬庫部

車將令一人丞一人

屬駕部

公車令一人

大官令一人丞一人

大醫令一人丞一人

內外殿中監各一人

內外驊騮廄丞各一人

材官將軍一人司馬一人

屬起部亦屬領軍

侍中祭酒高功者稱之

侍中

漢世爲親近之職魏晉選用稍增華重而大意不異宋文帝元嘉中王華王曇首殷景仁等並爲侍中情在親密與帝接膝共語貂拂帝手拔貂置案上語畢復手插之孝武時侍中何偃南郊陪乘鑾輅過白門闕偃將匐帝乃接之曰朕乃陪卿齊世朝會多以美姿容者兼官永元三年東昏南郊不欲親朝士以主璽陪乘前代未嘗有也侍中呼爲門下

亦置令史領官如左

給事黃門侍郎

亦管知詔令世呼爲小門下

散騎常侍通直散騎常侍員外

舊與侍中通官其通直員外用衰老人士故其官漸替宋大明雖華選

比侍中而人情久習終不見重尋復如初

散騎侍郎通直散騎侍郎員外散騎侍郎

給事中

奉朝請

駙馬都尉

集書省職置正書令史朝散用衣冠之餘人數猥積永明中奉朝請至

六百餘人

中書監一人令一人侍郎四人通事舍人無員

中書省職置主書令史正書以下

祕書監一人丞一人郎著作佐郎

晉祕書閣有令史掌衆書見晉令令亦置令史正書及弟子皆典教書

畫

御史中丞一人

晉江左中丞司隸分督百僚傅咸所云行馬內外是也今中丞則職無不察專道而行騶輻禁呵加以聲色武將相逢輒致侵犯若有鹵簿至相敺擊宋孝建二年制中丞與尙書令分道雖丞郎下朝相值亦得斷之餘內外衆官皆受停駐

治書侍御史二人

侍御史十人

蘭臺置諸曹內外督令以下

謁者僕射一人

謁者十人

謁者臺掌朝覲賓饗

領軍將軍中領軍

護軍將軍中護軍

凡爲中小輕同一官也諸爲將軍官皆敬領護諸王爲將軍道相逢則

領護讓道置長史司馬五官功曹主簿

左右二衞將軍

驍騎將軍

游擊將軍

晉世以來謂領護至驍游爲六軍二衞置司馬次官功曹主簿以下

左右二中郎將

前軍將軍後軍將軍左軍將軍右軍將軍號四軍

屯騎步兵射聲越騎長水五校尉

虎賁中郎將

冗從僕射

羽林監

積射將軍
彊弩將軍
殿中將軍員外殿中將軍
殿中司馬督
武衛將軍
武騎常侍
自二衛四軍五校已下謂之西省而散騎爲東省
丹陽尹
位次九卿下
太子太傅
少傅
府置丞功曹五官主簿
太子詹事

府置丞一人以下

太子率更令

太子家令

置丞

太子僕

太子門大夫

太子中庶子

太子中舍人

太子洗馬

太子舍人

太子左右衛率各一

太子翊軍步兵屯騎三校尉

太子旅賁中郎將一人

太子左右積弩將軍

太子殿中將軍員外殿中將軍

太子倉官令

太子常從虎賁督

右東宮職僚

州牧刺史

魏晉世州牧隆重刺史任重者爲使持節都督輕者爲持節督起漢順帝時御史中丞馮赦討九江賊督揚徐二州軍事而何徐宋志云起魏武遣諸州將督軍王珪之職儀云起光武並非也晉太康中都督知軍事刺史治民各用人惠帝末乃并任非要州則單爲刺史州朝置別駕治中議曹文學祭酒諸曹部從事史

護南蠻校尉

府置佐史隸荆州晉宋末省建元元年復置三年省延興元年置建武

省

護三巴校尉

宋置建元二年改爲刺史

寧蠻校尉

府亦置佐史隸雍州

平蠻校尉

永明三年置隸益州

鎮蠻校尉

隸寧州

護西戎校尉

護羌校尉

右四校尉亦置四夷

平越中郎將

府置佐史隸廣州

郡太守內史

縣令相

郡縣爲國者爲內史相

鎮蠻護軍

安遠護軍

晉世雜號多爲郡領之

諸王師友文學各一人

國官郎中令中尉大農爲三卿左右常侍侍郎上軍中軍下軍三軍典書典祠

學官典衞四令食官廐牧長謁者以下公侯置郎中令一卿

贊曰百司分置惟皇命職雲師鳥紀各有其式

南齊書卷十六考證

百官志相國○臣祖庚按卽漢之相國高帝置丞相十一年更名相國應劭曰
相者助也

太傅○臣祖庚按周之三公也後漢惟有太傅一人謂之上公此蓋遵漢制也

大司馬○臣宗萬按漢武帝元狩元年始置以冠將軍之號宣帝地節三年置
大司馬不冠將軍哀帝建平二年冠將軍如故元壽二年去將軍位在司徒
上

大將軍○臣祖庚按戰國時官楚虜大將軍屈丐是也漢高帝以韓信爲大將
軍武帝以衞青爲大將軍復置大司馬官號以冠之據此則大司馬與大將
軍始分二職至武帝時合爲一矣

太尉司徒司空○臣宗萬按漢初惟有太尉後加置大司徒大司空後漢仍之
自漢歷魏皆爲三公晉及江左相承不改

特進○臣宗萬按杜佑曰漢制諸侯功德優盛朝廷所敬重者賜位特進位在

三公下晉元康中定令特進位次諸公在開府驃騎上又按職儀曰特進以功德特進見也

諸開府儀同三司○臣祖庚按同三公之三司也後漢太尉司徒司空謂之三司鄧隲爲車騎將軍儀同三司自是南北因之有儀同三司之名

驃騎將軍○漢置位次丞相

車騎將軍衞將軍○位次上卿掌京師兵衞

中軍將軍○臣祖庚按晉武帝重兵官故軍校多選朝廷清重之士居之置中軍將軍以統宿衞七軍

太常○臣祖庚按漢九寺大卿之一也秦爲奉常漢景帝中六年更名太常

博士○臣祖庚按秦官掌通古今秩比六百石員多數十人

光祿勳○臣祖庚按郎秦郎中令漢武帝更名光祿勳邱濬曰郎周官之膳夫皆以士爲之秦漢時乃持戟宿衞之官以之司膳羞則始于南北朝也

光祿大夫○臣祖庚按漢百官表注曰古官也杜佑曰秦時光祿勳屬官有中

大夫漢武帝太初元年更名光祿大夫掌議論無常事唯備顧問應對詔命所使無員後漢光祿大夫三人晉魏後以爲加官又復以爲禮贈之官

衞尉○臣祖庚按秦官漢景帝初更名中大夫令後元年復爲衞尉

廷尉○臣祖庚按秦置漢景帝更名大理武帝復名廷尉蓋漢無司寇故廷尉爲重顏師古曰廷平也治獄貴平故以爲號

大司農○臣祖庚按秦爲理粟內史漢景帝更名大農令武帝改大司農

少府○秦官漢因之是爲九卿

將作大匠○臣祖庚按秦有將作少府漢景帝更名將作大匠位次河南尹光武省以謁者領之章帝復置晉魏因之

太僕○臣祖庚按周禮有太僕下大夫周穆王置太僕正以伯冏爲之秦漢以後皆因之

大鴻臚○臣祖庚按秦典客也漢名鴻臚景帝改大行令武帝更名大鴻臚應劭曰鴻聲也臚傳之也

大長秋〇臣宗萬按秦之將行也漢景帝中六年更名大長秋應劭曰皇后卿
也顏師古曰秋者收成之時長者恆久之義故以爲皇后官名

錄尚書〇臣祖庚按漢章帝以太傅趙熹太尉牟融並錄尚書事尚書有錄名
蓋自熹始

尚書令〇臣祖庚按杜佑曰秦置漢武帝用宦者更爲中書謁者令成帝省之
更以士人爲尚書令秩二千石

吏部尚書度支尚書左民尚書都官尚書五兵尚書祠部尚書起部尚書〇臣
祖庚按尚書之制秦漢以來有之魏置吏部左民客曹五兵度支凡五尚書
晉初以左民更名三公五兵更名駕部復置屯田合以吏部客曹度支謂爲
六曹太康時以三公更名殿中駕部復爲五兵省屯田爲五尚書宋置都官
爲六尚書至齊別有起部而不常置也

侍中〇臣祖庚按秦侍中本丞相史也五人往來殿內東廂奏事謂之侍中漢
爲加官得入禁中應劭曰入侍天子故曰侍中

奉朝請○臣宗萬按馬端臨曰奉朝請無員本不爲官奉朝會請召而已據此

則志云永明中奉朝請至六百餘人非古制也

祕書監○臣祖庚按漢桓帝置後省魏武帝置祕書令文帝黃初初置中書令

後仍改爲祕書監

御史中丞○臣祖庚按秦官漢置兩丞一曰御史丞一曰中丞成哀間更中丞

爲御史長史出外爲臺主光武時復曰中丞魏初改爲宮正復曰臺主尋又

改爲中丞宋齊以來因之

謁者僕射○臣祖庚按應劭曰秦官也古重武事故設主射以督之

謁者○臣祖庚按晉百官表注云漢皆用孝廉年五十威容嚴恪能儐贊者爲

之又云謁者十人掌捧詔書朝會則贊儐

左右二衛將軍○臣祖庚按漢文帝始用宋昌爲衛將軍魏置中衛將軍武帝

分中衛爲左右衛皆掌宿衛營兵

驍騎將軍○臣祖庚按杜佑曰漢有驍騎將軍謂之雜號將軍後漢建武初改

屯衞爲驍騎魏晉以來多有改易此蓋仍漢制也

羽林監○臣祖庚按漢武帝太初元年置名曰建章營騎後更名羽林顏師古曰如羽之疾如林之多

丹陽尹○臣祖庚按周官之內史也掌治京師漢武帝更名京兆尹後漢置河南尹晉太興元年改丹陽內史爲尹此因之

太子太傅少傅○臣祖庚按漢書百官公卿表曰古官也漢官解詁曰位次太師賈誼曰昔周成王以周公爲太傅召公爲太保呂望爲太師又立三少皆上大夫與太子居處又續漢書百官志曰太子少傅秩二千石亦以輔導爲職

太子家令○臣宗萬按通典曰秦官屬詹事漢因之續漢書百官志曰職如司農

太子僕○臣宗萬按通典曰秦官漢因之後漢屬少傅職如太僕

太子洗馬○臣宗萬按通典曰秦官漢亦曰洗馬後漢員十六人職比謁者晉

有八人擬祕書郎齊置一人漢百官表注云洗馬前驅也

州牧刺史○臣祖庚按杜佑曰舜置十二州有牧夏爲九州牧殷周八命曰牧漢元封元年置部刺史成帝時以爲刺史位下大夫乃更爲州牧秩真二千石位次九卿後復爲刺史據此則州牧刺史一官兩名光武不委三府權歸舉刺之吏遂無州牧之名然刺史皆領州故曰州牧刺史

郡太守內史○臣祖庚按杜佑曰秦滅諸侯以其地爲郡置守漢景帝中元二年更名太守漢置郡爲諸侯王國者置內史以掌太守之任

縣令相○臣祖庚按杜佑曰周官有縣正各掌其縣之政令而賞罰之漢制凡縣萬戶以上爲令減萬戶爲長侯國爲相

南齊書卷十六考證

南齊書卷十七

梁　蕭　子　顯　撰

志第九

輿服

昔三皇乘祇車出谷口夏氏以奚仲爲車正殷有瑞車山車垂句是也周禮匠人爲輿以象天地漢武天漢四年朝諸侯甘泉宮定輿服制班於天下光武建武十三年得公孫述葆車輿輦始具蔡邕創立此志馬彪勒成漢典晉摯虞治禮亦議五輅制度江左之始車服多闕但有金戎省充庭之儀太興中太子臨學無高蓋車元帝詔乘安車元明時屬車唯九乘永和中石虎死後舊工人奔叛歸國稍造車輿太元中苻堅敗後又得僞車輦於是屬車增爲十二乘義熙中宋武平關洛得姚興僞車輦宋大明改修輦輅妙盡時華始備僞氏復設充庭之制永明中更增藻飾盛於前矣案周禮以檢漢志名器不同晉宋改革稍與世異今記時事而已

玉輅漢根也漆畫輪金塗縱容路受福輮後兩廂上望板前優遊通緣金塗鏤鍱碧絞蜀鑿金薄帖兩廂外織成衣兩廂裏上施金塗鏤面釘瑇瑁帖望板廂上金薄帖金博山登仙紐松精優遊上和鸞鳥立花趺銜鈴銀帶瑇瑁筒瓦金塗鏤鍱刀格織成手匡金花細錦衣優遊下隱膝裏施金塗鏤面釘織成衣優遊橫前施瑇瑁帖金塗花釘優遊前金塗倒龍後梢鑿銀瑇瑁龜甲金塗花沓望板金塗受福望龍諸校飾抗及諸末皆龍首螭龍汗板在車前銀帶花獸金塗受福緣裏邊鏤鍱瑇瑁織成衣裏金塗鏤面花釘外金塗博山辟邪虎鳳皇銜花諸校飾斗蓋金塗鏤鍱二十八瓜支子花黃錦斗衣複碧絹染布緣油頂絳系絡織成顏茈褚舌孔雀毛複錦綠絞隨陰懸珠蚌佩金塗鈴雲朱結仙人綏雜色真孔雀毦一轅漆畫車衡銀花帶衡上金塗博山四和鸞鳥立花趺銜鈴所謂鸞鳥立衡也又龍首銜軛乂髦插翟尾上下花沓絳緣系的望繩八枚旂十二旒畫升龍竿首金塗龍銜火燄幡真毦棨戟織成衣金塗沓駐受福金塗鴈鏤鍱及漆案立牀在車中錦複黃絞爲案立衣錦複黃絞鄣泥八幅長九尺緣紅錦茈帶織成花茈的五輅江左相承駕四馬左右騑爲六施絳系游御繩其重轂貳轄飛絡幡用赤油金有紫真毦左纛置左騑馬軛上金鍐金加冠狀如三華汗在馬鍐上方釳鐵廣數寸有三孔插翟尾其中繁纓金塗紫皮紫真毦橫在馬膺前鏤錫刻金爲馬面當顱皆如古制世祖永明初加玉輅爲重蓋又作麒麟頭采畫以馬首戴之竟陵王子良啓曰臣聞車旗有章載自前史器必依禮服無舛法凡蓋員象天軫方法地上無二天之儀下設兩蓋之飾求之志錄恐爲乖衷又假

爲麟首加乎馬頭事不師古鮮或可施建武中明帝乃省重蓋等

金輅制度校飾如玉輅而稍減少亦以金塗　象輅制如金輅而飾又減　木輅制飾如象輅而尤減

革輅如大輅　建大麾赤旗也首施大[illegible]幡

宋昇明三年錫齊王大輅戎輅各一乘黃五輅無大輅戎輅左丞王逡之議大輅殷之祭車故不登周輅之名而明堂位云大輅殷輅也注云大輅木輅也月令中央土乘大輅注云殷輅也禮器大輅繁纓一就注云大輅殷之祭天車也周禮五路玉路金路象路革路木路則周之木路殷之大輅也周革路建大白以卽戎此則戎輅也意謂國之大事在祀與戎故錫以殷祭天之車與周之卽戎之路祀則以殷戎必以周者明郊天義遠建前代之禮卽戎事近故以今世之制明堂位云魯君孟春乘大路載十有二旒日月之章祀於帝郊天必以大輅以錫諸侯良有以也今木路卽大路也太尉左長史王儉議宜用金輅九旒時乘黃無副借用五輅大朝臨軒權列三輅

玉金輅建碧旂象木輅建赤旂泳明初太子步兵校尉伏曼容議以爲齊德尚

青五路五牛及五色幡旗並宜以先青爲次軍容戎事之所乘犧牲繭握之所薦並宜悉依尚色三代服色以姓音爲尚漢不識音故還尚其行運之色今既無善律則大齊所尚亦宜依漢道若有善吹律者便應還取姓尚太子僕周顒議三代姓音古無前記裁音配尚起自曼容則是曼容善識姓聲不復旁假吹律何故能識遠代之宮商而更迷皇朝之律呂而云當今無知吹律以定所尚宜附漢以從闕邪皇朝本以行運爲所尚非關不定於音氏如此設有善律之知音不宜遵聲以爲尚散騎常侍劉朗之等十五人並議駮之事不行

皇太子象輅校飾如御旂九旒降龍

皇太后皇后重翟車金塗校具白地人馬錦帖廂隱膝後戶白牙的帖金塗面釘漆畫輪鐵鐺金塗縱容後路輠師子轄抗檐皆施金塗鏑頭及神龍雀等諸飾軛衡上蓋金塗爪支子花二十八青油俠碧緝黃紋蓋施金博山又有金塗長角巴首蓋漆布裹紫顏毣黃紋紫紋隨陰碧毛外上施絳紫系絡碧旂九旒棨戟宋元嘉東宮儀記云中宮僕御重翟金根車未詳得稱爲金根也

皇太子妃厭翟車如重翟飾微減

指南車四周廂上施屋指南人衣裙襦天衣在廂中上四角皆施龍子于縣雜色真孔雀毦烏布皁複幔漆畫輪駕牛皆銅校飾

記里鼓車制如指南上施華蓋子緣衣漆畫鼓機皆在內

輦車如犢車竹蓬廂外鑿鏤金薄碧紗衣織成芼錦衣廂裏及仰項隱膝後戶金塗鏤面瑇瑁帖金塗松精登仙花紐綠四緣四望紗萌子上下前後眉鏤鍱轅枕長角龍白牙蘭瑇瑁金塗校飾漆鄣塵板在蘭前金銀花獸攫天龍師子鏤面榆花細指子摩尼炎金龍虎扶轅銀口帶龍板頭龍轅軛上金鳳皇鈴鑾銀口帶星後梢瑇瑁帖金塗香沓銀星花獸幔竿杖金塗龍牽縱橫長網背花香染北床副自輦以下二宮御車皆綠油幢絳系絡御所乘雙棟其公主則碧油幢云司馬法曰夏后氏輦曰金車殷曰胡奴車周曰輜車皆輦也漢書叔孫通傳云皇帝輦出房成帝輦過後宮此朝宴並用也輿服志云輦車具金銀丹青采㯭雕畫蒲陶之文乘人以行信陽侯陰就見井丹左右人進輦是為臣下亦得乘之晉武帝給安平獻王孚雲母輦晉中朝又有香衣輦江左唯御所乘

臥輦校飾如坐輦不甚服用

漆畫輪車金塗校飾如輦微有減降金塗鐺縱容後輮師子副也御為羣公舉哀臨哭所乘皇后太子妃亦乘之

漆畫牽車小形如輿車金塗縱容後路師子輮鐵鐺錦衣廂裏隱膝後戶牙蘭轅枕梢幰竿戍棟梁皆金塗校飾御及皇太子所

乘卽古之羊車也晉泰始中中護軍羊琇乘羊車爲司隸校尉劉毅所奏武帝詔曰羊車雖無制非素者所服免官衞玠傳云總角乘羊車市人聚觀今不駕羊猶呼牽此車者爲羊車云

輿車形如軺車漆畫金校飾錦衣兩廂後戸隱膝牙蘭皆瑇瑁帖刀格鏤面花釘幰竿戍校棟梁下施八栩金塗沓北床副人舉之一曰小輿小行幸乘之皇太子亦得於宮內乘之

衣畫十二乘檐榆轂輪貫子壁綠油衣廂外綠紗萌油幢絡通幰竿刺代棟梁柮檽真形龍牽支子花轅後伏神抗承泥沓金塗校具古副車之象也今亦曰五時副車

青萌車是謂搶幔車

油絡畫安車公主王妃三公特進夫人所乘漢制皇后貴人紫罽軿車晉皇后乘雲母油畫安車駕六以兩轅安車駕五爲副公主畫安車駕六以兩轅安車駕三爲副公主畫安車駕三三夫人青交絡安車駕三皆以紫絳罽軿車駕三爲副九嬪世婦軿車駕二王公妃特進夫人皁交絡爲副漢賤軺車而貴軿車晉賤輜軿而貴軺車皆行禮所乘

黃屋車建碧旂九旒九旒鸞輅也漢輿服志云金根車蓋黃繒爲裏謂之黃屋今金玉輅皆以黃地錦唯此車以黃繒皆金塗校具黃隱隨陰青毛羽二十八爪支子花絳系絡九命上公所乘

青蓋安車朱轓漆班輪駕一左右騑通幰車爲副諸王禮行所乘凡車有轓者謂之軒皁蓋安車朱轓漆班輪駕一通幰牛車爲副三公禮行所乘

安車黑耳皁蓋馬車朱轓駕一牛車爲副國公列侯禮行所乘

馬車駕一九卿領護二衞驍游四軍五校從郊陵所乘

晉制三公下至九卿又各安車黑耳一乘公駕三特進駕二卿駕一復各軺車施黑耳後戶皁輪一乘

油絡軺車尚書令僕射中書監令尚書侍中常侍中黃門中書散騎侍郎皆駕一牛朝直所乘晉制尚書令施黑耳後戶皁輪僕射中書監令直施後戶皁輪尚書無後戶皆漆輪轂今猶然

安車赤屏駕一又輅車施後戶爲副太子二傅禮行所乘

四望車通幰油幢絡班漆輪轂亦曰皁輪以加禮貴臣晉武詔給魏舒陽燧四望小車

三望車（制度如四望）或謂之夾望亦以加禮貴臣次四望
油幢絡車（制似三望而減）王公加禮者之爲常乘次三望
平乘車（竹箕子壁仰櫝榆爲輪通幰竿刺代棟梁柮櫺真形龍牽金塗支子花紐韇頭後梢沓伏神承泥庶人亦然但不通幰）三公諸王
所乘自四望至平乘皆銅校飾輼輬車（四輪飾如金根四角龍首施組銜璧垂五采析羽葆流蘇前後雲氣錯畫帷裳以素爲地而黼黻駕四白駱馬太僕執轡貴臣薨亦如之羽飾駕御微有減降）
虞書曰予欲觀古人之象日月星辰山龍華蟲作繢宗彝藻火粉米黼黻絺繡以五采章施於五色天子服備日月以下公山龍以下侯伯華蟲以下子男藻火以下卿大夫粉米以下天子六冕王后六服著在周官公侯以下咸有名則佩玉組綬並具禮文後代沿革見漢志
晉服制令其冠十三品見蔡邕獨斷並不復具詳宋明帝太始四年更制五輅議修五冕朝會饗獵各有所服事見宋注舊相承三公以下冕七旒青玉珠卿大夫以下五旒黑玉珠永明六年太常丞何諲之議案周禮命數改三公八旒卿六旒尚書令王儉議依漢三公服二龍九章卿華蟲七章從之

平冕黑介幘今謂平天冠皁表朱緣裏廣七寸長尺二寸垂珠十二旒以朱組爲纓如其綬色衣皁上絳下裳前三幅後四幅衣畫而裳繡爲日月星辰山龍華蟲藻火粉米黼黻十二章素帶廣四寸朱裏以朱綠裨飾其側要中以朱垂以綠垂三尺中衣以絳緣其領袖赤皮韍絳袴襪赤舄郊廟臨朝所服也漢世冕用白玉珠爲旒魏明帝好婦人飾改以珊瑚珠晉初仍舊後乃改江左以美玉難得遂用蚌珠世謂之白琁珠

袞衣漢世出陳留襄邑所織宋末用繡及織成建武中明帝以織成重乃采畫爲之加飾金銀薄世亦謂爲天衣

史臣曰黼黻之設經緯爲用故五色六章十二衣還相爲質也歷代龍袞織以成文今體不勝衣變易舊法豈致美黻冕之謂乎

通天冠黑介幘金博山顏絳紗袍皁緣中衣乘輿常朝所服舊用駮犀簪導東昏改用玉其朝服臣下皆同

黑介幘單衣無定色乘輿拜陵所服其白帢單衣謂之素服以舉哀臨喪

遠游冠太子諸王所冠太子朱纓翠羽緌珠節諸王玄纓公侯皆同

平冕各以組爲纓王公八旒衣山龍九章卿七旒衣華蟲七章並助祭所服皆

畫阜絳繒爲之

進賢冠諸開國公侯鄉亭侯卿大夫尚書關內侯二千石博士中書郎丞郎祕

書監丞郎太子中舍人洗馬舍人諸府長史卿尹丞下至六百石令長小吏以

三梁二梁一梁爲差事見晉令

武冠侍臣加貂蟬餘軍校武職黃門散騎太子中庶子二率朝散都尉皆冠之

唯武騎虎賁服文衣插雉尾於武冠上

史臣曰應劭漢官釋附蟬及司馬彪志並不見侍中與常侍有異唯言左右珥

貂而已案項氏說云漢侍中蟬刻爲蟬像常侍但爲璫而不蟬未詳何代所改

也

法冠廷尉等諸執法者冠之

高山冠謁者冠之

樊噲冠殿門衞士冠之
黑介幘冠文冠平幘冠武冠尚書令僕射尚書納言幘後飾爲異
童子空頂幘施假髻貴賤同服
救日蝕文武官皆免冠著赤介幘對朝服赤幘示威武也
袴褶車駕親戎中外纂嚴所服黑冠帽綴紫褾以絡帶代鞶帶中官紫褾外官
絳褾其纂嚴戎服不綴褾行留悉同校獵巡幸從官戎服革帶鞶帶文官不纓
武官脫冠
袿襡大衣謂之褘衣皇后謁廟所服公主會見大首髻其燕服則施嚴雜寶爲
佩瑞袿襡用繡爲衣裳加五色鏁金銀校飾
綬乘輿黃赤綬黃赤縹綠紺五采太子朱綬諸王纁朱綬皆赤黃縹紺四采妃
亦同相國綠綟綬三采綠紫紺郡公玄朱侯伯青朱子男素朱皆三采公世子
紫侯世子青鄉亭關內侯墨綬皆二采郡國太守內史青尚書令僕中書監令
祕書監皆黑丞皆黃諸府丞亦黃皇后與乘輿同赤貴嬪夫人貴人紫王太妃

長公主封君亦紫綬六宮青綬青白紅郡公侯夫人青綬
乘輿傳國璽秦璽也晉中原亂沒胡江左初無之北方人呼晉家為白板天子
冉閔敗璽還南別有行信等六璽皆金為之亦秦漢之制也皇后金璽太子諸
王金璽皆龜鈕公侯五等金章公世子金印侯銀印貴嬪夫人金章公主王太
妃封君金印六宮以下公侯太夫人夫人銀印其公將軍金章光祿大夫卿尹
太子傅諸領護將軍中郎將校書郡國太守內史四品五品將軍皆銀章尚書
令僕中書監令祕書丞太子二率諸府長史卿尹丞尉中丞都水使者諸州刺
史皆銅印
三臺五省二品文官皆簪白筆王公五等及武官不簪加內侍乃簪
百官執手板尚書令僕尚書手板頭復有白筆以紫皮裹之名曰笏漢末仲長
統謂百司皆宜執之其肩上紫袷囊名曰契囊世呼為紫荷
佩玉自乘輿以下與晉宋制同建元四年制王公侯卿尹珠水精其餘用牙蚌
太官宰人服離支依後定

贊曰文物煌煌儀品穆穆分別禮數莫過輿服

漆畫牽車注戊棟梁一本戊作戈輿車注戊校棟梁一本戊校作戈杖衣畫車注刺代棟梁平乘車注刺代棟梁並疑

南齊書卷十七

南齊書卷十七考證

輿服志五輅○臣宗萬按隋書舊制五輅於轅上起廂天子與參乘同在廂內

何稠曰君臣同所過爲相逼乃廣爲盤輿別構闌楯侍臣立於其中於內復

起須彌平坐天子獨居其上據此則五輅之制至隋始變此猶承古也

皇太子象輅○臣祖庚按此卽五輅之一注云旂九旒降龍蓋以別天子十二

旒升龍也第按周禮象輅以朝異姓以封而皇太子用之未知何取

皇太后皇后重翟車○臣祖庚按周禮此王后五輅之一錫面朱總玆則踵事

增華去古遠矣

指南車○臣祖庚按崔豹古今注云黃帝與蚩尤戰大霧軍士皆迷路帝作指

南車以示四方又曰指南車者周公所作又曰漢末喪亂其法中絕馬鈞悟

而作焉今指南車馬先生之遺法也

記里鼓車注欒衣漆畫○臣承蒼按字書欒俗紺字顏氏家訓吳人呼紺爲禁

故以絲旁作欒代紺字據此則南監本改欒爲襟非是

輦車○臣祖庚按說文曰輦輓車也六書故曰輦車用人挽者也六典注曰古謂人牽爲輦後漢有乘輿六輦也

輿車注形如軺車○臣祖庚按輿卽車古無並稱者魏志太祖給張遼母輿車其名昉此說文曰軺車小車也晉書輿服志曰一馬曰軺車

四望車亦曰皁輪○臣祖庚按東宮舊事曰太子納妃用四望車又軺車釋名曰軺遙也遠也四向遠望之車也據此則四望車亦軺車之類通典曰三公有勳德者特加皁輪故志云以加禮貴臣也

平冕今謂平天冠○臣宗萬按世本曰黃帝作旃冕說文曰冕大夫以上冠昔者黃帝始用布帛作冕應劭漢官儀曰周加垂旒天子前後垂真白珠各十二又按冕古無專名通典曰宋更名平天冕卽此冠也

通天冠○臣祖庚按劉昭曰通天冠高九寸正豎頂少邪乃真下爲鐵卷梁前有山展筩述乘輿所常服也杜佑曰通天冠其狀遺失漢因秦名制之據此則劉昭所云非秦舊制矣此蓋承漢制耳

進賢冠○臣宗萬按漢輿服志曰古緇布冠儒者之服也人主五梁大官令兩梁親省御膳爲重也博士兩梁崇儒也據此則漢時天子亦服之特於梁別崇卑耳魏晉以來爲公卿大夫之服矣

武冠○臣祖庚按漢書昌邑王賀短衣大袴冠惠文冠服虔曰武冠也趙惠文所服故號惠文又武帝賜南單于常侍惠文冠卽此

袴褶○臣祖庚按通考曰袴褶魏晉以來以爲車駕親戎中外戒嚴之服晉志雖有其說而不言其制然既曰戒嚴之服必戎服也至隋煬帝時詔百官從行服袴褶不便遂令改服戎衣則所謂袴褶者又似非鞍馬征行所便者與戒嚴之說不類唐時以袴褶爲朝見之服韻書訓褶爲袴又爲袷也然袴裳也袷衣之交領也則不知所謂袴褶者一物乎二物乎唐輿服志羣臣服條內有褲褶大口袴則似是二物然不知所謂褲褶者衣乎裳乎又按宋史輿服志云范質與禮官議袴褶制度先儒無說惟開元雜禮有五品以上用細綾及羅六品以下用小綾之制注褶衣複衣也又令文三品以上紫褶五品

以上緋褶七品以上綠褶九品以上碧褶並大口袴今請造袴褶如今文之制奏可又按說文曰袴脛衣也釋名曰褶襲也覆上之言也據此則袴褶自是兩物意晉制不傳齊去晉未遠猶不失其法隋特仍其名所以不便于從行唐蓋因隋制以爲朝服其晉之創制則爲戎服無疑

漆畫牽車注○ 臣承蒼按以下四十五字大抵是史館校讎者所記宋書北魏書皆有之宋嘉祐中以七史訛闕尤甚特命館職讎校其梁齊陳三書皆屬之曾鞏此豈卽鞏之筆歟

南齊書卷十七考證

南齊書卷十八

梁　蕭　子　顯　撰

志第十

祥瑞

天符瑞命遐哉邈矣靈篇祕圖固以蘊金匱而充石室炳契決陳緯候者方策未書啓覺天人之期扶奬帝王之運三五聖業神明大寶二謀協贊罔不由茲夫流火赤雀實紀周祚雕雲素靈發祥漢氏光武中興皇符爲盛魏膺當塗之讖晉有石瑞之文史筆所詳亦唯舊矣齊氏受命事殷前典黄門郎蘇偘撰聖皇瑞應記永明中庾温撰瑞應圖其餘衆品史注所載今詳錄去取以爲志云

老子河洛讖曰年歷七七水滅緒風雲俱起龍麟舉宋水德王義熙十四年元熙二年永初三年景平一年元嘉三十年孝建三年大明八年永光一年泰始七年泰豫元年元徽四年昇明三年凡七十七年故曰七七也易曰雲從龍風從虎關尹云龍不知其乘風雲而上天也

讖又曰肅草成道德懷書備出身形法治吳出南京上卽姓諱也南京南徐州治京口也

讖又曰壇埸河梁塞龍淵消除水災泄山川壇埸河梁爲路也路卽道也淵塞者譬路成也卽太祖諱也消水災言除宋氏患難也

讖又曰上參南斗第一星下立草屋爲紫庭神龍之岡梧桐生鳳鳥舒翼翔且鳴南斗第一星吳分也草屋蕭字也又簫管之器像鳳鳥翼也

讖又曰簫爲二士天下大樂二士主字也

讖又曰天子何在草中宿宿肅也尙書中候儀明篇曰仁人傑出握表之象曰角姓合音之于蘇偘云蕭角姓也又八音之器有簫管也

史臣曰案晉光祿大夫何禎解音之于爲曹字謂魏氏也王隱晉書云卯金音于亦爲魏也候書章句本無銓序二家所稱既有前釋未詳偘言爲何推據

孝經鉤命決曰誰者起視名將君者羣也理物爲雄優劣相次以期與將太祖小諱也征西將軍蕭思話見之曰此我家諱也

王子年歌曰金刀治世後遂苦帝王昏亂天神怒災異屢見戒人主三分二叛
失州土三王九江一在吳餘悉稚小早少孤一國二主天所驅金刀劉也三分
二叛宋明帝世也三王九江者孝武於九江與晉安王子勛雖不終亦稱大號
後世祖又於九江基霸迹此三王也一在吳謂齊氏桑梓亦寄治南吳也一國
二主謂太祖符運潛與爲宋氏驅除寇難
歌又曰三禾摻摻林茂孳金刀利刃齊刈之刈翦也詩云實始翦商
歌又曰欲知其姓草肅肅穀中最細低頭熟鱗身甲體永與福穀道熟成又讖
也太祖體有龍鱗斑駮成文始謂是黑歷治之甚至而文愈明伏羲亦鱗身也
金雄記曰鑠金作刀在龍里占睡上人相須起又云當復有作肅入草蕭字也
易云聖人作之記又云草門可憐乃當悴建號不成易運沸詩云不時時也不
成成也建號建元號也易運革命也
讖曰周文王受命千五百歲河雒出聖人受命於己未至丙子爲十八周旅布
六郡東南隅四國安定可久留案周滅殷後七百八十年秦四十九年漢四百

二十五年魏四十五年晉百五十年宋六十年至建元元年千五百九年也武
進縣彭山舊塋在焉其山岡阜相屬數百里上有五色雲氣有龍出焉宋明帝
惡之遣相墓工高靈文占視靈文先與世祖善還詭答云不過方伯退謂世祖
曰貴不可言帝意不已遣人於墓左右校獵以大鐵釘長五六尺釘墓四維以
爲厭勝太祖後改樹表柱柱忽龍鳴響震山谷父老咸志之云
會稽剡縣刻石山相傳爲名不知文字所在昇明末縣民兒襲祖行獵忽見石
上有文凡三處苔生其上字不可識刊苔去之大石文曰此齊者黃公之化氣
也立石文曰黃天星姓蕭字某甲得賢帥天下太平小石文曰刻石者誰會稽
南山李斯刻秦望之封也
益州齊后山父老相傳其名亦不知所起昇明三年有沙門玄暢於山丘立精
舍其日太祖受禪日也
嵩高山昇明三年四月滎陽人尹午於山東南澗見天雨石墜地石開有璽在
其中方三寸其文曰戊丁之人與道俱肅然入草應天符又曰皇帝興運午奉

璽詣雍州刺史蕭赤斧赤斧表獻之
史臣案昔大人見臨洮而銅人鑄臨洮生董卓而銅人毁有卓而世亂世亂而
卓亡如有似也晉末嵩高山出玉璧三十二宋氏以爲受命之祥今此山出璽
而水德云謝終始之徵亦有領也
元徽四年太祖從南郊望氣者陳安寶見太祖身上黄紫氣屬天安寶謂親人
王洪範曰我少來未嘗見軍上有如此氣也太祖年十七夢乘青龍西行逐日
日將薄山乃止覺而恐懼家人問占者云至貴之象也蘇侃云青木色日暮者
宋氏末運也
泰始七年明帝遣前淮南太守孫奉伯往淮陰監元會奉伯與太祖同寢夢上
乘龍上天於下捉龍脚不得覺謂太祖曰兖州當大庇生民弟不見也奉伯卒
於宋
清河崔靈運爲上府參軍夢天帝謂己曰蕭道成是我第十九子我去年已授
其天子位自三皇五帝至齊受命君凡十九人也

宋泰始中童謠云東城出天子故明帝殺建安王休仁蘇侃云後順帝自東城
即位論者謂應之乃是武進縣上所居東城里也熊襄云上舊鄉有大道相傳
云秦始皇所經呼爲天子路後遂爲帝鄉焉案順帝實當援立猶如晉之懷愍
亦有徵符齊運既無巡幸路名或是秦舊疑不能詳
世祖年十三夢舉體生毛髮生至足又夢人指上所踐地曰周文王之田又夢
虛空中飛又夢著孔雀羽衣庾温云雀爵位也又夢鳳皇從天飛下青溪宅齋
前兩翅相去十餘丈翼下有紫雲氣及在襄陽夢著桑屐行度太極殿階庾温
云屐者運應木也臣案桑字爲四十而二點世祖年過此即帝位謂著屐而木
行也屐有兩齒有聲是爲明兩之齒至四十二而行即真矣及在郢州夢人從
天飛下頭插筆來畫上衣兩邊不言而去庾温釋云畫者山龍華蟲也
世祖宋元嘉十七年六月己未夜生無火婢吹灰而火自燃
世祖於南康郡內作伎有絃無管於是空中有篪聲調節相應
世祖爲廣興相嶺下積旱水涸不通船上部伍至水忽暴長庾温云易利涉大

川之義也

世祖頓盆城城內無水欲鑿引江流試掘井得伏泉九處皆湧出建元元年四月有司奏延陵令戴景度稱所領季子廟舊有涌井二所廟祝列云舊井北忽聞金石聲卽掘深三尺得沸泉其東忽有聲錚錚又掘得泉沸湧若浪泉中得一根木簡長一尺廣二寸隱起文曰廬山道人張陵再拜謁詣起居簡木堅白而字色黃謹案瑞應圖浪井不鑿自成王者清靜則仙人主之孔氏世錄云叶精帝道孔書明巧當在張陵宋均注云張陵佐封禪一云陵仙人也

元徽三年太祖在青溪宅齋前池中忽揚波起浪湧水如山有金石響須臾有青龍從池中出左右皆見之

昇明元年青龍見齊郡

建元四年青龍見順陽郡清水縣平泉湖中

永明七年黃龍見曲江縣黃池中一宿二日

中興二年山上雲障四塞頃有玄黃五色如龍長十餘丈從西北升天

宋泰始末武進舊塋有獸見一角羊頭龍翼馬足父老咸見莫之識也
永明十年鄱陽郡獻一角獸麟首鹿形龍鸞共色瑞應圖云天子萬福允集則
一角獸至
十一年白象九頭見武昌
史臣曰記云升中於天麟鳳至而龜龍格則鳳皇巢乎阿閣麒麟在乎郊藪豈
非馴之在庭擾以成畜其爲瑞也如此今觀魏晉已來世稱靈物不少而亂多
治少史不絕書故知來儀在沼遠非前事見而不至未辨其爲祥也
昇明三年三月白虎見歷陽龍亢縣新昌村新昌村嘉名也瑞應圖云王者不
暴白虎仁
建元四年三月白虎見安蠻虔化縣
中興二年二月白虎見東平壽張安樂村
昇明二年騶虞見安東縣五界山師子頭虎身龍脚詩傳云騶虞義獸白虎黑
文不食生物至德則出

昇明三年太祖爲齊王白毛龜見東府城池中
建元二年休安陵獲玄龜一頭
永明五年武騎常侍唐潛上青毛神龜一頭
七年六月彭城郡田中獲青毛龜一頭
八年延陵縣前澤畔獲毫龜一枚
八年四月長山縣王惠獲六目龜一頭腹下有萬歡字并有卦兆
六月建城縣昌城田獲四目龜一頭下有萬齊字
九年五月長山縣獲神龜一頭腹下有巽兌卦
中興二年正月邏將潘道蓋於山石穴中獲毛龜一頭
昇明三年世祖遣人詣宮亭湖廟還福船泊渚有白魚雙躍入船
永明五年南豫州刺史建安王子真表獻金色魚一頭
建元元年八月男子王約獲白雀一頭
九月秣陵縣獲白雀一頭

二年四月白雀集郢州府館
五月白雀見會稽永興縣
永明元年五月郢州丁坡屯獲白雀一頭
三年七月安城王暠第獲白雀一頭
九月南郡江陵縣獲白雀一頭
四月七日白雀見臨汝縣
七年六月鹽官縣獲白雀一頭
八年天門臨澧縣獲白雀一頭
九年七月吳郡錢塘縣獲白雀一頭
八月豫州獲白雀一頭
十年五月齊郡獲白雀一頭
建元元年五月白烏見巴郡
永明四年三月三足烏巢南安中陶縣庭

八年四月陽羨縣獲白烏一頭

隆昌元年四月陽羨縣獲白烏一頭

建元二年江陵縣獲白鼠一頭

永明六年白鼠見芳林園

十年九月義陽郡獲白鼠一頭

永明四年丹陽縣獲白兎一頭

昇明元年六月慶雲見益都

建元元年世祖拜皇太子日有慶雲在日邊

三年華林園醴泉堂東忽有瑞雲周圓十許丈高下與景雲樓平五色藻密光彩映山徘徊良久行轉南行過長船入華池

昇明二年宣城臨成縣於藉山獲紫芝一枝

永明八年三月陽城縣獲紫芝一株

隆昌元年正月襄陽縣獲紫芝一莖

昇明二年四月昌國縣徐萬年門下棠樹連理

九月豫州萬歲澗廣數丈有樹連理隔澗騰枝相通越壑跨水爲一榦

建元二年九月有司奏上虞縣楓樹連理兩根相去九尺雙株均聳去地九尺合成一榦

故鄣縣楓樹連理兩株相去七尺大八圍去地一丈仍相合爲樹泯如一木

山陽縣界若邪村有一梘木合爲連理

淮陰縣建業寺梨樹連理

建康縣梨樹耀檴一本作耀櫰五圍連理六枝

永明元年五月木連理生安成新喻縣又生南梁陳縣閏月璿明殿外閤南槐樹連理

八月鹽官縣內樂村木連理

二年七月烏程縣陳文則家槿樹連理

七月新治縣槐栗二木合生異根連理去地數尺中央小開上復爲一

三年正月安城縣楡樹二株連理
二月安陽縣梓樹連理
九月句陽縣之穀山槿樹連理異根雙挺共杪爲一
十二月永寧左郡樠木連理
四年二月秣陵縣高天明園中李樹連理生高三尺五寸兩枝別生復高三尺
合爲一榦
五年正月秣陵縣華僧秀園中四樹連理
六年四月江寧縣北界賴鄉齊平里三成邏門外路東太常蕭惠基園棪樹二株連理其高相去二尺南大北小小者傾柯南附合爲一樹枝葉繁茂圓密如蓋
七年江寧縣李樹二株連理兩根相去一丈五尺
八年巴陵郡樹連理四株
三月武陵白沙戍槐木連理相去五尺俱高三尺東西二枝合而通柯

十二月柴桑縣陶委天家樹連理
永明五年山陰縣孔廣家園樫樹十二層會稽太守隨王子隆獻之種芳林園
鳳光殿西
九年秣陵縣鬬場里安明寺有古樹衆僧改架屋宇伐以爲薪剖樹木裏自然
有法大德三字
始興郡本無欓樹調味有闕世祖在郡堂屋後忽生一株
昇明二年十月甘露降建康縣
十一月甘露降長山縣
十二月甘露降彭山松樹至九日止
建元元年九月甘露降淮南郡桃石榴二樹有司奏甘露降新汲縣王安世園
樹
永明二年四月甘露降南郡桐樹
四年二月甘露降臨湘縣李樹

三月甘露降南郡桐樹
四月甘露降睢陽縣桃樹
五年四月甘露降荆州府中閣外桐樹
六年甘露降芳林園故山堂桐樹
九年八月甘露降上定林寺佛堂庭中天如雨遍地如雪其氣芳其味甘燿日
舞風至晡乃止爾後頻降鍾山松樹四十餘日乃止
十月甘露降大安陵樹
中興二年三月甘露降茅山彌漫數里
元徽四年三月醴泉出昌國白鹿山其味甚甘
永明元年正月新蔡郡固始縣獲嘉禾一莖五穗
八月新蔡縣獲嘉禾二莖九穗一莖七穗
十一月固始縣獲嘉禾一莖九穗
二年八月梁郡睢陽縣界野田中獲嘉禾一莖二十三穗

五年九月莒縣獲嘉禾一株
十年六月海陵齊昌縣獲嘉禾一莖六穗
十一年九月睢陽縣田中獲嘉禾一株
昇明二年九月建寧縣建昌村民採藥於萬歲山忽聞澗中有異響得銅鍾一
枚長二尺一寸邊有古字
建元元年十月浩陵郡蜑民田健所住巖間常留雲氣有聲響澈若龍吟求之
積歲莫有見者去四月二十七日巖數里夜忽有雙光至明往獲古鍾一枚又
有一器名淳于蜑人以爲神物奉祠之
永明四年四月東昌縣山自比歲以來恒發異響去二月十五日有一巖褫落
縣民方元泰往視於巖下得古鍾一枚
五年三月豫寧縣長崗山獲神鍾一枚
九年十一月寧蜀廣漢縣田所墾地入尺四寸獲古鍾一枚形高三尺八寸圍
四尺七寸縣柄長一尺二寸合高五尺四面各九孔更於陶所瓦閒見有白光

窺尋無物自後夜夜輒復有光旣經旬日村民張慶宣瓦作屋又於屋間見光照內外慶宣疑之以告孔休先乃共發視獲玉璽一鈕璧方八分上有鼻文曰帝眞曲阿縣民黃慶宅左有園園東南廣袤四丈每種菜輒鮮異雖加採拔隨復更生夜中恒有白光皎質屬天狀似縣絹私疑非常請師卜候道士傳德占使掘之深三尺獲玉印一鈕文曰長承萬福

永明二年正月冠軍將軍周普孫於石頭北廂將堂見地有異光照城堞往獲玉璽一鈕方七分文曰明玄君

十一月虜國民齊祥歸入靈丘關聞殷然有聲仰視之見山側有紫氣如雲衆鳥回翔其間祥往氣所獲璽方寸四分獸鈕文曰坤維聖帝永昌送與虜太后師道人惠度欲獻虜主惠度覩其文竊謂當今衣冠正朔在於齊國遂附道人惠藏送京師因羽林監崔士亮獻之

三年七月始與郡民龔玄宣云去年二月忽有一道人乞食因探懷中出篆書眞經一卷六紙又表北極一紙又移付羅漢居士一紙云從兜率天宮下使送

上天子因失道人所在今年正月玄宣又稱神人授皇帝璽龜形長五寸廣二
寸厚二寸五分上有天地字中央蕭字下萬世字
十年蘭陵民齊伯生於六合山獲金璽一鈕文曰年予主世祖治盆城得五尺
刀一十口永明年歷之數
昇明三年左里村人於宮亭湖得戟戟二枚傍有古字文遠不可識
泰始中世祖於青溪宅得錢一枚文有北斗七星雙節又有人形帶劒及治盆
城又得一大錢文曰太平百歲
永明七年齊興太守劉元寶治郡城於塹中獲錢百萬形極大以獻臺爲瑞世
祖班賜朝臣以下各有差
十年齊安郡民王攝掘地得四文大錢一萬二千七百十枚品製如一
建元元年郢州監利縣天井湖水色忽澄清出綿百姓採以爲纊
永明二年護軍府門外桑樹一株並有蠶絲綿被枝莖史臣案漢光武時有野
蠶成繭百姓得以成衣服今則浮波幕樹其亦此之類乎

永明八年始興郡昌樂村獲白鳩一頭
二年彭澤縣獲白雉一頭
七年鬱林獲白雉一頭
十年青州涺㳂戍獲白雉一頭
五年望蔡縣獲白鹿一頭
九年臨湘獲白鹿一頭
六年蒲傳縣亮野村獲白麞一頭
七年荆州獲白麞一頭
八年餘干縣獲白麞一頭
九年義陽安昌縣獲白麞一頭
十年司州清激戍獲白麞一頭
十一年廣陵海陵縣獲白麞一頭
七年越州獻白珠自然作思惟佛像長三寸上起禪靈寺置剎下

七年吳郡太守江斅於錢塘縣獲蒼玉璧一枚以獻

七年主書朱靈讓於浙江得靈石十人舉乃起在水深三尺而浮世祖親投於

天淵池試之刻爲佛像

二年順陽丹水縣山下得古鼎一枚

三年越州南高涼俚人海中網魚獲銅獸一頭銘曰作寶鼎齊臣萬年子孫承

寶

贊曰天降地出星見先吉造物百品詳之載述

南齊書卷十八

南齊書卷十八考證

祥瑞志黃門郎蘇偘撰聖皇瑞應記○臣承蒼按蘇偘事齊太祖最久嘗撰蕭太尉記侈陳征伐之功及太祖即位又撰瑞應記一卷上之此特一時獻諛之書而蕭子顯因之遂創立祥瑞一志殊屬不經史筆至此鄙穢甚矣

此齊者黃公之化氣也○諸本同　臣承蒼按南史齊高帝紀黃下有石字

李斯刻秦望之封也○南史齊高帝紀封作風

南齊書卷十八考證

南齊書卷十九

梁　　蕭　　子　　顯　　撰

志第十一

五行

木傳曰東方易經地上之木爲觀故木於人威儀容貌也木者春生氣之始農之本也無奪農時使民歲不過三日行什一之稅無貪欲之謀則木氣從如人君失威儀逆木行田獵馳騁不反宮室飲食沈湎不顧禮制出入無度多發繇役以奪民時作爲姦詐以奪民財則木失其性矣蓋以工匠之爲輪矢者多傷敗故曰木不曲直宋泰豫元年京師祇洹寺皂莢樹枯死昇明末忽更生花葉京房易傳曰樹枯冬生不出二年國喪君子亡其占同宋氏禪位

建元元年朱爵航華表柱生枝葉

建元初李子生毛

二年武陵沅頭都尉治有桑樹方冬生葉京房易傳曰木冬生花天下有喪其

占同後二年宮車晏駕
四年巴州城西古樓脚柏樹數百年忽生花
永明六年石子岡柏木長二尺四寸廣四寸半化爲石時車駕數游幸應本傳
木失其性也
永明中大舴一船無故自沈艚中無水
隆昌元年廬陵王子卿齋屋梁柱際無故出血
建武初始安王遙光治廟截東安寺屋以直廟垣截梁水出如淚
貌傳曰失威儀之制怠慢驕恣謂之狂則不肅矣下不敬則上無威天下既不
敬又肆其驕恣肆之則不從夫不敬其君不從其政則陰氣勝故曰厥罰常雨
永明八年四月己巳起陰雨晝或暫晴夜時見星月連雨積霖至十七日乃止
十一年四月辛巳朔去三月戊寅起而其閒暫時晴從四月一日又陰雨晝或
見日夜乍見月回復陰雨至七月乃止
永泰元年十二月二十九日雨至永元元年五月二十一日乃晴京房易曰冬

雨天下饑春雨有小兵時虜寇雍州餘應本傳

傳曰大雨雪猶庶徵之常雨也然有甚焉雨陰大雨雪者陰之畜積甚也一曰

與大水同象曰攻爲雪耳

建元二年閏月己丑雨雪

三年十一月雨雪或陰或晦八十餘日至四年二月乃止

傳曰雷於天地爲長子以其首長萬物與之出入故雷出萬物出雷入萬物入

夫雷者人君之象入則除害出則與利雷之微氣以正月出其有聲者以二月

出以八月入其餘微者以九月入冬三月雷無出者若是陽不閉陰則出涉危

難而害萬物也

建元元年十月壬午夜電光因雷鳴　十月庚戌電光有頃雷鳴久而止

永明五年正月戊申夜西北雷聲

六年十月甲申夜陰細雨始聞雷鳴於西北上

七年正月甲子夜陰雷鳴西南坤宮隆隆一聲而止

八年正月庚戌夜雷起坎宮水門其音隆隆一聲而止
九年二月丙子西北有電光因聞雷聲隆隆仍續十聲而止
十年二月庚戌夜南方有電光因聞雷聲隆隆相續丁亥止　十月庚子電雷起西北　十一月丁丑西南有光因聞雷聲隱隱再聲而止西南坤宮　十二月甲申陰雨有電光因聞西南及西北上雷鳴頻續三聲
丙申夜聞西北上雷頻續二聲
辛亥雷雨
傳曰雨雹君臣之象也陽之氣專為雹陰之氣專為霰陽專而陰脅之陰盛而陽薄之雹者陰薄陽之象也霰者陽脅陰之符也春秋不書霰者猶月蝕也
建元四年五月戊午朔雹
永明元年九月乙丑雹落大如蒜子須臾乃止
十一年四月辛亥雹落大如蒜子須臾滅
貌傳又曰上失節而狂下怠慢而不敬上下失道輕法侵制不顧君上因以荐

飢貌氣毀故有雞禍一曰水歲雞多死及爲怪亦是也上下不相信大臣姦宄民爲寇盜故曰厥極惡一曰民多被刑或形貌醜惡風俗狂慢變節易度則爲輕剽奇怪之服故曰時則有服妖

永明中宮內服用射獵錦文爲騎射兵戈之象至建武初虜大爲寇

永明中蕭諶開博風帽後䙡之製爲破後帽世祖崩後諶建廢立誅滅諸王

永明末民間制倚勸帽及海陵廢明帝之立勸進之事倚立可待也

建武中帽䙡覆頂東昏時以爲䙡應在下而今在上不祥斷之羣下反上之象也

永元中東昏侯自造遊宴之服綴以花采錦繡難得詳也羣小又造四種帽帽因勢爲名一曰山鵲歸林者詩云鵲巢夫人之德東昏寵嬖淫亂故鵲歸其林藪二曰兔子度坑天意言天下將有逐兔之事也三曰反縛黃離嘍黃口小鳥也反縛面縛之應也四曰鳳皇度三橋鳳皇者嘉瑞三橋梁王宅處也

貌傳又曰危亂端見則天地之異生木者青故曰青眚爲惡祥凡貌傷者金沴

木木沴金衡氣相通
延興元年海陵王初立文惠太子冢上有物如人長數丈青色直上天有聲如
雷
火南方揚光輝出炎爚爲明者也人君向明而治蓋取其象以知人爲分讒佞
既遠羣賢在位則爲明而火氣從矣人君疑惑棄法律不誅讒邪則讒口行內
閒骨肉外疎忠臣至殺世子逐功臣以妾爲妻則火失其性上災宗廟下災府
榭內熯本朝外熯闕觀雖興師衆不能救也
永明三年正月甲夜西北有野火光上生精西北有四東北有一並長七八尺
黃赤色　三月庚午丙夜北面有野火光上生精長六尺戊夜又有一枚長五
尺並黃赤色
四年正月丁亥夜有火精三處　閏月丁巳夜有火精四所　十二月辛酉夜
東南有野火精二枚
五年十二月丙寅夜西北有野火火上生精一枚長三尺黃白色

六年十一月戊申夜西南及北三面有野火火上生精九枚並長二尺黃赤色
九年二月丙寅甲夜北面有野火火上生精二枚西北又一枚並長三尺須臾
消
永元二年八月宮內火燒西齋璿儀殿及昭陽顯陽等殿北至華林牆西及祕
閣北屋三千餘閒京房易傳曰君不思道厥妖火燒宮祕閣與春秋宣榭火同
天意若曰既無紀綱何用典文爲也
二年冬京師民閒相驚云當行火災南岸人家往往於籬閒得布火纏者云公
家以此禳之
三年正月豫章郡天火燒三千餘家京房易占曰天火下燒民屋是謂亂治殺
兵作是年臺軍與義師偏衆相攻於南江諸郡
三年二月乾和殿西廂火燒屋三十閒是時西齋既火帝徙居東齋高宗所住
殿也與燒宮占同
傳又曰犯上者不誅則草犯霜而不死或殺不以時事在殺生失柄故曰草妖

也一曰草妖者失衆之象也
永元中御刀黃文濟家齋前種昌蒲忽生花光影照壁成五采其兒見之餘人不見也少時文濟被殺
劉歆視傳有羽蟲之孼謂雞禍也班固案易雞屬巽今以羽蟲之孼類是也依歆說附視傳云
建武二年有大鳥集建安形如水牘子其年郡大水
三年大鳥集東陽郡太守沈約表云鳥身備五采赤色居多案樂緯叶圖徵云焦明鳥質赤至則水之感也
永明二年四月烏巢內殿東鴟尾
三年大鳥集會稽上虞其年縣大水　傳曰維水沴火又曰赤眚赤祥
建武四年王晏子德元所居帷屏無故有血灑之少日而散晏尋被誅
思心傳曰心者土之象也思心不睿其過在瞀亂失紀風於陽則爲陰於陰則爲大臣之象專恣而氣盛故罰常風心爲五事主猶土爲五行主也一曰陰陽

相薄偏氣陽多爲風其甚也常風陰氣多者陰而不雨其甚也常陰一曰風宵起而晝晦以應常陰同象也

建元元年十一月庚戌風夜暴起雲雷合冥從戌亥上來

四年十一月甲寅酉時風起小駛至二更雪落風轉浪津

永明四年二月丙寅巳時風迅急　十一月己丑戌時風迅急從西北戌亥上來

五年五月乙酉子時風迅急從西北戌亥上來

七年正月丁卯陽徵陰賊之日時加子風起迅急從北方子丑上來暴疾浪津寅時止

八年六月乙酉時加子風起迅急暴疾浪津發屋折木塵沙從西南未上來因雷雨須臾風微雨止

九年七月甲寅陽羽廉貞之日時加亥風起迅急從東方來暴疾彭勃浪津至乙卯陰賊時漸微名羽動羽

九月乙丑時加未雷驟雨風起迅急暴疾浪津從西北戌上來　十月壬辰陽
羽姦邪之日時加丑風起從北方子丑上來暴疾浪津迅急塵埃五日寅時漸
微名羽動宮
十年正月辛巳陽商寬大之日時加寅風從西北上來暴疾浪津迅急揚沙折
木酉時止　二月甲辰陽徵姦邪之日時加辰風起迅急從西北亥上來暴疾
彭勃浪津至酉時止　三月丁酉陽徵廉貞之日時加未風從北方子丑上來
迅急暴疾浪津戌時止　七月庚申陰角貪狼之日時加午風從東北丑上來
迅急浪津至辛酉巳時漸微
十一年二月庚寅陽角廉貞之日時加亥風從西北亥上來迅疾浪津丑時漸
微爲角動角　七月甲寅陽羽廉貞之日時加巳風從東北寅上來迅疾浪津
發屋折木戌夜漸微爲羽動徵己巳陽角寬大之日時加未風從戌上來暴疾
良久止爲角動商及宮凡時無專恣疑是陰陽相薄
建武元年三月乙酉未時風起浪津暴急從北方上來應本傳誻亂

建武二年三年四年每秋七月八月輒大風三吳尤甚發屋折木殺人京房占獄吏暴風害人時帝嚴刻

永元元年七月十二日大風京師十圍樹及官府居民屋皆拔倒應本傳

傳又曰山之於地君之象也山崩者君權損京陵易處世將變也陵轉爲澤貴將爲賤也

建元二年夏廬陵石陽縣長溪水衝激山麓崩長六七丈下得柱千餘口皆十圍長者一丈短者八九尺頭題有古文字不可識江淹以問王儉儉云江東不閑隸書此秦漢時柱也後年宮車晏駕世變之象也

永明二年秋始興曲江縣山崩壅底溪水成陂京房占山崩人主惡之　傳又曰雷電所擊蓋所感也皆思心有尤之所致也

建元二年閏六月丙戌戌夜震電

四年五月五日雷霹闇都雷震於樂遊安昌殿電火焚蕩盡

永明八年四月六日雷震會稽山陰恆山保林寺剎上四破電火燒塔下佛面

窗戸不異也

永明中雷震東宮南門無所傷毀殺食官一人

十一年三月震於東齋棟崩左右密欲治繕竟陵王子良曰此豈可治留之志吾過且旌天之愛我也明年子良薨　傳又曰土氣亂者木金水火亂之

建武二年二月丁巳地震

永元元年七月地日夜十八震　九月十九日地五震

金者西方萬物既成殺氣之始也其於王事兵戎戰伐之道也王者興師動衆建立旗鼓仗旄把鉞以誅殘賊止暴亂殺伐應義則金氣從工冶鑄化革形成器也人君樂侵陵好攻戰貪城邑輕百姓之命人民不安內外騷動則金失其性蓋冶鑄不化水滯固堅故曰金不從革又曰維木沴金

建武四年明帝出舊宮送豫章王第二女綏安主降嬪還上輦輦上金翅無故自折落地

言傳曰言易之道西方曰兌爲口人君過差無度刑法不一歛從其重或有師

旅炕陽之節若動衆勞民是言不從人君既失衆政令不從孤陽持治下畏君之重刑陽氣勝則旱象至故曰厥罰常陽也

建元三年大旱時有虜寇

永明三年大旱明年唐寓之起

建武二年大旱時虜寇方盛皆動衆之應也

言傳曰下既悲苦君上之行又畏嚴刑而不敢正言則必先發於歌謠歌謠口事也口氣逆則惡言或有怪謠焉

宋泰始既失彭城江南始傳種消梨先時所無百姓爭欲種植識者曰當有姓蕭而來者十餘年齊受禪

元徽中童謠曰襄陽白銅蹄郎殺荊州兒後沈攸之反雍州刺史張敬兒襲江陵殺沈攸之子元琰等

永明元年元日有小人發白虎樽既醉與筆札不知所道直云憶高帝敕原其罪

世祖起青溪舊宮時人反之曰舊宮者窮廏也及上崩後宮人出居之
永明初百姓歌曰白馬向城啼欲得城邊草後句閙云陶郎來白者金色馬者
兵事三年妖賊唐寓之起言唐來勞也
世祖起禪靈寺初成百姓縱觀或曰禪者授也靈非美名所授必不得其人後
太孫立見廢也
永明中宮內坐起御食之外皆爲客食世祖以客非家人名改呼爲別食時人
以爲分別之象少時上晏駕
文惠太子在東宮作兩頭纖纖詩後句云磊磊落落玉山崩自此長王宰相相
繼薨徂二宮晏駕
文惠太子作七言詩後句輒云愁和諦後果有和帝禪位
永明中虜中童謠云黑水流北赤火入齊尋而京師人家忽生火赤於常火熱
小微貴賤爭取以治病法以此火灸桃板七炷七日皆差敕禁之不能斷京師
有病瘿者以火灸數日而差隣人笑曰病偶自差豈火能爲此人便覺頤閙癢

明日瘳還如故後梁以火德興

文惠太子起東田時人反云後必有癲童果由太孫失位

齊宋以來民間語云擾攘建武上明帝初誅害蕃戚京師危駭

永元元年童謠曰洋洋千里流流翣東城頭烏馬烏皮袴三更相告訴脚跛不得起誤殺老姥子千里流者江祏也東城遙光也遙光夜舉事垣歷生者烏皮袴褶往奔之跛脚亦遙光老姥子孝字之象徐孝嗣也

永元中童謠云野豬雖嗃嗃馬子空閭渠不知龍與虎飲食江南墟七九六十三廣莫人無餘烏集傳舍頭今汝得寬休但看三八後摧折景陽樓識者解云陳顯達屬豬崔慧景屬馬非也東昏侯屬豬馬子未詳梁王屬龍蕭穎胄屬虎崔慧景攻臺頓廣莫門死時年六十三烏集傳舍即所謂瞻烏爰止於誰之屋三八二十四起建元元年至中興二年二十四年也摧折景陽樓亦高臺傾之意也言天下將去乃得休息也

齊宋之際民閒語云和起言以和顏而爲變起也後和帝立

崔慧景圍臺城有一五色幡飛翔在雲中半日乃不見衆皆驚怪相謂曰幡者

事尋當飜覆也數日而慧景敗言傳曰言氣傷則民多口舌故有口舌之痾金

者白故有日眚若有白爲惡祥

宋昇明二年飆風起建康縣南塘里吹帛一匹入雲風止下御路紀僧真啓太

祖當宋氏禪者其有匹夫居之水北方冬藏萬物氣至陰也宗廟祭祀之象死

者精神放越不反故爲之廟以收其散爲之貌以收其魂神而孝子得盡禮焉

敬之至則神歆之此則至陰之氣從則水氣從溝瀆隨而流去不爲民害矣人

君不禱祀簡宗廟廢祭祀逆天時則霧水暴出川水逆溢壞邑軼鄉沈溺民人

故曰水不潤下

建元二年吳吳興義興三郡大水

二年夏丹陽吳二郡大水

四年大水

永明五年夏吳興義興水雨傷稼

六年吳興義興二郡大水
建武二年冬吳晉陵二郡水雨傷稼
永元元年七月濤入石頭漂殺緣淮居民應本傳荊州城內有沙池常漏水蕭穎胄爲長史水乃不漏及穎胄亡乃復竭
傳曰極陰氣動故有魚孽魚孽者常寒罰之符也
永明九年鹽官縣石浦有海魚乘潮來水退不得去長三十餘丈黑色無鱗未死有聲如牛土人呼爲海鷰取其肉食之
永元元年四月有大魚十二頭入會稽上虞江大者近二十餘丈小者十餘丈一入山陰稱浦一入永興江皆暍岸側百姓取食之
聽傳曰不聽之象見則妖生於耳以類相動故曰有鼓妖也一曰聲屬鼓妖
永明元年十一月癸卯夜天東北有聲至戊夜
傳曰皇之不極是謂不建其咎在霿亂失聽故厥咎霿思心之咎亦霧天者正萬物之始王者正萬事之始失中則害天氣類相動也天者轉於下而運於上

雲者起於山而彌於天天氣動則其象應故厥罰常陰王者失中臣下盛強而

蔽君明則雲陰亦衆多而蔽天光也

建元四年十月丙午日入後土霧勃勃如火煙

永明二年十一月己亥四面土霧入人眼鼻至辛丑止二年十一月丙子日出

後及日入後四面土霧勃勃如火煙

六年十一月庚戌丙夜土霧竟天昏塞濃厚至六日未時小開到甲夜後仍濃

密勃勃如火煙辛慘入人眼鼻

八年十月壬申夜土霧竟天濃厚勃勃如火煙氣入人眼鼻至九日辰時開除

九年十月丙辰晝夜恆昏霧勃勃如火煙其氣辛慘入人眼鼻兼日色赤黃至

四日甲夜開除

十年正月辛酉酉初四面土霧勃勃如火煙其氣辛慘入人眼鼻

傳曰易曰乾爲馬逆天氣馬多死故曰有馬禍一曰馬者兵象也將有寇戎之

事故馬爲怪

建武四年王晏出至草市馬驚走鼓步從車而歸十餘日晏誅

建武中南岸有一蘭馬走逐路上女子女子窘急走入人家牀下避之馬終不置發牀食女子股脚間肉都盡禁司以聞敕殺此馬是後頻有寇賊

京房易傳曰生子二胸以上民謀其主三手以上臣謀其主二口已上國見驚以兵三耳已上是謂多聽國事無定二鼻以上國主久病三足三臂已上天下有兵其類甚多蓋以象占之

永明五年吳興東遷民吳休之家女人雙生二兒胸以下齊以上合

京房易傳曰野獸入邑其邑大虛又曰野獸無故入邑朝廷門及宮府中者邑逆且虛

永明中南海王子罕爲南兖州刺史有麞入廣陵城投井而死又有象至廣陵是後刺史安陸王子敬於鎮被害

建武四年春當郊治圜丘宿設已畢夜虎攫傷人

建武中有鹿入景皇寢廟皆爲上崩及禪代也凡無占者皆爲不應本傳

贊曰木怪夔魍火爲水妃土實載物金作明威形聲異迹影響同歸皆由象應莫不類推

南齊書卷十九

南齊書卷十九考證

五行志巴州城西古樓腳柏樹數百年忽作花○樹南監本作桂當從之

衡氣相通○衡諸本作衝

襄陽白銅蹄○蹄南監本作鞮

南齊書卷十九考證

南齊書卷二十

梁　蕭　子　顯　撰

列傳第一

皇后

六宮位號漢魏以來因襲增置世不同矣建元元年有司奏置貴嬪夫人貴人爲三夫人脩華脩儀脩容淑妃淑媛淑儀婕妤容華充華爲九嬪美人中才人才人爲散職永明元年有司奏貴妃淑妃並加金章紫綬佩于寘玉淑妃舊擬九棘以淑爲温恭之稱妃爲亞后之名進同貴妃以比三司夫人之號不殊蕃國降淑媛以比九卿七年復置昭容位在九嬪建元三年太子宮置三內職良娣比開國侯保林比五等侯才人比駙馬都尉宣孝陳皇后諱道正臨淮東陽人魏司徒陳矯後父肇之郡孝廉后少家貧勤織作家人矜其勞或止之后終不改嫁于宣帝庶生衡陽元王道度始安貞王道生后生太祖太祖年二歲乳人乏乳后夢人以兩甌麻粥與之覺而乳大出異而說之宣帝從仕在外后常

留家治事教子孫有相者謂后曰夫人有貴子而不見也后歎曰我三兒誰當
應之呼太祖小字曰正應是汝耳宣帝殂後后親自執勤婢使有過誤恕不問
也太祖雖從宦而家業本貧爲建康令時高宗等冬月猶無縑纊而奉膳甚厚
后每撤去兼肉曰於我過足矣殂于縣舍年七十三昇明三年追贈竟陵公國
太夫人蜜印畫青綬祠以太牢建元元年追尊孝皇后贈外祖父肇之金紫光
祿大夫謚曰敬侯后母胡氏爲永昌縣靖君

高昭劉皇后諱智容廣陵人也祖玄之父壽之竝員外郎后母桓氏夢吞玉勝
生后時有紫光滿室以告壽之壽之曰恨非是男桓曰雖女亦足興家矣后每
寢臥家人常見上如有雲氣焉年十餘歲歸太祖嚴正有禮法家庭肅然宋泰
豫元年殂年五十歸葬宣帝墓側今泰安陵也門生王清與墓工始下鍤有白
兎跳起尋之不得及墳成兎還棲其上昇明二年贈竟陵公國夫人三年贈齊
國妃印綬如太妃建元元年尊謚昭皇后三年贈后父金紫光祿大夫母桓氏
上都鄉君壽之子興道司徒屬文蔚豫章內史義徽光祿大夫義倫通直郎

武穆裴皇后諱惠昭河東聞喜人也祖朴之給事中父璣之左軍參軍后少與豫章王妃庾氏爲娣姒庾氏勤女工奉事太祖昭后恭謹不倦后不能及故不爲舅姑所重世祖家好亦薄焉性剛嚴竟陵王子良妃袁氏布衣時有過后加訓罰昇明三年爲齊世子妃建元元年爲皇太子妃三年后薨謚穆妃葬休安陵世祖卽位追尊皇后贈璣之金紫光祿大夫后母檀氏餘杭廣昌鄉元君舊顯陽昭陽殿太后皇后所居也永明中無太后皇后羊貴嬪居昭陽殿西范貴妃居昭陽殿東寵姬荀昭華居鳳華柏殿宮內御所居壽昌畫殿南閣置白鷺鼓吹二部乾光殿東西頭置鍾磬兩廂皆宴樂處也上數遊幸諸苑囿載宮人從後車宮內深隱不聞端門鼓漏聲置鍾於景陽樓上宮人聞鍾聲早起裝飾至今此鍾唯應五鼓及三鼓也車駕數幸琅邪城宮人常從早發至湖北埭雞始鳴吳郡韓蘭英婦人有文辭宋孝武世獻中興賦被賞入宮明帝世用爲宮中職僚世祖以爲博士教六宮書學以其年老多識呼爲韓公

文安王皇后諱寶明琅邪臨沂人也祖韶之吳興太守父曄之太宰祭酒宋世

太祖爲文惠太子納后桂陽賊至太祖在新亭傳言已沒宅復爲人所抄掠文
惠太子竟陵王子艮奉穆后庾妃及后挺身送后兄昺之家事平乃出建元元
年爲南郡王妃四年爲皇太子妃無寵太子爲宮人製新麗衣裳及首飾而后
牀帷陳設故舊釵鑷十餘枚永明十一年爲皇太孫太妃鬱林卽位尊爲皇太
后稱宣德宮贈后父金紫光祿大夫母桓氏豐安縣君其年十二月備法駕謁
太廟高宗卽位出居鄱陽王故第爲宣德宮永元三年梁王定京邑迎后入宮
稱制至禪位天監十一年薨年五十八葬崇安陵謚曰安后兄晃義興太守
鬱林王何妃名婧英廬江灊人撫軍將軍戢之女也永明二年納爲南郡王妃
十一年爲皇太孫妃鬱林王卽位爲皇后嫡母劉氏爲高昌縣都鄉君所生母
宋氏爲餘杭廣昌鄉君將拜鏡在床無故墮地其冬與太后同日謁太廟后稟
性淫亂爲妃時便與外人姦通在後宮復通帝左右楊珉之與同寢處如伉儷
珉之又與帝相愛褻故帝恣之迎后親戚入宮賞賜人百數十萬以世祖耀靈
殿處后家屬帝被廢后貶爲王妃

海陵王王妃名韶明琅邪臨沂人太常慈女也永明八年納爲臨汝公夫人鬱

林卽位爲新安王妃延興元年爲皇后其年降爲海陵王妃

明敬劉皇后諱惠端彭城人光祿大夫道弘孫也太祖爲高宗納之建元三年

除西昌侯夫人永明七年卒葬江乘縣張山延興元年贈宣城王妃高宗卽位

追尊爲敬皇后贈父通直郎景猷金紫光祿大夫母王氏平陽鄉君永泰元年

高宗崩改葬祔于興安陵

東昏褚皇后名令璩河南陽翟人太常澄女也建武二年納爲皇太子妃明年

謁敬后廟東昏卽位爲皇后帝寵潘妃后不被遇黃淑儀生太子誦東昏廢竝

爲庶人

和帝王皇后名蕣華琅邪臨沂人太尉儉孫也初爲隨王妃中興元年爲皇后

帝禪位后降爲妃

史臣曰后妃之德著自風謠義起閨房而道化天下繅盆獻種罔非耕織佩管

晨興與子同事可以光熙閫業作儷公侯孝昭二后並有賢明之訓不得母臨

萬國寶命方昌椒廷虛位有婦人焉空慕周興禎符顯瑞徒萃徽名若使掖作
同休陰教遠變則馬鄧風流復存乎此太祖創命宮禁貶約毀宋明之紫極革
前代之踰奢衣不文繡色無紅采永巷貧空有同素室世祖嗣位運藉休平壽
昌前興鳳華晚構香柏文檉花梁繡柱雕金鏤寶頗用房帷趙瑟吳趨承閑奏
曲歲費傍恩足使充牣事由私蓄無損國儲高宗仗數矯情外行儉陋內奉宮
業曾莫云改東昏喪道侈風大扇銷糜海內以贍浮飾哲婦傾城同符殷夏嗚
呼所以垂戒於方來也
贊曰宣武孝則識有先知高昭誕武世載母儀裴穆儲闈位亦從隳明敬典冊
配在宗枝秋宮亦遽軒景前虧文安廢主百憂已離中興秉制揖讓弘規

南齊書卷二十考證

武穆裴皇后傳吳郡韓蘭英○汲古閣本蘭下旁注宋本作闌四字

后牀帷陳設故舊釵鑷十餘枚○汲古閣本牀下旁注宋本作宋四字

史臣論雕金鏤寶頗用房帷○頗用南監本作照燭

內奉宮業曾莫云改○內奉宮業南監本作奉己之制

南齊書卷二十考證

南齊書卷二十一

梁　蕭　子　顯　撰

列傳第二

文惠太子

文惠太子長懋字雲喬世祖長子也世祖年未弱冠而生太子爲太祖所愛姿容豐潤小字白澤宋元徽末隨世祖在郢世祖還鎮盆城拒沈攸之使太子勞接將帥親侍軍旅除祕書郎不拜授輔國將軍遷晉熙王撫軍主簿事寧世祖遣太子還都太祖方創霸業心存嫡嗣謂太子曰汝還吾事辦矣處之府東齋令通文武賓客勑荀伯玉曰我出行日城中軍悉受長懋節度我雖不行內外直防及諸門甲兵悉令長懋時時履行轉祕書丞以與宣帝諱同不就改除中書郎還黃門侍郎未拜昇明三年太祖將受禪世祖已還京師以襄陽兵馬重鎮不欲處他族出太子爲持節都督雍梁二州郢州之竟陵司州之隨郡軍事左中郎將寧蠻校尉雍州刺史建元元年封南郡王邑二千戶江左未有嫡皇

孫封王始自此也進號征虜將軍先是梁州刺史范柏年誘降晉壽亡命李烏
奴討平氐賊楊城蘇道熾等頗著威名沈攸之事起柏年遣將陰廣宗領軍出
魏興聲援京師而候望形勢事平朝廷遣王玄邈代之烏奴勸柏年據漢中不
受命柏年計未決玄邈已至柏年遲回魏興不肯下太子慮其爲變乃遣說柏
年許啓爲府長史柏年乃進襄陽因執誅之柏年梓橦人徙居華陽世爲土豪
知名州里宋泰始中氐寇斷晉壽道柏年以倉部郎假節領數百人慰勞通路
自益州道報命除晉壽太守討平氐賊遂爲梁州柏年彊立善言事以應對爲
宋明帝所知旣被誅巴西太守柳引稱啓太祖勑答曰柏年幸可不爾爲之恨
恨時襄陽有盜發古塚者相傳云是楚王塚大獲寶物玉屐玉屏風竹簡書青
絲編簡廣數分長二尺皮節如新盜以把火自照後人有得十餘簡以示撫軍
王僧虔僧虔云是科斗書考工記周官所闕文也是時州遣按驗頗得遺物故
有同異之論會北虜南侵上慮當出樊沔二年徵爲侍中中軍將軍置府鎮石
頭穆妃薨成服日車駕出臨喪朝議疑太子應出門迎左僕射王儉曰尋禮記

服問君所主夫人妻太子嫡婦言國君爲此三人爲主喪也今鑾輿臨降自以主喪而至雖因事撫慰義不在弔南郡以下不應出門奉迎但尊極所臨禮有變革權去杖經移立戶外足表情敬無煩止哭皇太子既一宮之主自應以車駕幸宮依常奉候既當成服之日吉凶不容相干宜以衰幘行事望拜止哭率由舊章尊駕不以臨弔奉迎則惟常體求之情禮如爲可安解侍中上以太子哀疾不宜居石頭山障移鎮西州四年遷使持節都督南徐兗二州諸軍事征北將軍南徐州刺史世祖即位爲皇太子初太祖好左氏春秋太子承旨諷誦以爲口實既正位東儲善立名尚禮接文士畜養武人皆親近左右布在省闥永明三年於崇正殿講孝經少傅王儉以擿句令太僕周顒撰爲義疏五年冬太子臨國學親臨策試諸生於坐問少傅王儉曰曲禮云無不敬尋下之奉上可以盡禮上之接下慈而非敬今總同敬名將不爲昧儉曰鄭玄云禮主於敬便當是尊卑所同太子曰若如來通則忠惠可以一名孝慈不須別稱儉曰尊卑號稱不可悉同愛敬之名有時相次忠惠之異誠以聖旨孝慈互舉竊有徵

據禮云不勝喪比於不慈不孝此則其義太子曰資敬奉君資愛事親兼此二
塗唯在一極今乃移敬接下豈復在三之義儉曰資敬奉君必同至極移敬逮
下不慢而已太子曰敬名雖同深淺既異而文無差別彌復增疑儉曰繁文不
可備設略言深淺已見傳云不忘恭敬民之主也書云奉先思孝接下思恭此
又經典明文互相起發太子問金紫光祿大夫張緒緒曰愚謂恭敬是立身之
本尊卑所以並同太子曰敬雖立身之本要非接下之稱尚書云惠鮮鰥寡何
不言恭敬鰥寡邪緒曰今別言之居然有恭惠之殊總開記首所以共同斯稱
竟陵王子良曰禮者敬而已矣自上及下愚謂非嫌太子曰本不謂有嫌正欲
使言與事符輕重有別耳臨川王暎曰先舉必敬以明大體尊卑事數備列後
章亦當不以總略而礙太子又以此義問諸學生謝幾卿等十一人並以筆對
太子問王儉曰周易乾卦本施天位而說卦云帝出乎震震本非天義豈相主
儉曰乾健震動天以運動爲德故言帝出震太子曰天以運動爲德君自體天
居位震雷爲象豈體天所出儉曰主器者莫若長子故受之以震萬物出乎震

故亦帝所與焉儉又諮太子曰孝經仲尼居曾子侍夫孝理弘深大賢方盡其致何故不授顏子而寄曾生太子曰曾生雖德慙體二而色養盡禮去物尚近接引非隔弘宣規教義在於此儉曰接引非隔弘宣雖易去聖轉遠其事彌輕既云人能弘道將恐人輕道廢太子曰理既有在不容以人廢言而況中賢之才弘上聖之教寧有壅塞之嫌臨川王暎諮曰孝爲德本常是所疑德施萬善孝由天性自然之理豈因積習太子曰不因積習而至所以可爲德本暎曰率由斯至不俟明德大孝榮親衆德光備以此而言豈得爲本太子曰孝有深淺德有小大因其分而爲本何所稍疑太子以長年臨學亦前代未有也明年上將訊丹陽所領因及南北二百里內獄詔曰獄訟之重政化所先太子立年作貳宜時詳覽此訊事委以親決太子乃於玄圃園宣猷堂錄三署因原宥各有差上晚年好遊宴尚書曹事亦分送太子省視太子與竟陵王子良俱好釋氏立六疾館以養窮民風韻甚和而性頗奢麗宮內殿堂皆雕飾精綺過於上宮開拓玄圃園與臺城北塹等其中樓觀塔宇多聚奇石妙極山水慮上宮望見

乃傍門列脩竹內施高鄣造游牆數百間施諸機巧宜須鄣蔽須臾成立若應
毀撤應手遷徙善製珍玩之物織孔雀毛爲裘光彩金翠過於雉頭矣以晉明
帝爲太子時立西池乃啓世祖引前例求東田起小苑上許之永明中二宮兵
力全實太子使宮中將吏更番役築宮城苑巷制度之盛觀者傾京師上性雖
嚴多布耳目太子所爲無敢啓者後上幸豫章王宅還過太子東田見其彌亘
華遠壯麗極目於是大怒收監作主帥太子懼皆藏匿之由是見責太子素多
疾體又過壯常在宮內簡於遨遊玩弄羽儀多所僭擬雖咫尺宮禁而上終不
知十年豫章王嶷薨太子見上友于既至造碑文奏之未及鐫勒十一年春正
月太子有疾上自臨視有憂色疾篤上表曰臣地屬元良業微三善光道樹風
於焉蓋闕晨宵怭懼有若臨淵攝生舛和搆離痾疾大漸惟幾顧陰待謝守器
難永視膳長違仰戀慈顏內懷感哽竊惟死生定分理不足悲伏願割無已之
悼損既往之傷寶衛聖躬同休七百臣雖沒九泉無所遺恨時年三十六太子
年始過立久在儲宮得參政事內外百司咸謂旦暮繼體及薨朝野驚惋焉上

幸東宮臨哭盡哀詔斂以衮冕之服謚曰文惠葬崇安陵世祖履行東宮見太子服翫過制大怒敕有司隨事毀除以東田殿堂爲崇虚館鬱林立追尊爲文帝廟稱世宗初太子內懷惡明帝密謂竟陵王子良曰我意色中殊不悅此人當由其福德薄所致子良便苦救解後明帝立果大相誅害

史臣曰上古之世父不哭子壽夭悠悠尚嗟恆事況夫正體東儲方樹年德重基累葉載茂皇家守器之君已知耕稼雖温文具美交弘盛迹武運將終先期夙殞傳之幼少以速顛危推此而論亦冥數矣

贊曰二象垂則三星麗天樹嫡惟長義匪求賢方爲守器植命不延

南齊書卷二十一

南齊書卷二十一考證

文惠太子傳我雖不行內外直防及諸門甲兵悉令長懋時時履行○汲古閣本長懋下旁注宋本無已上十六字

史臣論雖温文具美交弘盛迹○汲古閣本無雖字温文下旁注三字宋本闕

南齊書卷二十一考證

南齊書卷二十二

梁　蕭　子　顯　撰

列傳第三

豫章文獻王

豫章文獻王嶷字宣儼太祖第二子寬仁弘雅有大成之量太祖特鍾愛焉起家爲太學博士長城令入爲尙書左民郎錢唐令太祖破薛索兒改封西陽以先爵賜爲晉壽縣侯除通直散騎侍郎以偏憂去官桂陽之役太祖出頓新亭壘板嶷爲寧朔將軍領兵衞從休範率士卒攻壘南嶷執白虎幡督戰屢摧却之事寧遷中書郎尋爲安遠護軍武陵內史時沈攸之責賧伐荊州界內諸蠻遂反五溪禁斷魚鹽羣蠻怒酉溪蠻王田頭擬殺攸之使攸之責賧千萬頭擬輸五百萬發氣死其弟婁侯篡立頭擬子田都走入獠中於是蠻部大亂抄掠平民至郡城下嶷遣隊主張莫兒率將吏擊破之田都自獠中請立而婁侯懼亦歸附嶷誅婁侯於郡獄命田都繼其父蠻衆乃安入爲宋順帝車騎諮議參

軍府掾轉驃騎仍遷從事中郎諮司徒袁粲粲謂人曰後來佳器也太祖在領
軍府嶷居青溪宅蒼梧王夜中微行欲掩襲宅內嶷令左右儛刀戟於中庭蒼
梧從墻閣窺見以爲有備乃去太祖帶南兗州鎮軍府長史蕭順之在鎮憂危
既切期渡江北起兵嶷諫曰主上狂凶人不自保單行道路易以立功外州起
兵鮮有克勝物情疑惑必先人受禍今於此立計萬不可失蒼梧王殞太祖報
嶷曰大事已判汝明可早入順帝卽位轉侍中總宮內直衞沈攸之之難太祖
入朝堂嶷出鎮東府加冠軍將軍袁粲舉兵夕丹陽丞王遜告變先至東府嶷
遣帳內軍主戴元孫二千人隨薛道淵等俱至石頭焚門之功元孫預焉先是
王蘊薦部曲六十人助爲城防實以爲內應也嶷知蘊懷貳不給其仗散處外
省及難作搜檢皆已亡去還中領軍加散騎常侍上流平後世祖自尋陽還嶷
出爲使持節都督江州豫州之新蔡晉熙二郡軍事左將軍江州刺史常侍如
故給鼓吹一部以定策功改封永安縣公千五百戶仍徙都督荊湘雍益梁寧
南北秦八州諸軍事鎮西將軍荊州刺史持節常侍如故時太祖輔政嶷務在

省約停府州儀迎物初沈攸之欲聚衆開民相告士庶坐執役者甚衆嶷至鎮一日遣三千餘人見囚五歲刑以下不連臺者皆原遣以市稅重濫更定檮格以稅還民禁諸市調及苗籍二千石官長不得與人爲市諸曹吏聽分番假百姓甚悅禪讓之間世祖欲速定大業嶷依違其事默無所言建元元年太祖卽位敕詔未至嶷先下令蠲除國內昇明二年以前逋負遷侍中尚書令都督揚南徐二州諸軍事驃騎大將軍開府儀同三司揚州刺史持節如故封豫章郡王邑三千戶僕射王儉牋曰舊楚蕭條仍歲多故荒民散亡實須緝理公臨莅甫爾英風惟穆江漢來蘇八州慕義自庾亮以來荊楚無復如此美政古人朞月有成而公旬日致治豈不休哉會北虜動上思爲經略乃詔曰西關總司王畿誠爲治要荊楚領馭遐遠任寄弘隆自頃公私凋盡綏撫之宜尤重恆日復以爲都督荊湘雍益梁寧南北秦八州諸軍事南蠻校尉荊湘二州刺史持節侍中將軍開府如故晉宋之際刺史多不領南蠻別以重人居之至是有二府二州荊州資費歲錢三千萬布萬匹米六萬斛又以江湘二州米十萬斛給鎮

府湘州資費歲七百萬布三千匹米五萬斛南蠻資費歲三百萬布萬匹綿千斤絹三百匹米千斛近代莫比也尋給油絡俠望車二年春虜寇司豫二州嶷表遣南蠻司馬崔慧景北討又分遣中兵參軍蕭惠朗援司州屯西關虜軍濟淮攻壽春分騎當出隨鄧衆以爲憂嶷曰虜入春夏非動衆時令豫司彊守遏其津要彼見堅嚴自當潰散必不敢越二鎮而南也是時纂嚴嶷以荊州鄰接蠻蜑慮其生心令鎮內皆緩服既而虜竟不出樊鄧於壽春敗走尋給班劍二十人其夏於南蠻園東南開館立學上表言狀置生四十人取舊族父祖位正佐臺郎年二十五以下十五以上補之置儒林參軍一人文學祭酒一人勸學從事二人行釋菜禮以穀過賤聽民以米當口錢優評斛一百義陽劫帥張羣亡命積年鼓行爲賊義陽武陵天門南平四郡界被其殘破沈攸之連討不能禽乃首用之攸之起事羣從下郢於路先叛結寨於三溪依據深險嶷遣中兵參軍虞欣祖爲義陽太守使降意誘納之厚爲禮遺於坐斬首其黨數百人皆散四郡獲安入爲都督揚南徐二州諸軍事中書監司空揚州刺史持節侍中

如故加兵置佐以前軍臨川王暎府文武配司空府嶷以將還都脩治解宇及
路陌東歸部曲不得齎府州物出城發江津士女觀送數千人皆垂泣嶷發江
陵感疾至京師未瘳上深憂慮爲之大赦三年六月壬子赦令是也疾愈上幸
東府設金石樂敕得乘輿至宮六門太祖崩嶷哀號眼耳皆出血世祖卽位進
位太尉置兵佐解侍中增班劍爲三十人建元中世祖以事失旨太祖頗有代
嫡之意而嶷事世祖恭悌盡禮未嘗違忤顏色故世祖友愛亦深永明元年領
太子太傅解中書監餘如故手啓上曰陛下以叡孝纂業萬寓惟新諸弟有序
臣屢荷隆愛叨授台首不敢固辭俛仰祇寵心魂如失負重量力古今同規臣
窮生如浮質操空素任居鼎右已移氣序自頃以來宿疾稍纏心慮恍惚表於
容狀視此根候常恐命不勝恩加以星緯屢見災祥雖脩短有恆能不耿介比
心欲從俗啓解今職但厝辭爲鄙或貽物誚所以息意緘嘿一委時運而可復
加寵榮增其顛墜其儲傅之重實非恆選遂使太子見臣必束帶宮臣皆再拜
二三之宜何以當此陛下同生十餘今唯臣而已友于之愛豈當獨臣鍾其隆

遇別奉啓事仰祈恩照臣近亦侍言太子告意子良具因王儉申啓未知粗上
聞未福慶方隆國祚永始若天假臣年得預人位唯當請降貂璫以飾微軀永
侍天顏以惟畢世此臣之願也服之不衷猶爲身災況寵爵乎殊榮厚恩必蓄
以命請上答曰事中恐不得從所陳宋氏以來州郡秩俸及供給多隨土所出
無有定准嶷上表曰循革貴宜損益資用治在夙均政由一典伏尋郡縣長尉
俸祿之制雖有定科而其餘資給復由風俗東北異源西南各緒習以爲常因
而弗變緩之則莫非通規澄之則靡不入罪殊非約法明章先令後刑之謂也
臣謂宜使所在各條公用公田秩石迎送舊典之外守宰相承有何供調尚書
精加洗覈務令優衷事在可通隨宜開許損公侵民一皆止却明立定格班下
四方永爲恆制從之嶷不參朝務而言事密謀多見信納服闋加侍中二年詔
曰漢之梁孝寵異列蕃晉之文獻秩殊恆序況乃地侔前准勳兼往式雖天倫
有本而因事增情宜廣田邑用申恩禮增封爲四千戶宋元嘉世諸王入齋閤
得白服帬帽見人主唯出太極四廂乃備朝服自比以來此事一斷上與嶷同

生相友睦宮內曲宴許依元嘉疑固辭不奉敕唯車駕幸第乃白服烏紗帽以
侍宴焉啓自陳曰臣自還朝便省儀刀捉刀左右十餘亦省唯郊外遠行或復
暫有入殿亦省服身今所牽仗二俠轂二白直共七八十人事無大小臣必欲
上啓伏度聖心脫未委曲或有言其多少不附事實仰希卽賜垂敕又啓揚州
刺史舊有六白領合扇二白拂臣脫以爲疑不審此當云何行園苑中乘輿出
籬門外乘輿鳴角皆相仍如此非止於帶神州者未審此當云何方有行來不
可失衷上答曰儀刀捉刀不應省也俠轂白直乃可共百四五十以還正是耳
亦不曾聞人道此吾自不使諸王無仗況復汝耶在私園苑中乘此非疑郊外
鳴角及合扇幷拂先乃有不復施用此來甚久凡在鎭自異還京師先廣州乃
立鼓吹交部遂有輦事隨時而改亦復有可得依舊者汝若有疑可與王儉諸
人量衷但令人臣之儀無失便行也又啓曰臣拙知自處闇於疑訪常見素姓
扶詔或著布屩不意爲異臣在西朝拜王儀飾悉依宋武陵事例有二鄣扇仍
此下都脫不爲疑小兒奴子並青布袴衫臣齋中亦有一人意謂外庶所服不

疑與羊車相類曲荷慈旨今悉改易臣昔在邊鎮不無羽衛自歸朝以來便相
分遣俠轂白直格置三百許人臣頃所引不過一百常謂京師諸王不煩牽仗
若郊外遠行此所不論有仗者非臣一人所以不容方幅啓省又因王儉備宣
下情臣出入榮顯禮容優泰第宇華曠事乖素約雖宋之遺製恩處有在猶深
非服之慚威衛之請仰希曲照上答曰傳詔臺家人耳不足涉嫌鄣扇吾識及
以來未見故有敕耳小兒奴子本非嫌也吾有所聞豈容不敕汝知令致物議
耶吾已有敕汝一人不省俠轂但牽之吾昨不通仗事儉已道吾即令答不煩
有此啓須閑言自更一二又啓曰違遠侍宴將踰一紀憂苦閑之始得開顏近
頻侍座不勝悲喜沾飲過量實欲仰示恩狎令自下知見以杜游塵陛下留恩
子弟此情何異外物政自彊生閑節聲其厚薄伏度或未上簡臣前在東田承
恩過醉實思歎往秋之謗故言啓至切亦令羣物聞之伏願已照此心前侍幸
順之宅臣依常乘車至仗後監伺不能示臣可否便互競啓聞云臣車逼突黃
屋麾旄如欲相中推此用意亦何容易仰賴慈明即賜垂敕不爾臣終不知闇

貽此累比日禁斷整密此自常理外聲乃云起臣在華林輒捉御刀因此更嚴度情推理必不容爾爲復上啓知耳但風塵易至和會實難伏願猶憶臣石頭所啓無生閑縫比閑侍無次略附茹亮口宣臣由來華素已具上簡每欲存衷意慮不周或有乖常且臣五十之年爲翫幾時爲此亦復不能以理內自剋北第舊邸本自甚華臣改脩正而已小小製置已自仰簡往歲收合得少雜材幷蒙賜故板啓榮內許作小眠齋始欲成就皆補接爲辦無乖格製要是檉柏之華一時新淨東府又有齋亦爲華屋而臣頓有二處住止下情竊所未安訊訪東宮玄圃乃有柏屋製甚古拙內中無此齋臣乃欲壞取以奉太子非但失之於前且補接既多不可見移亦恐外物或爲異論不審可有垂許送東府齋理否臣公家住止率爾可安臣之今啓實無意識亦無言者太子亦不知臣有此屋政以東宮無而臣自處之體不宜爾爾所啓蒙允臣便當敢成第屋安之不疑陛下若不照體臣心便當永廢不脩臣自謂今啓非但是自處宜然實爲微臣往事伏願必垂降許伏見以諸王舉貨屢降嚴旨少拙營生已應上簡府州

郡邸舍非臣私有今巨細所資皆是公潤臣私累不少未知將來罷州之後或當不能不試學營覓以自贍連年惡疾餘顧影單回無事畜聚唯逐手爲樂耳上答曰茹亮今啓汝所懷及見別紙汝勞疾亦復那得不動何意爲作煩長啓事凡諸普敕此意可尋當不關汝一人也宜有敕事吾亦必道頃見汝自更委悉書不欲多及屋事慎勿彊厝此意白澤亦當不解何意爾三年文惠太子講孝經畢疑求解太傅不許皇孫婚竟又陳解詔曰公惟德惟行無所厝辭且魯且衛其誰與二方式範當時流聲史籍豈容屢秉撝謙以乖期寄疑常慮盛滿又因宮宴求解揚州授竟陵王子良上終不許曰畢汝一世無所多言世祖即位後頻發詔拜陵不果行遣疑拜陵還過延陵季子廟觀沸井有水牛突部伍直兵執牛推問不許取絹一疋橫繫牛角放歸其家爲治存寬厚故得朝野歡心四年唐寓之賊起啓上曰此段小寇出於兇愚天網宏罩理不足論但聖明御世幸可不爾比藉聲聽皆云有由而然豈得不仰啓所懷少陳心款山海崇深臣饗保安樂公私情願於此可見齊有天下歲月未久澤沾萬民其實未多

百姓猶險懷惡者衆陛下曲垂流愛每存優旨但頃小大士庶每以小利奉公
不顧所損者大擿籍檢工巧督卹簡小塘藏丁匿口凡諸條制實長怨府此目
前交利非天下大計一室之中尚不可精寓宙之內何可周視公家何嘗不知
民多欺巧古今政以不可細碎故不爲此實非乖理但識理者百不有一陛下
弟兒大臣猶不皆能伏理況復天下悠悠萬品怨積聚黨兇迷相類止於一處
何足不除脫復多所便成紜紜久欲上啓閑侍無因謹陳愚管伏願特留神思
上答曰欺巧那可容宋世混亂以爲是不蚊蟻何足爲憂已爲義勇所破官軍
昨至今都應散滅吾政恨其不辨大耳亦何時無亡命邪後乃詔聽復籍注五
年進位大司馬八年給皁輪車尋加中書監固讓嶷身長七尺八寸善持容範
文物衞從禮冠百僚每出入殿省皆瞻望嚴肅自以地位隆重深懷退素北宅
舊有園田之美乃盛脩理之七年啓求還第上令世子子廉代鎮東府上數幸
嶷第宋長寧陵隧道出第前路上曰我便是入他冢墓內尋人乃徙其表闕騏
驎於東崗上騏驎及闕形勢甚巧宋孝武於襄陽致之後諸帝王陵皆模範而

莫及也永明末車駕數游幸唯嶷陪從上出新林苑同輦夜歸至宮門嶷下輦
辭出上曰今夜行無使爲尉司所呵也嶷對曰京輦之內皆屬臣州願陛下不
垂過慮上大笑上謀北伐以虜所獻氈車賜嶷每幸第清除不復屏人上敕外
監曰我往大司馬第是還家耳嶷妃庾氏常有疾瘳上幸後堂設金石樂宮人
畢至每臨幸輒極日盡歡嶷謂上曰古來言願陛下壽偕南山或稱萬歲此殆
近貌言如臣所懷實願陛下極壽百年亦足矣上曰百年復何可得止得東西
一百於事亦濟十年上封嶷諸子舊例千戶嶷欲五子俱封啓減人五百戶其
年疾篤表解職不許賜錢百萬營功德嶷又啓曰臣自嬰今患亟降天臨醫走
術官泉開藏府慈寵優渥備極人臣生年疾迫遽陰無幾願陛下審賢與善極
壽蒼昊彊德納和爲億兆御臣命違昌數奄奪恩憐長辭明世伏涕嗚咽薨年
四十九其日上再視疾至薨乃還宮詔曰嶷明哲至親勳高業始德懋王朝道
光區縣奄至薨逝痛酷抽割不能自勝柰何柰何今便臨哭九命之禮宜備其
制斂以袞冕之服溫明祕器命服一具衣一襲喪事一依漢東平王故事大鴻

臚持節護喪事大官朝夕送奠大司馬太傅二府文武悉停過葬竟陵王子良
啓上曰臣聞春秋所以稱王母弟者以尊其所重故也是以禮秩殊品爵命崇
異在漢則梁王備出警入蹕之儀在晉則齊王具殊服九命之贈江左以來尊
親是闕故致衰章之典廢而不傳實由人缺其位非禮虧省齊王故事與今不
殊締構王業功迹不異凡有變革隨時之宜者政緣恩情有輕重德義有厚薄
若事籌前規禮無異則且梁齊闕令終之美猶饗褒贈之榮況故大司馬仁和
著於天性孝悌終於立身節義表於勤王寬猛彰於御物奉上無艱劬之貌接
下無毀傷之容淡矣止於清貞無喜愠之色悠然棲於靜默絕馳競之聲詩云
靡不有初鮮克有終夫終之者理實爲難在於令行無廢斯德東平樂於小善
河間悅於詩書勳績無聞艱危不涉尚致卓爾不羣英聲萬代況今協贊皇基
經綸霸始功業高顯清譽逾彰富貴隆重廉潔彌峻等古形今孰類茲美臣愚
忖度未有斯例凡庶族同氣愛睦尚少豈有仰覩陛下垂友于之性若此者乎
共起布衣俱登天貴生平遊處何事不同分甘均味何珍不等未常覩貌而天

心不懽見形而聖儀不悅爰及臨危捨命親瞻喘息萬分之際沒在聖目號哭動乎天地感慟驚乎鬼神乃至撤膳移寢坐泣遷旦神儀損耗隔宿改容奉瞻聖顏誰不悲慄歷古所未聞記籍所不載既有若斯之大德實不可見典服之贈不彰如其脫致虧忘追改爲煩不令千載之下物有遺恨其德不具美者尚荷嘉隆之命況事光先烈者寧可缺茲盛典臣恐有識之人容致其議且庶族近代桓溫庾亮之類亦降殊命伏度天心已當有在又詔曰寵章所以表德禮秩所以紀功慎終追遠前王之盛策累行疇庸列代之通誥故使持節都督揚南徐二州諸軍事大司馬領太子太傅揚州刺史新除中書監豫章王嶷體道秉哲經仁緯義挺清譽於弱齡發韶風於早日締綸霸業之初翼讚皇基之始孝睦著於鄉閭忠諒彰乎邦邑及秉德論道總牧神甸七教必荷六府咸理振風潤雨無督於時候卹民拯物有篤於矜懷雍容廊廟之華儀形列郡之觀神凝自遠具瞻允集朕友于之深情兼家國方授以神圖委諸廟勝緝頌九紘陪禪五岳天不慭遺奄焉薨逝哀痛傷惜震慟乎厥心今先遠戒期龜謀襲吉宜

加茂典以協徽猷可贈假黃鉞都督中外諸軍事丞相揚州牧綠綟綬具九服
錫命之禮侍中大司馬太傅王如故給九旒鸞輅黃屋左纛虎賁班劍百人轀
輬車前後部羽葆鼓吹葬送儀依東平王故事嶷臨終召子子廉子恪曰人生
在世本自非常吾年已老前路幾何居今之地非心期所及性不貪聚自幼所
懷政以汝兄弟累多損吾暮志耳無吾後當共相勉厲篤睦爲先才有優劣位
有通塞運有富貧此自然理無足以相陵侮若天道有靈汝等各自修立灼然
之分無失也勤學行守基業治閨庭尚閑素如此足無憂患聖主儲皇及諸親
賢亦當不以吾沒易情也三日施靈唯香火槃水干飯酒脯檳榔而已朔望菜
食一盤加以甘菓此外悉省葬後除靈可施吾常所乘輿扇繖朔望時節席地
香火槃水酒脯干飯檳榔便足雖才愧古人意懷粗亦有在不以遺財爲累主
衣所餘小弟未婚諸妹未嫁凡應此用本自茫然當稱力及時率有爲辦事事
甚多不復甲乙棺器及墓中勿用餘物爲後患也朝服之外唯下鐵鐶刀一口
作冢勿令深一一依格莫過度也後堂樓可安佛供養外國二僧餘皆如舊與

汝遊戲後堂船乘吾所乘牛馬送二宮及司徒服飾衣裘悉爲功德子廉等號泣奉行世祖哀痛特至至冬乃舉樂宴朝臣上歔欷流涕諸王邸不得起樓臨瞰宮掖上後登景陽望見樓悲感乃敕毀之薨後第庫無見錢世祖敕貨雜物服飾得數百萬起集善寺月給第見錢百萬至上崩乃省嶷性汎愛不樂聞人過失左右有投書相告置鞾中竟不視取火焚之齋庫失火燒荊州還資評直三千餘萬主局各杖數十而已羣吏中南陽樂藹彭城劉繪吳郡張稷最被親禮藹與竟陵王子良牋曰道德以可久傳聲風流以浸遠隤稱雖復青簡締芳未若玉石之不朽飛翰圖藻豈伊雕篆之無沬丞相沖粹表於天真淵照殆乎機象經邦緯民之範體國成務之規故以業茂惟賢功高則哲神輝眇邈睿算不追感纏奉車恨百留滯下官夙稟名節恩義軫慕望墜結哀輒欲率荊江湘三州僚吏建碑壟首庶徽猷有述茂則方存昔子香淳德留銘江介鉅平遺烈墮淚漢南況道尊前往惠積聯綿者哉下官今便反假無由躬事刊斲須至西州鳩集所資託中書侍郎劉繪營辦藹又與右率沈約書曰夫道宣餘烈竹帛

有時先朽德孚遺事金石更非後亡丞相獨秀生民傍照日月標勝丘園素履穆於忠義譽應華袞功迹著於弼諧無得而稱理絕照載若夫日用闃寂雖無取於錙銖歲功宏達諒有寄於衡石竊承貴州士民或建碑表俾我荊南閱感無地且作紀江漢道基分陝衣冠禮樂咸被後昆若其望碑盡禮我州之舊俗傾壥罷肆鄙士之道風庶幾弘烈或不泯墜荊江湘三州策名不少並欲各率毫釐少申景慕斯文之託歷選惟疑必待文蔚辭宗德僉茂履非高明而誰豈能騁無愧之辭訓式瞻之望吾西州窮士一介寂寥恩周榮譽澤遍衣食永惟道廕日月就遠緬尋遺烈觸目崩心常謂福齊南山慶鍾仁壽吾儕小人貽壓帷蓋豈圖一心遂投此請約答曰丞相風道弘曠獨秀生民凝猷盛烈方軌伊旦憖遺之感朝野同悲承當刊石紀功傳華千載宜須盛述實允來談郭有道漢末之匹夫非蔡伯喈不足以偶三絕謝安石素族之台輔時無麗藻迄乃有碑無文況文獻王冠冕彝倫儀形寓內自非一世辭宗難或與此約閭閈鄙人名不入第欻酬今旨便是以禮許人聞命慚顏已不覺汗之沾背也建武中第

二子子恪託約及太子詹事孔稚珪爲文子廉字景藹初嶷養魚復侯子響爲世子子廉封永新侯千戸子響還本子廉爲世子除寧朔將軍淮陵太守太子中書舍人前軍將軍善撫諸弟子十一年卒贈侍中諡哀世子第三子子操泉陵侯王侯出身官無定准素姓三公長子一人爲員外郎建武中子操解褐爲給事中自此齊末皆以爲例永泰元年南康侯子恪爲吳郡太守避王敬則難奔歸以子操爲寧遠將軍吳郡太守永元中爲黄門郎義師圍城子操與弟宜陽侯子光卒於尚書都座第四子子行洮陽侯早卒子元琳嗣今上受禪詔曰襃隆往代義炳彝則朕當此樂推思弘前典豫章王元琳故巴陵王昭秀胄子同齊氏宗國高武嫡胤宜祚井邑以傳世祀降新淦縣侯五百戸

史臣曰楚元王高祖亞弟無功漢世東平憲王辭位永平未及光武之業梁孝惑於勝詭安平心隔晉運蕃輔貴戚地實高危持滿戒盈鮮能全德豫章宰相之器誠有天真因心無矯率由遠度故能光贊二祖内和九族實同周氏之初周公以來則未知所匹也

贊曰堂堂烈考德邁前蹤移忠以孝植友惟恭帝載初造我王奮庸邦家有闕我王彌縫道深日用事緝民雍愛傳餘祀聲流景鍾

南齊書卷二十二

南齊書卷二十三

梁　蕭　子　顯　撰

列傳第四

褚淵 淵弟澄 徐嗣　王儉

褚淵字彥回河南陽翟人也祖秀之宋太常父湛之驃騎將軍尚宋武帝女始安哀公主淵少有世譽復尚文帝女南郡獻公主姑姪二世相繼拜駙馬都尉除著作佐郎太子舍人太宰參軍太子洗馬祕書丞湛之卒淵推財與弟唯取書數千卷襲爵都鄉侯歷中書郎司徒右長史吏部郎宋明帝卽位加領太子屯騎校尉不受遷侍中知東宮事轉吏部尚書尋領太子右衞率固辭司徒建安王休仁南討義嘉賊屯鵲尾遣淵詣軍選將帥以下勳階得自專決事平加驍騎將軍薛安都以徐州叛虜頻寇淮泗遣淵慰勞北討衆軍淵還啟帝言盱眙以西戍備單寡宜更配衣汝陰荊亭並已圍逼安豐又已不守壽春衆力止足自保若使遊騎擾壽陽則江外危迫歷陽瓜步鍾離義陽皆須實力重戍選

有幹用者處之帝在藩與淵以風素相善及卽位深相委寄事皆見從改封零
都縣伯邑五百戶轉侍中領右衞將軍尋遷散騎常侍丹陽尹出爲吳興太守
常侍如故增秩千石固辭增秩明帝疾甚馳使召淵付以後事帝謀誅建安王
休仁淵固諫不納復爲吏部尚書領常侍衞尉如故不受乃授右僕射衞尉如
故淵以母年高羸疾晨昏須養固辭衞尉不許明帝崩遺詔以爲中書令護軍
將軍加散騎常侍與尚書令袁粲受顧命輔幼主淵同心共理庶事當奢侈之
後務弘儉約百姓賴之接引賓客未嘗驕倦王道隆阮佃夫用事奸賂公行淵
不能禁也遭庶母郭氏喪有至性數日中毀頓不可復識期年不盥櫛惟哭泣
處乃見其本質焉詔斷哭禁弔客葬畢起爲中軍將軍本官如故元徽二年桂
陽王休範反淵與衞將軍袁粲入衞宮省鎭集衆心淵初爲丹陽與從弟炤同
載出道逢太祖淵舉手指太祖車謂炤曰此非常人也出爲吳興太祖餉物別
淵又謂人曰此人材貌非常將來不可測也及顧命之際引太祖豫焉太祖既
平桂陽遷中領軍領南兗州增戶邑太祖固讓與淵及衞軍袁粲書曰下官常

人志不及遠隨運推斥妄踐非涯才輕任重夙宵冰惕近值國危含氣同奮況
在下官寧吝身命履冒鋒炭報效恒理而褒嘉之典偏見甄沐貴登端戎秩加
爵士瞻言霄衢魂神震墜下官奉上以誠率性無矯前後忝荷未嘗固讓至若
今授特深恇迫實以銜恩先旨義兼陵闕識蔽防萌宗戚構禍引諮歸咎既已
醜顏乃復乘災求幸藉亂取貴斯實國家之恥非臣子所忍也且榮不可濫寵
不可昧乞蠲中侯請停增邑庶保止足輸效淮湄如使伐匈奴凱歸反旆以此
受爵不復固辭矣淵粲答曰來告穎亮敬挹無已謙貶居心深承非飾此誠此
旨久著言外況復造席舒衿迂翰緒意推情顧己信足書紳但今之所宜商搉
必以輕重相推世惟多難事屬雕弊四維恇擾邊氓未安國家費廣府藏須備
北狄侵邊憂虞交切寓內含識尚爲天下危心相與共荷任寄若此當可稍脩
廉退不求之懷抱實謂不可了其不可理無固執且勍寇窮凶勢過原燎釁逆
倉卒終古未聞常時懼惑當慮先定結壘新亭枕戈待敵斷決之策實有由然
鋒鏑初交元惡送首總律制奇判於此舉裂邑萬戶登爵槐鼎亦何足少酬勳

勞粗塞物聽令以近侍禁旅進昇中候乘平隨牒取此非叨濟河昔所履牧鎮
軍秩不逾本詳校階序愧在未優就加沖損特虧朝制奉職數載同舟無幾劉
領軍峻節霜明臨危不顧音迹未晞奄成今古迷途失偶慟不及悲戎謨內寄
恆務倍急秉操辭榮將復誰委誠惟軍柄所期自增茂圭社誓貫朝廷匹夫里
語尚欲信厚君令必行逡巡何路凡位居物首功在衆先進退之宜當與衆共
苟殉獨善何以處物受不自私彌見至公表裏詳究無而後可想體殊常深思
然納太祖乃受命其年淵加尚書令侍中給班劍二十人固讓令三年進爵爲
侯增邑千戶服闋改授中書監侍中護軍如故給鼓吹一部明年淵後嫡母吳
郡公主薨毀瘠如初葬畢詔攝職固辭又以期祭禮及表解職並不許蒼梧酷
暴稍甚太祖與淵及袁粲言世事粲曰主上幼年微過易改伊霍之事非季代
所行縱使功成亦終無全地淵默然歸心太祖及廢蒼梧羣公集議袁粲劉秉
既不受任淵曰非蕭公無以了此手取書授太祖太祖曰相與不肯我安得辭
事乃定順帝立改號衞將軍開府儀同三司侍中如故甲仗五十人入殿沈攸

之事起袁粲懷貳太祖召淵謀議淵曰西夏釁難事必無成公當先備其內耳太祖密爲其備事平進中書監司空本官如故齊臺建淵白太祖引何曾自魏司徒爲晉丞相求爲齊官太祖謙而不許建元元年進位司徒侍中中書監如故封南康郡公邑三千戶淵固讓司徒與僕射王儉書欲依蔡謨事例儉以非所宜言勸淵受命淵終不就淵美儀貌善容止俯仰進退咸有風則每朝會百僚遠國使莫不延首目送之宋明帝嘗歎曰褚淵能遲行緩步便持此得宰相矣尋加尚書令本官如故二年重申前命爲司徒又固讓是年虜動上欲發王公已下無官者爲軍淵諫以爲無益實用空致擾動上乃止朝廷機事多與諮謀每見從納禮遇甚重上大宴集酒後謂羣臣曰卿等並宋時公卿亦當不言我應得天子王儉等未及答淵斂板曰陛下不得言臣不早識龍顏上笑曰吾有愧文叔知公爲朱祐久矣淵涉獵談議善彈琵琶世祖在東宮賜淵金鏤柄銀柱琵琶性和雅有氣度不妄舉動宅嘗失火煙焰甚逼左右驚擾淵神色怡然索輿來徐去輕薄子頗以名節譏之以淵眼多白精謂之白虹貫日言爲宋

氏士徵也太祖崩遺詔以淵爲錄尚書事江左以來無單拜錄者有司疑立優
策尚書王儉議以爲見居本官別拜錄推理應有策書而舊事不載中朝以來
三公王侯則優策並設官品第二策而不優優者褒美策者兼明委寄尚書職
居天官政化之本尚書令品雖第三拜必有策錄尚書品秩不見而總任彌重
前代多與本官同拜故不別有策卽事緣情不容均之凡僚宜有策書用申隆
寄既異王侯不假優文從之尋增淵班劍爲三十人五日一朝頃之寢疾上相
星連有變淵憂之表遜位又因王儉及侍中王晏口陳於世祖世祖不許又啓
曰臣顧惟凡薄福過災生未能以正情自安遠慚彥輔既內懷耿介便覺晷刻
難推叨職未久首歲便嬰疾篤爾來沈痼頻經危殆彌深憂震陛下曲存遲回
或謂僉議同異此出於留慈每過愛欲其榮臣年四十有八叨忝若此以疾陳
遜豈駭聽察總錄之任江左罕授上隣亞台升降蓋微今受祿弗辭退絀斯願
於臣名器非曰貶少萬物耳目皎然共見寧足仰延聖慮稍垂矜惜臣若內飾
廉譽外循謙後此則憲書行劾刑綱是肅臣赤誠不能行亦幽明所不宥區區

寸心歸啓以實自吝寸陰實願萬倍堯世昔王弘固請乃於司徒爲衞將軍宋
氏行之不疑當時物無異議以臣方之曾何足說伏願恢闡宏猷賜開亭造則
臣死之日猶生之年乃改授司空領驃騎將軍侍中錄尚書如故上遣侍中王
晏黃門郎王秀之問疾薨家無餘財負債至數十萬詔曰司徒奄至薨逝痛怛
慟懷比雖尫瘵便力出臨哭給東園祕器朝服一具衣一襲錢二十萬布二百
疋蠟二百斤時司空掾屬以淵未拜疑應爲吏敬不王儉議依禮婦在塗聞夫
家喪改服而入今掾屬雖未服勤而吏節稟於天朝宜申禮敬司徒府史又以
淵既解職而未恭後授府猶應上服以不儉又議依中朝士孫德祖從樂陵遷
爲陳留未入境樂陵郡吏依見君之服陳留迎吏依娶女有吉日齊衰弔司徒
府宜依居官制服又詔曰夫褒德所以紀民慎終所以歸厚前王習祖盛典咸
必由之故侍中司徒錄尚書事新除司徒領驃騎將軍南康公淵履道秉哲鑒
識弘曠爰初弱齡清風夙舉登庸應務具瞻允集孝友著於家邦忠貞彰於亮
采佐命先朝經綸王化契闊屯夷綢繆終始總錄機衡四門惟穆諒以同規往

古式範來今謙光彌遠屢陳降挹權從高旨用虧大猷將登上列永翼聲教天
不憖遺奄焉薨逝朕用震慟于厥心其贈公太宰侍中錄尚書公如故給節加
羽葆鼓吹增班劍爲六十人葬送之禮悉依宋太保王弘故事諡曰文簡先是
庶姓三公轜車未有定格王儉議官品第一皆加幢絡自淵始也又詔淵妻宋
故巴西主埏隧暫啓宜贈南康郡公夫人長子賁字蔚先解褐祕書郎昇明中
爲太祖太尉從事中郎司徒右長史太傅戶曹屬黃門郎領羽林監齊世子中
庶子領翊軍校尉建元初仍爲宮官歷侍中淵薨服闋見世祖賁流涕不自勝
上甚嘉之以爲侍中領步兵校尉長史左民尚書散騎常侍祕書監不拜六年
上表稱疾讓封與弟蓁世以爲賁恨淵失節於宋室故不復仕永明七年卒詔
賜錢三萬布五十疋
蓁字茂緒永明中解褐爲員外郎出爲義興太守八年改封巴東郡侯明年表
讓封還賁子霽詔許之建武末爲太子詹事度支尚書領軍將軍永元元年卒
贈太常諡穆淵弟澄

澄字彥道初湛之尚始安公主薨納側室郭氏生淵後尚吳郡公主生澄淵事主孝謹主愛之湛之亡主表淵爲嫡澄尚宋文帝女廬江公主拜駙馬都尉歷官清顯善醫術建元中爲吳郡太守豫章王感疾太祖召澄爲治立愈尋遷左民尚書淵薨澄以錢萬一千就招提寺贖太祖所賜淵白貂坐褥壞作裘及纓又贖淵介幘犀導及淵常所乘黃牛永明元年爲御史中丞袁彖所奏免官禁錮見原遷侍中領右軍將軍以勤謹見知其年卒澄女爲東昏皇后永元元年追贈金紫光祿大夫時東陽徐嗣妙醫術有一傖父冷病積年重茵累褥牀下設鑪火猶不差嗣爲作治盛冬月令傖父髁身坐石上以百瓶水從頭自灌初與數十瓶寒戰垂死其子弟相守垂泣嗣令滿數得七八十瓶後舉體出氣如雲蒸嗣令徹牀去被明日立能起行云此大熱病也又春月出南籬門戲聞笪屋中有呻吟聲嗣曰此病甚重更二日不治必死乃往視一姥稱舉體痛而處處有黶黑無數嗣還煮升餘湯送令服之姥服竟痛愈甚跳投牀者無數須臾所黶處皆拔出長寸許乃以膏塗諸瘡口三日而復云此名釘疽也事驗甚多

過於澄矣

王儉字仲寶琅琊臨沂人也祖曇首宋右光祿父僧綽金紫光祿大夫儉生而僧綽遇害爲叔父僧虔所養數歲襲爵豫章侯拜受茅土流涕嗚咽幼有神彩專心篤學手不釋卷丹陽尹袁粲聞其名言之於明帝尚陽羨公主拜駙馬都尉帝以儉嫡母武康公主同太初巫蠱事不可以爲婦姑欲開塚離葬儉因人自陳密以死請故事不行解褐祕書郎太子舍人超遷祕書丞上表求校墳籍依七略撰七志四十卷上表獻之表辭甚典又撰定元徽四部書目母憂服闋爲司徒右長史晉令公府長史著朝服宋大明以來著朱衣儉上言宜復舊時議不許蒼梧暴虐儉憂懼告袁粲求出引晉新安主壻王獻之爲吳興例補義興太守還爲黃門郎轉吏部郎昇明二年遷長史兼侍中以父終此職固讓儉察太祖雄異先於領府衣裾太祖爲太尉引爲右長史恩禮隆密專見任用轉左長史及太傅之授儉所唱也少有宰相之志物議咸相推許時大典將行儉爲佐命禮儀詔策皆出於儉褚淵唯爲禪詔文使儉參治之齊臺建遷右僕射

領吏部時年二十八太祖從容謂儉曰我今日以青溪爲鴻溝對曰天應民順
庶無楚漢之事建元元年改封南昌縣公食邑二千戶明年轉左僕射領選如
故上壞宋明帝紫極殿以材柱起宣陽門儉與褚淵及叔父僧虔連名上表諫
曰臣聞德者身之基儉者德之輿春臺將立晉卿秉議北宮肇構漢臣盡規彼
二君者或列國常侯或守文中主尚使諫諍在義卽悅況陛下聖哲應期臣等
職司隆重敢藉前誥竊乃有心陛下登庸宰物節省之教既昭龍袞璇極簡約
之訓彌遠乾華外構采椽不斲紫極故材爲宣陽門臣等未譬也夫移心疾於
股肱非良醫之美畏影迹而馳騖豈靜處之方且又三農在日千畛咸事輟望
歲之勤興土木之役非所以宣昭大猷光示遐邇若以門居宮南重陽所屬年
月稍久漸就淪胥自可隨宜脩理而合度改作之煩於是乎息所啓謬合請付
外施行上手詔酬納宋世外六門設竹籬是年初有發白虎樽者言白門三重
門竹籬穿不完上感其言改立都牆儉又諫上答曰吾欲令後世無以加也朝
廷初基制度草創儉識舊事問無不答上歎曰詩云維嶽降神生甫及申今亦

天爲我生儉也其年儉固請解選表曰臣遠尋終古近察身事邀恩幸藉未見其倫何者子房之遇漢后公達之逢魏君史籍以爲美談君子稱其高義二臣才堪王佐理非曲私兩主專仗威武有傷寛裕豈與庸流之人憑含弘之澤者同年而語哉預在有心胡寧無感如使傾宗殞元有益塵露猶當畢志驅馳仰詶萬一豈容稍在形飾以狥常事九流任要風猷所先玉石朱素由斯而定臣亦不謂文案之間都無微解至於品裁臧否特所未閑雖存自勗識不副意兼竊而任彼此俱壅專情本官庶幾髣髴且前代掌選未必具在代來何爲於今非臣不可傾心奉國匪復退讓之與預同休戚寧俟位任爲親陛下若不以此理賜期豈仰望於殊眷頻冒嚴威分甘尤戾見許加侍中固讓復散騎常侍上曲宴羣臣數人各使効伎藝褚淵彈琵琶王僧虔彈琴沈文季歌子夜張敬兒舞王敬則拍張儉曰臣無所解唯知誦書因跪上前誦相如封禪書上笑曰此盛德之事吾何以堪之後上使陸澄誦孝經自仲尼居而起儉曰澄所謂博而寡要臣請誦之乃誦君子之事上章上曰善張子布更覺非奇也尋以本官領

太子詹事加兵二百人上崩遺詔以儉爲侍中尚書左鎭軍將軍世祖卽位給班劍二十人永明元年進號衞軍將軍參掌選事二年領國子祭酒丹陽尹本官如故給鼓吹一部三年領國子祭酒叔父僧虔亡儉表解職不許又領太子少傅本州中正解丹陽尹舊太子敬二傅同至是朝議接少傅以賓友之禮是歲省總明觀於儉宅開學士館悉以四部書充儉家又詔儉以家爲府四年以本官領吏部儉長禮學諳究朝儀每博議證引先儒罕有其例八座丞郎無能異者令史諮事賓客滿席儉應接銓序傍無留滯十日一還學監試諸生巾卷在庭劒衞令史儀容甚盛作解散髻斜插幘簪朝野慕之相與放效儉常謂人曰江左風流宰相唯有謝安蓋自比也世祖深委仗之士流選用奏無不可五年卽本號開府儀同三司固讓六年重申前命先是詔儉三日一還朝尚書令史出外諮事上以往來煩數復詔儉還尚書下省月聽十日出外儉啓求解選不許七年乃上表曰臣比年辭選具簡天朝款言彰於侍接丹誠布於朝野物議不以爲非聖心未垂矜納臣聞知慧不如明時求之徵躬實允斯義妄庸之

人沈浮無取命偶休泰遂踐康衢秋葉辭條不假風飇之力太陽躋景無俟螢
爝之暉晦往明來五德遞運聖不獨治八元亮采臣逢其時而叨其位常總端
右亟管銓衡事涉兩朝歲綿一紀盛年已老孫孺巾冠人物徂遷逝者將半三
考無聞九流寂寞能官之詠輟響於當時大車之刺方興於來日若夫珥貂衣
袞之貴四輔六教之華誠知匪服職務差簡端揆雖重猶可勉勵至於品藻之
任尤懼其阻夙宵罄竭屢試無庸歲月之久近世罕比非唯悔吝在身故乃惟
塵及國方今多士盈朝羣才競爽選衆而授古亦何人冒陳微翰必希天照至
敬無文不敢煩黷見許改領中書監參掌選事其年疾上親臨視薨年三十八
吏部尚書王晏啓及儉喪上答曰儉年德富盛志用方隆豈意暴疾不展救護
便爲異世奄忽如此痛酷彌深其契闊艱運義重常懷言尋悲切不能自勝痛
矣奈何往矣奈何詔衞軍文武及臺所兵仗可悉停待葬又詔曰慎終追遠列
代通規褒德紀勳彌峻恆策故侍中中書令太子少傅領國子祭酒衞軍將軍
開府儀同三司南昌公儉體道秉哲風宇淵曠肇自弱齡清猷自遠登朝應務

民望斯屬草昧皇基協隆鼎祚宏謨盛烈載銘彝篆及贊朕躬徽績光茂忠圖
令範造次必彰四門允穆百揆時序宗臣之重情寄兼常方正位論道永釐袞
職弼茲景化以贊隆平天不慭遺奄焉薨逝朕用震于厥心可追贈太尉侍中
中書監公如故給節加羽葆鼓吹增班劒爲六十人葬禮依故大宰文簡公褚
淵故事冢墓材官營辦謚文憲公儉寡嗜慾唯以經國爲務車服塵素家無遺
財手筆典裁爲當時所重少撰古今喪服集記并文集並行於世今上受禪下
詔爲儉立碑降爵爲侯千戶儉弟遜昇明中爲丹陽丞告劉秉事不蒙封賞建
元初爲晉陵太守有怨言儉慮爲禍因褚淵啓聞中丞陸澄依事舉奏詔曰儉
門世載德竭誠佐命特降刑書宥遜以遠徙永嘉郡道伏誅

史臣曰褚淵袁粲俱受宋明帝顧託粲旣死節於宋氏而淵逢興運世之非責
淵者衆矣臣請論之夫湯武之迹異乎堯舜伊呂之心亦非稷契降此風規未
足爲證也自金張世族袁楊鼎貴委質服義皆由漢氏膏腴見重事起於斯魏
氏君臨年祚短促服褐前代宦成後朝晉氏登庸與之後事名雖魏臣實爲晉

有故主位雖改臣任如初自是世祿之盛習爲舊準羽儀所隆人懷羨慕君臣之節徒致虛名貴仕素資皆由門慶平流進取坐至公卿則知殉國之感無因保家之念宜切市朝亟革寵貴方來陵闕雖殊顧眄如一中行智伯未有異遇褚淵當泰始初運清塗已顯數年之閒不患無位既以民望而見引亦隨民望而去之夫爵祿既輕有國常選恩非己獨責人以死斯故人主之所同謬世情之過差也

贊曰猗歟褚公德素內充民譽不爽家稱克隆從容佐世貽議匪躬文憲濟濟輔相之體稱述霸王綱維典禮期寄兩朝綢繆宮陛

南齊書卷二十三

南齊書卷二十三考證

褚淵傳帝在藩與淵以風素相善○風汲古閣本作夙

出爲吳興太守○臣祖庚按通鑑作吳郡注云吳郡近畿大郡也吳興次郡也淵以大尚書出守當得大郡吳郡爲是據此則傳云吳興誤矣

新除司徒領驃騎將軍南康公淵○諸本同臣承萕按褚淵新除之官乃司空非司徒也諸本並誤

王儉傳遷長史兼侍中○監本脫史字從南史增入

南齊書卷二十三考證

南齊書卷二十四

梁　　蕭　子　顯　撰

列傳第五

柳世隆　張瓌

柳世隆字彥緒河東解人也祖憑馮翊太守父叔宗早卒世隆少有風器伯父元景宋大明中爲尚書令獨賞愛之異於諸子言於孝武帝得召見帝曰三公一人是將來事也海陵王休茂爲雍州辟世隆爲迎主簿除西陽王撫軍法曹行參軍出爲虎威將軍上庸太守帝謂元景曰卿昔以虎威之號爲隨郡今復以授世隆使卿門世不絕公也元景爲景和所殺世隆以在遠得免泰始初諸州反叛世隆以門禍獲申事由明帝乃據郡起兵遣使應朝廷弘農人劉僧驎亦聚衆應之收合萬人奄至襄陽萬山爲孔道存所破衆皆奔散僅以身免逃藏民間事平乃出還爲尚書儀曹郎明帝嘉其義心發詔擢爲太子洗馬出爲寧遠將軍巴西梓潼太守還爲越騎校尉轉建平王鎮北諮議參軍領南泰山

太守轉司馬東海太守入爲通直散騎常侍尋爲晉熙王安西司馬加寧朔將
軍時世祖爲長史與世隆相遇甚懽太祖之謀渡廣陵也令世祖率衆下同會
京邑世隆與長流蕭景先等戒嚴待期事不行是時朝廷疑憚沈攸之密爲之
防府州器械皆有素蓄世祖將下都劉懷珍白太祖曰夏口是兵衝要地宜得
其人太祖納之與世祖書曰汝既入朝當須文武兼資人與汝意合者委以後
事世隆其人也世祖舉世隆自代轉爲武陵王前軍長史江夏內史行郢州事
昇明元年冬攸之反遣輔國將軍中兵參軍孫同寧朔將軍中兵參軍武寶龍
驤將軍騎兵參軍朱君拔寧朔將軍沈惠真龍驤將軍騎兵參軍王道起三萬
人爲前驅又遣司馬冠軍劉攘兵領寧朔將軍外兵參軍公孫方平龍驤將軍
騎兵參軍朱靈真沈僧敬龍驤將軍高茂二萬人次之又遣輔國將軍王靈秀
丁珍東寧朔將軍中兵參軍王彌之寧朔將軍外兵參軍楊景穆二千匹騎分
兵出夏口據魯山攸之乘輕舸從數百人先大軍下住白螺洲坐胡床以望其
軍有自驕色既至郢以郢城弱小不足攻遣人告世隆曰被太后令當蹔還都

卿既相與奉國想得此意世隆使人答曰東下之師久承聲問郢城小鎮自守
而已攸之將去世隆遣軍於西渚挑戰攸之果怒令諸軍登岸燒郭邑築長圍
攻道顧謂人曰以此攻城何城不尅晝夜攻戰世隆隨宜拒應衆皆披却世祖
初下與世隆别曰攸之一旦爲變焚夏口舟艦沿流而東則坐守空城不可制
也雖留攻城不可卒拔卿爲其內我爲其外乃無憂耳至是世祖遣軍主桓敬
陳胤叔苟元賓等八軍據西塞令堅壁以待賊疲慮世隆危急遣腹心胡元直
潛使入郢城通援軍消息內外並喜尚書符曰沈攸之出自壠畝寂寥累世故
司空沈公以從父宗廕愛之若子羽翼吹噓得昇官次景和昏悖猜畏柱臣而
攸之凶忍趣利樂禍請銜詔旨躬行反噬又攸之與譚金童泰壹等暴寵狂朝
並爲心膂同功共體世號三侯當時親昵情過管鮑仰遭革運凶黨懼戮攸之
反善圖全用得自免既殺從父又虐良朋雖呂布販君酈寄賣友方之斯人未
足爲酷泰始開闢網漏吞舟略其凶險取其搏噬故階亂獲全因禍與福攸之
稟性空淺躁而無謀濃湖土崩本非己力彭城下邳望旗宵遁再棄王師久應

肆法值先帝宥其回溪之恥冀有封崤之捷故得幸會推遷頻煩顯授內端戎禁外綏萬里聖去鼎湖遠須顧命託寄崇深義感金石而攸之始奉國諱喜形于顏普天同哀己以爲慶累登蕃岳自郢還荆晉熙王以皇弟代鎮地尊望重攸之斷割候迎肆意陵略料擇士馬簡算器械權撥精銳並取自隨郢城所留十不遺一專恣鹵奪罔顧國典踐荆已來恆用姦數既懷異志興造無端乃蹙迫羣蠻騷擾山谷揚聲討伐盡戶土丁蟻聚郭邑伺國衰盛從來積年求不解甲遂四野百縣路無男人耕田載租皆驅女弱自古酷虐未聞於此昔歲桂陽內奰宗廟阽危攸之任官上流兵彊地廣勤王之舉實宜悉行裁遣羸弱不滿三千至郢州稟受節度欲令判否之日委罪晉熙招誘劍客羈絆行侶竄叛入境輒加擁護逋亡出界必遣窮追視吏若讎遇民如草峻太半之賦暴參夷之刑鞭箠國士全用虜法一人逃亡闔宗捕逮皇朝赦令初不遵奉曠蕩之澤長隔彼州人懷怨望十室而九今乃舉兵內侮姦回外熾斯實惡熟罪成之辰決癰潰疽之日幕府過荷朝寄義百常憤董御元戎襲行天罰今遣新除使持節

郢州司州之義陽諸軍事平西將軍郢州刺史聞喜縣開國侯黃回員外散騎常侍輔國將軍驍騎將軍重安縣開國子軍主王敬則屯騎校尉長壽縣開國男軍主王宜與屯騎校尉陳承叔右軍將軍葛陽縣開國男彭文之驃騎行參軍振武將軍邵宰精甲二萬銜其首旆又遣散騎常侍游擊將軍臨湘縣開國男呂安國持節寧朔將軍越州刺史孫曇瓘屯騎校尉寧朔將軍崔慧景寧朔將軍左軍將軍新亭侯任候伯龍驤將軍虎賁中郎將尹略屯騎尉南城令曹虎頭輔國將軍驍騎將軍蕭鸞新除寧朔將軍游擊將軍下邳縣開國子垣崇祖等舳艫二萬駱驛繼邁又遣屯騎校尉苟元賓撫軍參軍郭文考撫軍中兵參軍程隱儁奉朝請諸襲光等輕艓一萬截其精要驍騎將軍周盤龍後將軍成買輔國將軍王敕勤屯騎校尉王洪範等鐵騎五千步道繼進先據陸路斷其走伏持節督雍梁二州郢州之竟陵司州之隨郡諸軍事征虜將軍寧蠻校尉雍州刺史襄陽縣開國侯新除鎮軍將軍張敬兒志節慷慨卷甲樊鄧水步俱馳破其巢窟持節督司州諸軍事征虜將軍司州刺史領義陽太守范陽縣

侯姚道和義烈梗槩投袂方隅風馳電掩襲其輜重萬里建旍四方飛旆莫不總率衆師雲翔雷動人神同憤遠邇并心今皇上聖明將相仁愛約法三章寬刑緩賦年登歲阜家給人足上有惠民之澤下無樂亂之心攸之不識天時妄圖大逆舉無名之師驅讎怨之衆是以朝野審其易取含識判其成禽彼士民罹毒日久今復相逼迫投赴鋒刃交戰之日蘭艾難分去就在機望思先曉無使一人迷疑而九族就禍也弘宥之典有如皎日郢城既不可攻而平西將軍黃回軍至西陽乘三層艦作羌胡伎泝流而進攸之素失人情本逼以威力初發江陵已有叛者至是稍多攸之日夕乘馬歷營撫慰而去者不息攸之大怒召諸軍主曰我被太后令建義下都大事若剋白紗帽共著耳如其不振朝廷自誅我百口不關餘人比軍人叛散皆卿等不以爲意我亦不能問叛身自今軍中有叛者軍主任其罪於是一人叛遣十人追並去不反莫敢發覺咸有異計劉攘兵射書與世隆請降世隆開門納之攘兵燒營而去火起乃覺攸之怒銜鬚咀之收攘兵兄子天賜女壻張平虜斬之軍旅大散攸之渡魯山岸猶

有數十匹騎自隨宣令軍中曰荆州城中大有錢可相與還取以爲資糧郢城未有追軍而散軍畏蠻抄更相聚結可二萬人隨攸之將至江陵乃散世隆乃遣軍副劉僧驎道追之攸之已死徵爲侍中仍遷尙書右僕射封貞陽縣侯邑二千戶出爲左將軍吳郡太守加秩中二千石丁母憂太祖踐阼起爲使持節都督南豫司二州諸軍事平南將軍南豫州刺史進爵爲公上手詔與司徒褚淵曰向見世隆毀瘠過甚殆欲不可復識非直使人惻然實亦世珍國寶也淵答曰世隆至性純深哀過乎禮事陛下在危盡忠喪親居憂杖而後起立人之本二理同極加榮增寵足以厲俗敦風建元二年進號安南將軍是時虜寇壽陽上敕世隆曰歷陽城大恐不可卒治正宜斷隔之深爲保固處分百姓若不將家守城單身亦難可委信也尋又敕曰吾更歷陽外城若有賊至卽勒百姓守之故應勝割棄也垣崇祖旣破虜上欲罷併二豫敕世隆曰比思江西蕭索二豫兩辦爲難議者多云省一足一於事爲便吾謂非乃乖謬卿以爲云何可具以聞尋授後將軍尙書右僕射不拜世隆性愛涉獵啓太祖借祕閣書上給

二千卷三年出爲使持節督南兖兖徐青冀五州軍事安北將軍南兖州刺史江北畏虜寇擾動不安上勑世隆曰比有北信賊猶治兵在彭賊年已垂盡或當未必送死然豺狼不可以理推爲備或不可懈彼郭既無關要用宜開除使去金城三十丈政佳耳發民治之無嫌若作三千人食者已有幾米可指牒付信還民間若有丁多而細口少者悉令戍非疑也又勑曰昨夜得北使啓鍾離聞賊已渡淮既審送死便當制加剿撲卿好參候之有急令諸小戍還鎮不可賊至不覺也賊既過淮不容邇退散要應有處送死者定攻壽陽吾當遣援軍也又遣軍助世隆幷給軍糧虜退上欲土斷江北又勑世隆曰呂安國近在西土斷郢司二境上雜民大佳民始無驚恐近又令垣豫州斷其州內商得崇祖啓事已行竟近無云云殊稱前代舊意卿視兖部中可行此事不若無所擾春便就手也其見親委如此世祖卽位加散騎常侍世隆善卜別龜甲價至一萬永明建號世隆題州齋壁曰永明十一年謂典籤李黨曰我不見也入爲侍中護軍將軍遷尚書右僕射領太子右率雍州大中正不拜改授散騎常侍尚書

左僕射中正如故湘州蠻動遣世隆以本官總督伐蠻衆軍仍爲使持節都督湘州諸軍事鎮南將軍湘州刺史常侍如故世隆至鎮以方略討平之在州立邸治生爲中丞庾杲之所奏詔原不問復入爲尚書左僕射領衞尉不拜仍轉尚書令世隆少立功名晚專以談義自業善彈琴世稱柳公雙璅爲士品第一常自云馬矟第一清談第二彈琴第三在朝不干世務垂簾鼓琴風韻清遠甚獲世譽以疾遜位改授侍中衞將軍不拜轉左光祿大夫侍中如故九年卒時年五十詔給東園祕器朝服一具衣一襲錢一十萬布三百匹蠟三百斤又詔曰故侍中左光祿大夫貞陽公世隆秉德居業才兼經緯少播清徽長弘美譽入參內禁出贊西牧專寄郢郊剋挫巨猾超越前勳功著一代及總任方州民頌寬德翼教崇闈朝稱元正忠謨嘉猷簡于朕心雅志素履邈不可踰將登鉉味用變鴻化奄至薨殞震慟良深贈司空班劍三十人鼓吹一部侍中如故諡曰忠武上又敕吏部尚書王晏曰世隆雖抱疾積歲志氣未衰冀醫藥有効痊差可期不謂一旦便爲異世痛怛之深此何可言其昔在郢誠心夙惘全保一

蕃勳業克著尋准契闊增泣悲咽鄉同在情亦當無已已耶世隆曉數術於倪
塘創墓與賓客踐履十往五往常坐一處及卒墓正取其坐處焉著龜經祕要
二卷行於世長子悅早卒
張瓌字祖逸吳郡吳人也祖裕宋金紫光祿大夫父永右光祿大夫曉音律宋
孝武問永以太極殿前鍾聲嘶永答鍾有銅滓乃扣鍾求其處鑿而去之聲遂
清越瓌解褐江夏王太尉行參軍署外兵隨府轉爲太傅五官爲義恭所遇遷
太子舍人中書郎驃騎從事中郎司徒右長史初永拒桂陽賊於白下潰散阮
佃夫等欲加罪太祖固申明之瓌由此感恩自結轉通直散騎常侍驍騎將軍
遭父喪還吳持服昇明元年劉秉有異圖弟遐爲吳郡潛相影響因沈攸之事
起聚衆三千人治攻具太祖密遣殿中將軍卞白龍令瓌取遐諸張世有豪氣
瓌宅中常有父時舊部曲數百遐召瓌瓌僞受旨與叔恕領兵十八人入郡與
防郡隊主彊弩將軍郭羅雲進中齋取遐遐踰窗而走瓌部曲顧憲子手斬之
郡內莫敢動者獻捷太祖以告領軍張沖沖曰瓌以百口一擲出手得盧矣即

授輔國將軍吳郡太守封瓌義成縣侯邑千戶太祖故以嘉名錫之除冠軍將軍東海東莞二郡太守不拜建元元年增邑爲二百戶尋改封平都遷侍中加領步兵校尉二年遷都官尚書領校尉如故出爲征虜將軍吳興太守三年烏程令顧昌玄有罪瓌坐不糾免官明年爲度支尚書世祖卽位爲冠軍將軍鄱陽王北中郎長史襄陽相行雍州府州事隨府轉征虜長史四年仍爲持節督雍梁南北秦四州郢州之竟陵司州之隨郡軍事輔國將軍雍州刺史尋領寧蠻校尉還爲左民尚書領右軍將軍遷冠軍將軍大司馬長史十年轉太常自陳衰疾願從閑養明年轉散騎常侍光祿大夫頃之上欲復用瓌乃以爲後將軍南東海太守秩中二千石行南徐州府州事又行河東王國事到官復稱疾還爲散騎常侍光祿大夫鬱林卽位加金章紫綬隆昌元年給親信二十人鬱林廢朝臣到宮門參承高宗瓌託脚疾不至海陵立加右將軍高宗疑外藩起兵以瓌鎮石頭督衆軍事瓌見朝廷多難遂恆臥疾建武元年轉給事中光祿大夫親信如故月加給錢二萬二年虜盛詔瓌以本官假節督廣陵諸軍事行

南兗州事虜退乃還瓌居室豪富伎妾盈房有子十餘人常云其中要應有好
者建武末屢啓高宗還吳見許優游自樂或有譏瓌衰暮畜伎瓌曰我少好音
律老而方解平生嗜欲無復一存唯未能遣此處耳高宗疾甚防疑大司馬王
敬則以瓌素著幹略授平東將軍吳郡太守以為之備及敬則反瓌遣將吏三
千人迎拒於松江聞敬則軍鼓聲一時散走瓌棄郡逃民間事平瓌復還郡為
有司所奏免官削爵永元初為光祿大夫尋加前將軍金章紫綬三年義師下
東昏假瓌節戍石頭義師至新亭瓌棄城走還宮梁初復為光祿天監四年卒
史臣曰文以附衆武以立威元帥之才稱為國輔沈攸之十年治兵白首舉事
荊楚上流方江東下斯驅除之巨難帝王之大敵柳世隆勢居中夏年淺位輕
首抗全師孤城挑攻臨埤授策曾無汗馬勍寇乖沮力屈於高墉亂轍爭先降
奔郢路陸遜之破玄德不是過也及世道清寧出牧內佐體之以風素居之以
雅德固與家之盛美也
贊曰忠武匡贊實號兼資廟堂析理高壘搴旗游藝善術安絃拂龜義成祚土

功立帝基

南齊書卷二十四

南齊書卷二十四考證

柳世隆傳帝曰三公一人是將來事也○臣祖庚按南史云帝謂元景曰此兒將來復是三公一人蓋言世隆將來是三公中一人也若如傳言似未明晰當南史爲優

及卒墓正取其坐處焉○臣祖庚按南史云墓工圖墓正取其坐處焉文義較明此省墓工圖三字未合

南齊書卷二十四考證

南齊書卷二十五

梁　蕭子顯　撰

列傳第六

垣崇祖　張敬兒

垣崇祖字敬遠下邳人也族姓豪彊石虎世自略陽徙之於鄴曾祖敞爲慕容德僞吏部尚書祖苗宋武征廣固率部曲歸降仍家下邳官至龍驤將軍汝南新蔡太守父詢之積射將軍宋孝武世死事贈冀州刺史崇祖年十四有幹略伯父豫州刺史護之謂門宗曰此兒必大成吾門汝等不及也刺史劉道隆辟爲主簿厚遇之除新安王國上將軍景和世道隆求出爲梁州啓轉崇祖爲義陽王征北行參軍與道隆同行使還下邳召募明帝立道隆被誅薛安都反明帝遣張永沈攸之北討安都使將裴祖隆李世雄據下邳祖隆引崇祖共拒戰會青州援軍主劉彌之背逆歸降祖隆士衆沮敗崇祖與親近數十人夜救祖隆與俱走還彭城虜既陷徐州崇祖仍爲虜將游兵琅邪間不復歸虜不能制

密遣人於彭城迎母欲南奔事覺虜執其母爲質崇祖妹夫皇甫肅兄婦薛安都之女故虜信之肅仍將家屬及崇祖母奔朐山崇祖因將部曲據之遣使歸命太祖在淮陰板爲朐山戍主送其母還京師明帝納之朐山邊海孤險人情未安崇祖常浮舟舸於水側有急得以入海軍將得罪亡叛具以告虜虜僞圀城都將東徐州刺史成固公始得青州聞叛者說遣步騎二萬襲崇祖屯洛要去朐山城二十里崇祖出送客未歸城中驚恐皆下船欲去崇祖還謂腹心曰賊比擬來本非大舉政是承信一說易遣誑之今若得百餘人還事必濟矣但人情一駭不可歛集卿等可急去此二里外大叫而來唱艾塘義人已得破虜須戍軍速往相助逐退船中人果喜爭上岸崇祖引入據城遣羸弱入島令人持兩炬火登山鼓叫虜參騎謂其軍備甚盛乃退崇祖啓明帝曰淮北士民力屈胡虜南向之心日夜以冀崇祖父伯並爲淮北州郡門族布在北邊百姓所信一朝嘯咤事功可立名位尚輕不足威衆乞假名號以示遠近明帝以爲輔國將軍北琅邪蘭陵二郡太守亡命司馬從之謀襲郡崇祖討捕斬之數陳計

算欲尅復淮北時虜聲當寇淮南明帝以問崇祖崇祖因啓宜以輕兵深入出其不意進可立不世之勳退可絕其窺窬之患帝許之崇祖將數百人入虜界七百里據南城固蒙山扇動郡縣虜率大衆攻之其別將梁湛母在虜虜執其母使湛告部曲曰大軍已去獨住何爲於是衆情離阻一時奔退崇祖謂左右曰今若俱退必不獲免乃住後力戰大敗追者而歸以久勞封下邳縣子泰豫元年行徐州事徙戍龍沮在朐山南崇祖啓斷水清平地以絕虜馬帝以問劉懷珍云可立崇祖率將吏塞之未成虜主謂僞彭城鎮將平陽公曰龍沮若立國之恥也以死爭之數萬騎掩至崇祖馬槊陷陣不能抗乃築城自守會天雨十餘日虜乃退龍沮竟不立歷盱眙平陽東海三郡太守將軍如故轉邵陵王南中郎司馬復爲東海太守初崇祖遇太祖於淮陰太祖以其武勇善待之崇祖謂皇甫肅曰此真吾君也吾今逢主矣所謂千載一時遂密布誠節元徽末太祖憂慮令崇祖受旨即以家口託皇甫肅勒數百人將入虜界更聽後旨會蒼梧廢太祖召崇祖領部曲還都除遊擊將軍沈攸之事平以崇祖爲持節督

兗青冀三州諸軍事累遷冠軍將軍兗州刺史太祖踐阼謂崇祖曰我新有天
下夷虜不識運命必當動其蟻衆以送劉昶爲辭賊之所衝必在壽春能制此
寇非卿莫可徙爲使持節監豫司二州諸軍事豫州刺史將軍如故封望蔡縣
侯七百戶建元二年虜遣僞梁王郁豆眷及劉昶馬步號二十萬寇壽春崇祖
召文武議曰賊衆我寡當用奇以制之當脩外城以待敵城既廣闊非水不固
今欲堰肥水却淹爲三面之險諸君意如何衆曰昔佛狸侵境宋南平王士卒
完盛以郭大難守退保內城今日之事十倍於前古來相承不築肥堰皆以地
形不便積水無用故也若必行之恐非事宜崇祖曰卿見其一不識其二若捨
外城賊必據之外脩樓櫓內築長圍四周無礙表裏受敵此坐自爲擒守郭築
堰是吾不諫之策也乃於城西北立堰塞肥水堰北起小城周爲深塹使數千
人守之崇祖謂長史封延伯曰虜貪而少慮必悉力攻小城圖破此堰見塹狹
城小謂一往可剋當以蟻附攻之放水一激急踰三峽事窮奔透自然沈溺此
豈非小勞而大利邪虜衆由西道集堰南分軍東路肉薄攻小城崇祖著白紗

幘肩輿上城手自轉式至日晡時決小史埭水勢奔下虜攻城之衆漂墜塹中
人馬溺死數千人衆皆退走初崇祖在淮陰見上便自比韓信白起咸不信唯
上獨許之崇祖再拜奉旨及破虜啓至上謂朝臣曰崇祖許爲我制虜果如其
言其恆自擬韓白今真其人也進爲都督號平西將軍增封爲千五百戶崇祖
聞陳顯達李安民皆增給軍儀啓上求鼓吹橫吹上敕曰韓白何可不與衆異
給鼓吹一部崇祖慮虜復寇淮北啓徙下蔡戍於淮東其冬虜果欲攻下蔡既
聞內徙乃揚聲平除故城衆疑虜當於故城立戍崇祖曰下蔡去鎮咫尺虜豈
敢置戍實欲除此故城政恐奔走殺之不盡耳虜軍果夷掘下蔡城崇祖自率
衆渡淮與戰大破之追奔數十里殺獲千計上遣使入關參虜消息還敕崇祖
曰卿視吾是守江東而已邪所少者食卿但努力營田自然平殄殘醜敕崇祖
脩治芍陂田世祖卽位徵爲散騎常侍左衞將軍俄詔留本任加號安西仍遷
五兵尚書領驍騎將軍初豫章王有盛寵世祖在東宮崇祖不自附結及破虜
詔使還朝與共密議世祖疑之曲加禮待酒後謂崇祖曰世間流言我已豁諸

懷抱自今已後富貴見付也崇祖拜謝崇祖去後上復遣荀伯玉口敕以邊事
受旨夜發不得辭東宮世祖以崇祖心誠不實銜之太祖崩慮崇祖爲異便令
內轉永明元年四月九日詔曰垣崇祖凶詬險躁少無行業昔因軍國多虞採
其一夫之用大運光啓頻煩升擢溪壑靡厭浸以彌廣去歲在西連謀境外無
君之心已彰遐邇特加遵養庶或悛革而猜貳滋甚志與亂階隨與荀伯玉驅
合不逞窺窬非覬構扇邊荒互爲表裏寧朔將軍孫景育究悉姦計具以啓聞
除惡務本刑茲罔赦便可收掩肅明憲辟死時年四十四子惠隆徙番禺卒
張敬兒南陽冠軍人也本名苟兒宋明帝以其名鄙改焉父醜爲郡將軍官至
節府參軍敬兒年少便弓馬有膽氣好射虎發無不中南陽新野風俗出騎射
而敬兒尤多膂力求入隊爲曲阿戍驛將州差補府將還爲郡馬隊副轉隊主
稍官寧蠻府行參軍隨同郡人劉胡領軍伐襄陽諸山蠻深入險阻所向皆破
又擊湖陽蠻官軍引退蠻賊追者數千人敬兒單馬在後衝突賊軍數十合殺
數十人箭中左腋賊不能抗平西將軍山陽王休祐鎮壽陽求善騎射人敬兒

自占見寵爲長史兼行參軍領白直隊泰始初除寧朔將軍隨府轉參驃騎軍事署中兵領軍討義嘉賊與劉胡相拒於鵲尾洲啓明帝乞本郡事平爲南陽太守將軍如故初王玄謨爲雍州土斷敬兒家屬舞陰敬兒至郡復還冠軍三年薛安都子柏令環龍等竊據順陽廣平略義成扶風界刺史巴陵王休若遣敬兒及新野太守劉攘兵攻討合戰破走之徙爲順陽太守將軍如故南陽蠻動復以敬兒爲南陽太守遭母喪還家朝廷疑桂陽王休範密爲之備乃起敬兒爲寧朔將軍越騎校尉桂陽事起隸太祖頓新亭賊矢石既交休範白服乘輿往勞樓下城中望見其左右人兵不多敬兒與黃回白太祖曰桂陽所在備防寡闕若詐降而取之此必可擒也太祖曰卿若能辦事當以本州相賞敬兒相與出城南放仗走大呼稱降休範喜召至輦側回陽致太祖密意休範信之回目敬兒敬兒奪取休範防身刀斬休範首休範左右數百人皆驚散敬兒馳馬持首歸新亭除驍騎將軍加輔國將軍太祖以敬兒人位既輕不欲便使爲襄陽重鎮敬兒求之不已乃微動太祖曰沈攸之在荊州公知其欲何所作不

出敬兒以防之恐非公之利也太祖笑而無言乃以敬兒爲持節督雍梁二州郢司二郡軍事雍州刺史將軍如故封襄陽縣侯二千戶部伍泊沔口敬兒乘舴艋過江詣晉熙王燮中江遇風船覆左右丁壯者各泅走餘二小吏沒艙下叫呼救敬兒兩掖挾之隨船覆仰常得在水上如此翻覆行數十里方得迎接失所持節更給之沈攸之聞敬兒上遣人伺覘見雍州迎軍儀甚盛慮見掩襲密自防備敬兒至鎮厚結攸之信饋不絕得其事迹密白太祖攸之得太祖書翰論選用方伯密事輒以示敬兒以爲反間敬兒終無二心元徽末襄陽大水平地數丈百姓資財皆漂沒襄陽虛耗太祖與攸之書令賑貸之攸之竟不歷意敬兒與攸之司馬劉攘兵情款及蒼梧廢敬兒疑攸之當因此起兵密以問攘兵攘兵無所言寄敬兒馬鐙一隻敬兒乃爲之備昇明元年冬攸之反遣使報敬兒敬兒勞接周至爲設酒食謂之曰沈公那忽使君來君殊可命乃列仗於廳事前斬之集部曲頓攸之下當襲江陵時攸之遺太祖書曰吾聞魚相忘於江湖人相忘於道術彼我可謂通之矣大明之中謬奉聖王忝同侍衛情存

契闊義著斷金乃命帛而衣等糧而食值景和昏暴心爛形樵若斯之苦寧可言盡吾自分碎首於閣下足下亦懼滅族於舍人爾時磐石之心旣固義無貳計蹴迫時難相引求全天道矜善此理不空結姻之始實關於厚及明帝龍飛諸人皆爲鬼矣吾與足下得蒙大造親過夙眷遇若代臣錄其心迹復忝驅使臨崩之日吾豫在遺託加榮授寵恩深位高雖復情謝古人粗識忠節誓心仰報期之必死此誠志竟未申遂先帝登遐微願永奪自爾已來與足下言面殆絕非唯分張形跡自然至此脫枉一告未常不對紙流涕豈願相誚於今哉苟有所懷不容不白初得賢子曠疏云得家信云足下有廢立之事安國寧民此功巍巍非吾等常人所能信也俄奉皇太后假令云足下潛構深略獨斷懷抱一何能壯但冠雖弊不可承足蓋共尊高故耳足下交結左右親行殺逆以免身患卿當謂龍逢比干癡人耳凡廢立大事不可廣謀但袁褚遺寄劉又國之近戚數臣地籍實爲膏腴人位並居時望若此不與議復誰可得共披心胸者哉昏明改易自古有之豈獨大宋中屯邪前代盛典煥盈篇史請爲足下言之

羣公共議宜啓太后奉令而行當以王禮出第足下乃可不通大理要聽君子之言豈可罔滅天理一何若玆孝經云資於事父以事君縱爲宗社大計不爾寧不識有君親之意邪乃復慮以家爲昭以爵賞小人無狀遂行弑害吾雖寡識竊從古比豈有爲臣而有近日之事邪使一旦荼毒身首分離生自可恨死者何罪且有登齋之賞此科出於何文凡在臣隷誰不惋駭華夷扣心行路泣血乃至不殯使流蟲在戶自古以來此例有幾衞國微小故有弘演不圖我宋獨無其人撫膺悁悵不能自已足下與向之殺者何異人情易反還成嗟悲爲子君者無乃難乎蹊田之譬豈復有異管仲有言君善未嘗不諫足下諫諍不聞甘崔杼之罪何惡逆之苦昔太甲還位伊不自疑昌邑之過不可稱數霍光荷託尚共議於朝班然後廢之由有湯沐之施論者不以劫主爲名桓溫之心未忘於簒海西失道人倫頓盡廢之以公猶禮處之當溫疆盛誰能相抗尚畏懼於形跡四海不愜未嘗有樂推之者伊尹霍光名高於臣節桓氏亦得免於脅奪凡是諸事布於書策若此易曉豈待指掌卿常言比跡夷叔如何一旦行

過桀跖邪聖明啓運蒼生重造普天率土誰不歌抃實是披心罄節奉公忘私之日而卿大收宮妓劫奪天藏器械金寶必充私室移易朝舊布置私黨被甲入殿內外宮閤管籥悉關家人吾不知子孟孔明遺訓如此王謝陶庾行此舉止且朱方帝鄉非親不授足下非國戚也一旦專縱自樹云是兒守臺城父居東府一家兩錄何以異此知卿防固重複猜畏萬端言以禦遠實爲防內若德允物望夷貊猶可推心共處如其失理乖道金城湯池無所用也文長以戈戟自衞何解滅亡吳起有云義禮不脩舟中之人皆讎也足下既無伍員之痛苟懷貪惏而有賊宋之心吾寧捐申包之節邪聞求忠臣者必出孝子之門卿忠孝於斯盡矣今竊天府金帛以行姦惠盜國權爵以結人情且授非其理合我則賞此事已復不可恆用用之既訖恐非忠策且受者不感識者不知不能遏姦折謀誠節慨惋隔硋數千無因自對不能知復何情顏當與足下敘平生舊款吾聞前哲絕交不出惡言但此自陳名節於胸心因告別於千載放筆增歎公私潸淚想不深怪往言然天下耳目豈伊可誣抑亦當自知投杖無彊爲必

先及太祖出頓新亭報攸之書曰辱足下誚書交道不終爲恥已足欲下便來
何故多罔君子吾結髮入仕豈期遠大蓋感子路之言每不擇官而宦逮文帝
之世初被聖明鑒賞及孝武之朝復蒙英主顧眄因此感激未能自反及與足
下歛袂定交款著分好何嘗不勸慕古人國士之心務重前良忠貞之節至於
契闊杯酒殷勤攜袖薦女成姻志相然諾義信之篤誰與間之又乃景和陵虐
事切憂畏明帝正位運同休顯啓臆論心安危豈貳元徽之季聽高道慶邪言
欲相討伐發威施敕己行外內于時臣子鉗口道路以目吾以分交義重患難
宜均犯陵白刃以相任保悖主手敕今封送相示豈不畏威念周旋之義耳推
此陰惠何愧懷抱不云足下猥含禍詖前遣王思文所牒朝事蓋情等家國共
詳衷否虛心小大必以先輸問張雍州遷代之日將欲誰擬本是逆論來事非
欲代張乃封此示張激使見怒若張惑一言果與怨恨事負雅素君子所不可
爲況張之奉國忠亮有本情之見與意契不貳邪又張雍州啓事稱彼中蠻動
兼民遭水患敕令足下思經拯之計吾亦有白論國如家布情而往每思虛達

事之相接恆必猜離反謂無故遣信此乃覘察平諒之襟動則相阻傷負心期
自誰作故先時足下遣信尋盟敦舊厲以篤終吾止附還白申罄情本契然遠
要方固金石今日舉錯定是誰愿久言邪元徽末德埶亡禋祀足下備聞無待
亟述太后惟憂式遵前誥興毀之略事屬鄙躬黜昏樹明實惟前則寧宗靜國
何愧前脩廢立有章足下所允冠弊之譏將以何語封爲郡王寧爲失禮景和
無名方之不愈乎龍逢自匹夫之美伊霍則社稷之臣同異相乘非吾所受也
登齋有賞壽寂已蒙之於前同謀獲功明皇亦行之於昔此則接踵成事誰敢
異之謂其大收宮女劫奪天藏器械金寶必充私室必若虛設市虎亦可不翅
此言若以此詐民天下豈患無眼心苟無瑕非所耿介甲仗之授事旣舊典豈
見有任鎮邦家勳經定主而可得出入輕單不資寵衞斯之患慮豈直身憂秖
奉此恩職惟事理朱方之牧公卿僉意吾亦謂徵勳之次無忝一州且魏晉舊
事帝鄉蕃職何嘗豫州必曹司州必馬折膠受柱在體非愧袁粲據石頭足下
無不可吾之守東府來告便謂非動容見疾嚬笑入戾乃如是乎袁粲劉秉受

遇深重家國既安不思撫鎮遂與足下表裏潛規據城之夜豈顧社稷幸天未
長亂宗廟有靈卽與諸衛軍協謀義斷以時殄滅想足下聞之悵然孤沮小兒
忝侍中代來之澤遇直上臺便呼一家兩錄發不擇言良以太甚吾之方寸古
列共言乃以陶庾往賢大見譏責足下自省詎得以此見貽邪比蹤夷叔論吾
則可行過桀跖無乃近誣哉謂吾不朝此則良誨朝之與否想更問之足下受
先帝之恩施擁戎西州鼎湖之日率土載奔而宴安中流酣飲自若卽懷狼望
陵侮皇朝晉熙殿下以皇弟代鎮而斷割候迎罔蔑宗子驅略士馬悉以西上
郢中所遺僅餘劣弱昔徵茅不入猶動義師況荆州物產雍岷交梁之會自足
下爲牧薦獻何品良馬勁卒彼中不無良皮美罽商賂所聚前後貢奉多少何
如唯聞太官時納飲食耳桂陽之難坐觀成敗自以雍容漢南西伯可擬賴原
卽天世非望亦消又招集逋亡斷遏行侶治舟試艦恆以朝廷爲旗的秣馬按
劍常願天下有風塵爲人臣者固若是邪至乃不遵制書敕下如空國恩莫行
命令擁隔詔除郡縣輒自板代罷官去職禁還京師凶人出境無不千里尋躡

而反募臺將來必厚加給賞太妃遣使市馬齎寶往蜀足下悉皆斷折以爲私
財此皆遠邇共聞暴於視聽主上叡明當璧寓縣同慶絕域奉贄萬國通書而
盤桓百日始有單騎事存送往於此可徵不朝如此誰應受誚反以見呵非所
反側今乃勒兵以闚象館長戟以指魏闕不亦爲忠臣孝子之所痛心疾首邪
賢子元琰獲免虎口及淩波西邁吾所發遣猶推素懷不畏嗤嗤足下尚復滅
君臣之紀況吾布衣之交乎遂事不諫既往難咎今六師西向爲足下憂之攸
之與兼長史江乂別駕傅宣等守江陵城敬兒軍中力授因以爲別敬兒告變
使至太祖大喜進號鎭軍將軍加散騎常侍改爲都督給鼓吹一部攸之於郢
城敗走其子元琰軍至白水元琰聞城外鶴唳謂是叫聲心懼欲走其夜乂宣
開門出奔城潰元琰奔寵洲見殺百姓既相抄斂敬兒至江陵誅攸之親黨沒
入其財物數十萬悉以入私攸之於湯渚村自經死居民送首荆州敬兒使楯
擎之蓋以青繖徇諸市郭乃送京師進號征西將軍爵爲公增邑爲四千戶敬
兒於襄陽城西起宅聚財貨又欲移羊叔子墮淚碑於其處立臺綱紀諫曰羊

太傅遺德不宜遷動敬兒曰太傅是誰我不識也敬兒弟恭兒不肯出官常居
上保村中與居民不異敬兒呼納之甚厚恭兒月一出視敬兒輒復去恭兒本
名猪兒隨敬兒改名也初敬兒既斬沈攸之使報隨郡太守劉道宗聚衆得千
餘人立營頓司州刺史姚道和不殺攸之使密令道宗罷軍及攸之圍郢道和
遣軍頓堇城爲郢援事平依例蒙爵賞敬兒具以啓聞建元元年太祖令有司
奏道和罪誅之道和字敬邕羌主姚興孫也父萬壽僞鎮東大將軍降宋武帝
卒於散騎侍郎道和出身爲孝武安北行佐有世名頗讀書史常誑人云祖天
子父天子身經作皇太子元徽中爲遊擊將軍隨太祖新亭破桂陽賊有功爲
撫軍司馬出爲司州疑怯無斷故及於誅三年徵敬兒爲護軍將軍常侍如故
敬兒武將不習朝儀聞當內遷乃於密室中屏人學揖讓答對空中俯仰如此
竟日妾侍竊窺笑焉太祖卽位授侍中中軍將軍以敬兒秩窮五等一仍前封
建元二年遷散騎常侍車騎將軍置佐史太祖崩敬兒於家竊泣曰官家大老
天子可惜太子年少向我所不及也遺詔加敬兒開府儀同三司將拜謂其妓

妾曰我拜後應開黄閤因口自爲鼓聲旣拜王敬則戲之呼爲褚淵敬兒曰我
馬上所得終不能作華林閤勳也敬則甚恨敬兒始不識書晚旣爲方伯乃習
學讀孝經論語於新林慈姥廟爲妾乞兒祝神自稱三公然而意知滿足初得
鼓吹羞便奏之初娶前妻毛氏生子道文後娶尚氏尚氏有美色敬兒棄前妻
而納之尚氏猶居襄陽宅不自隨敬兒慮不復外出乃迎家口悉下至都啓世
祖不蒙勞問敬兒心疑及垣崇祖死愈恐懼妻謂敬兒曰昔時夢手熱如火而
君得南陽郡元徽中夢半身熱而君得本州今復夢舉體熱矣有閹人聞其言
說之事達世祖敬兒又遣使與蠻中交關世祖疑其有異志永明元年敕朝臣
華林八關齋於坐收敬兒敬兒左右雷仲顯知有變抱敬兒而泣敬兒脫冠貂
投地曰用此物誤我少日伏誅詔曰敬兒蠢茲邊裔昏迷不脩屬值宋季多難
頗獲野戰之力拔迹行伍超登非分而愚躁無已矜伐滋深往莅本州久包異
志在昔含弘庶能懲革位班三槐秩窮五等懷音靡聞姦回屢構去歲迄今嫌
貳滋甚鎮東將軍敬則丹陽尹安民每侍接之日陳其凶狡必圖反噬朕猶謂

恩義所感本質可移頃者已來釁戾遂著自以子弟在西足動殊俗招扇羣蠻規擾樊夏假託妖巫用相震惑妄設徵祥潛圖問鼎履霜於開運之辰堅冰於嗣業之世此而可忍孰不可容天道禍淫逆謀顯露建康民湯天獲商行入蠻備覘姦計信驛書翰證驗炳明便可收掩式正刑辟同黨所及特皆原宥子道文武陵内史道暢征虜功曹道固弟道休並伏誅少子道慶見宥後數年上與豫章王嶷三日曲水内宴舴艋船流至御坐前覆没上由是言及敬兒悔殺之恭兒官至員外郎在襄陽聞敬兒敗將數十騎走入蠻中收捕不得後首出上原其罪

史臣曰平世武臣立身有術若非愚以取信則宜智以自免心迹無阻乃見優容崇祖恨結東朝敬兒情疑鳥盡嗣運方初委骨嚴憲若情非發憤事無感激功名之閑不足爲也

贊曰崇祖爲將志懷馳逐規搔淮部立勳豫牧敬兒莅雍深心防楚豈不劬勞實與師旅烹犬藏弓同歸異緒

南齊書卷二十五

南齊書卷二十五考證

垣崇祖傳封望蔡縣侯七百戶○臣祖庚按望蔡縣屬豫章郡沈約曰漢靈帝中平中汝南上蔡民分徙此城立縣名曰上蔡晉武帝太康元年更名望蔡武帝永明二年茹法亮封望蔡縣男食邑三百戶

虜軍果夷掘下蔡城崇祖自率衆渡淮與戰大破之○臣祖庚按魏書道成豫州刺史垣崇祖寇下蔡昌黎王馮熙擊破之兩書互異

世祖以崇祖心誠不實○南監本作不盡誠心

張敬兒傳休範左右數百人皆驚散○臣祖庚按通鑑從休範傳以數十人自衛似得其實若左右有數百人黃回敬兒雖勇何能徑往取之耶

何惡逆之苦○苦南監本作甚較長

敬兒軍中力授因以爲別○臣承蒼按此句之上多有訛闕南監本無攸之與兼長史江乂至給鼓吹一部五十七字而下文其子元琰之下軍至之上卻有與兼長史江乂別駕傅宣等還守江陵敬兒十七字文勢極順然不見敬

兒告變一節事亦闕文也竊疑力授之授或是援字軍中力援因以爲别八字當在第八頁遣使報敬兒之下第八頁當襲江陵四字當在此頁前八行攸之二字之下直接敬兒告變至其子元琰四十一字其與兼長史江乂以下十七字宜照南監本移入于其子元琰之下軍至白水之上庶覺前後氣脈一一貫通第無善本可據未敢擅改耳

南齊書卷二十五考證

西元二〇二四年三月一日重製一版

南齊書（附考證）冊一（梁蕭子顯撰）

平裝二冊基本定價壹仟陸佰元正
（郵運匯費另加）

發行人　張　敏　君
發行處　中　華　書　局
臺北市內湖區舊宗路二段一八一巷八號五樓（5FL., No. 8, Lane 181, JIOU-TZUNG Rd., Sec 2, NEI HU, TAIPEI, 11494, TAIWAN）
客服電話：886-2-8797-8900
公司傳真：886-2-8797-8909
匯款帳戶：華南商業銀行西湖分行
179100026931
印　刷：維中科技有限公司
海瑞印刷品有限公司

No. N1044-1

國家圖書館出版品預行編目(CIP)資料

南齊書/(梁)蕭子顯撰. -- 重製一版. -- 臺北市 :
中華書局, 2024.03
冊 ; 公分
ISBN 978-626-7349-14-4(全套 : 平裝)

1.CST: 南朝史

623.5201　　113002610